JN223039

「組織と人数」の絶対法則

人間関係を支配する
「ダンバー数」のすごい力

トレイシー・カミレッリ
サマンサ・ロッキー
ロビン・ダンバー
著
鍛原多惠子
訳

THE SOCIAL BRAIN
The Psychology of Successful Groups
Tracey Camilleri, Samantha Rockey & Robin Dunbar

東洋経済新報社

私たちにいちばん近い3つの小集団
——カミレッリ、ダンバー、ロッキーそれぞれの家族——
に愛を込めて

THE SOCIAL BRAIN
by Tracey Camilleri, Samantha Rockey and Robin Dunbar

Copyright © Tracey Camilleri, Samantha Rockey, Robin Dunbar 2023
Japanese translation published by arrangement with
Tracey Camilleri, Samantha Rockey and Robin Dunbar c/o
Watson, Little Limited through The English Agency (Japan) Ltd.

目次

第4章

絆づくり

第5章 メディアとメッセージ 181

第7章

社会的空間、社会的時間

スライブ・モデル（The Thrive Model™）
パフォーマンス、イノベーション、インパクトのための環境

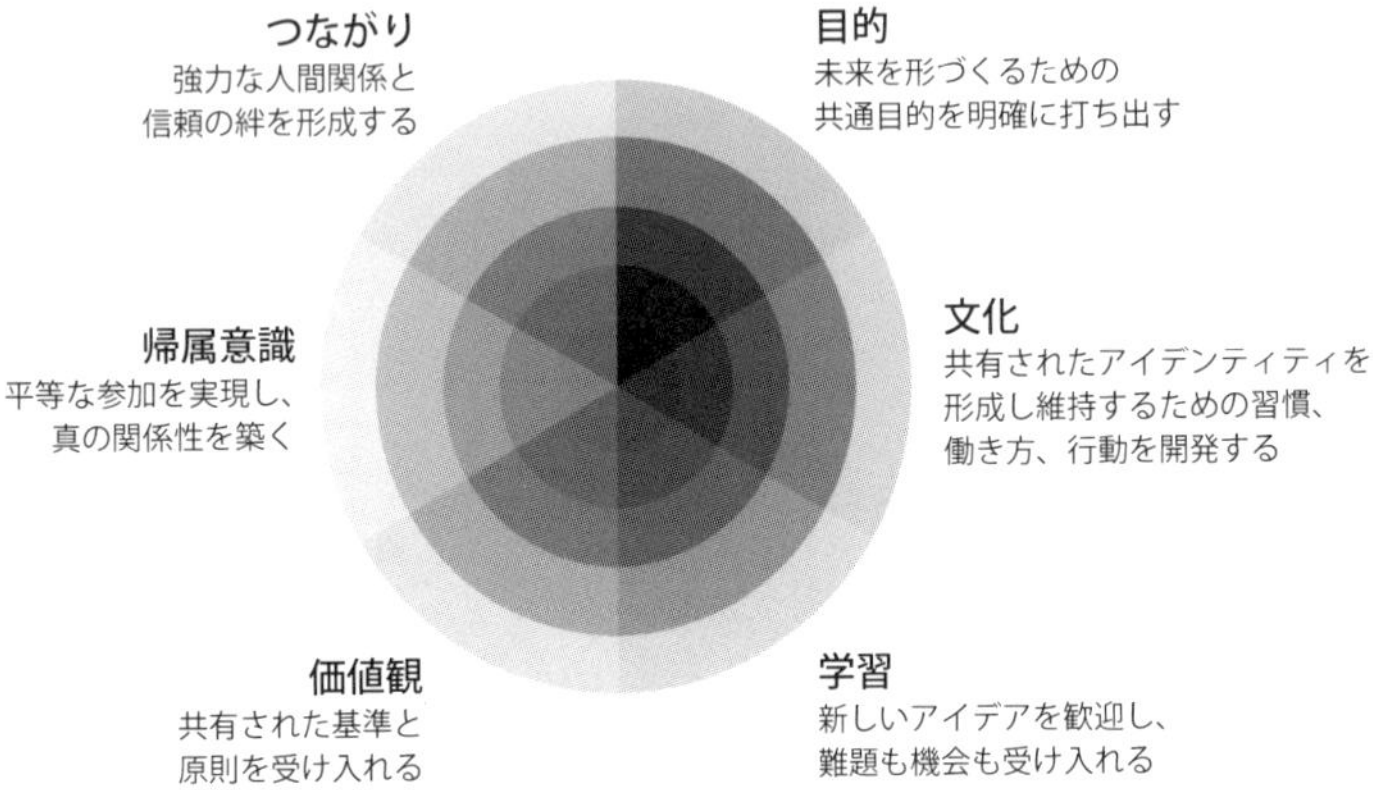

つながり
強力な人間関係と
信頼の絆を形成する
目的
未来を形づくるための
共通目的を明確に打ち出す
帰属意識
平等な参加を実現し、
真の関係性を築く
文化
共有されたアイデンティティを
形成し維持するための習慣、
働き方、行動を開発する
価値観
共有された基準と
原則を受け入れる
学習
新しいアイデアを歓迎し、
難題も機会も受け入れる

スライブ・モデルは、本書で分析される最適なパフォーマンスとウェルビーイング（健康や幸福）の6要素（円の区間）を示す。各要素が充実するにつれて（つまり、円の中心に近づくにつれて）、集団は強固なものとなる。

まえがき——社会集団の複雑な力学

本書が誕生した背景

本書は、経験も経歴も専門分野も異なる3人が、オックスフォード大学で出会って生まれた。トレイシー・カミレッリは、オックスフォード大学サイード・ビジネススクールのアソシエイト・フェローとして、企業や政府向けのリーダーシップ・プログラムを20年にわたって立案、運営してきた。キャリアの大半をグローバル企業で過ごしてきたサマンサ・ロッキーは、人材開発について新たな視点で取り組み、社員の学習、チームづくり、企業文化、パフォーマンスの責任者を務めてきた。

こうした経験にもとづいて、トレイシーとサマンサは世界に名だたる企業に数々の助言を提供してきた。その過程で2人が実感したのは、社員の社会性をうまく引き出すことは難しく、そのための努力を怠ればときには問題が起きかねないことだった。だが、人類が進化させてきた自然な行動を受け入れる一方で、必要に応じてその行動を排除すれば、リーダーは多くを成し遂げられると考えるようになった。

オックスフォード大学名誉教授で進化心理学を専門とするロビン・ダンバーは、ダンバー数を提唱した人物として名高い。ダンバー数にかんする彼の研究は数多の賞に輝き、人と人のつながりや社会力学を究明するための基盤を確立した。ロビンが生涯を通じて行ってきた研究は本書に科学的根拠を与え、注目も測定もされていないがとても重要な、無意識な人間行動への深い理解を提供してくれた。

グループのメンバーどうしが形成する絆にトレイシーがはじめて興味を覚えたのは、学校教員になって間もないころで、そこで彼女は生徒たちが互いに協力し、自身の意見を伝え、リスクを負い、新しい考えに偏見を持たないように指導していた。

この指導法がより明確な形を取ったのは、オックスフォード・ストラテジック・リーダーシップ・プログラム（OSLP）のディレクター就任後だった。プログラムはリーダーシップ開発のもっとも重要なコースで、1982年から現在に至るまで年に2度、毎回6

日間にわたって開催されている。

プログラムにかかわってすぐに興味を引かれたのは、集団の大きさによって戦略の効果に違いが生じる点だった。密度の高い個別指導によって個人レベルではすばらしい結果が得られるのに、大規模なグループや組織では戦略がかならずしも思惑通りに機能しないのである。どうすればグループが最適に機能するのか。グループのサイズはどう決めるべきか。これらの問いに答えを見つけることが彼女にとって最重要課題となった。

サマンサは南アフリカ共和国出身で、彼女の経歴もまた多様だ。はじめての仕事は、アパルトヘイト廃止直後に新政府の下で取り組んだ開発計画と開発政策の立案だった。すぐに身に沁みて感じたのは、適切な組織文化やリーダーシップがなければ、新しい政策も展望もいずれは暗礁に乗り上げるだろうということだった。

次に、事業をグローバルに展開する巨大酒造企業のSABミラーで18年間働いた。その後サイード・ビジネススクールでトレイシーとタッグを組み、リーダーシップおよび組織開発専門のコンサルタント会社トンプソン・ハリソンを立ち上げたときには、組織内における人間行動や社会力学の複雑さにかんする彼女の見識が高く評価された。サマンサは同社で「文化の力」の理解に取り組んだ。文化は組織を真に人間味のあるものに変え、つながりや帰属意識を与えてくれるからだ。

ロビンは、アフリカ大陸に暮らす野生のサルやレイヨウの行動研究にほぼ20年にわたって携わった。その目的はこれらの動物の社会進化の解明にあった。彼は動物が種ごとに異なる社会を形成する理由を知りたかった。当時、人類は彼の眼中になかった。ところが人生の最初の20年を、東アフリカの非常に異なる環境で暮らす4つの人類集団の文化にどっぷり浸って過ごしたためか、動物社会のみならず人間社会の観察に欠かせない感性が自然と身についていた。

野生のサルや類人猿〔訳注 小型類人猿（テナガザル科）と大型類人猿（オランウータン、ゴリラ、チンパンジー、ボノボ）に分かれる〕の社会で起きていることはとかく捉えにくく見逃しやすい。ところが霊長類の社会における捉えにくい現象は、一見偶然にも思える個体間の相互作用にもっともよく見受けられるのだ。この点において、霊長類の社会は他のあらゆる鳥類や哺乳動物の社会と大きく異なっている。

霊長類の社会関係は緊密で持続性があり、人間社会とじつによく似た義務や責任《コミットメント》が生じる。個体どうしの関係性の力学に疎く、ある瞬間に重要な出来事が起きてもそれに気づかないのであれば、霊長類の社会生活に隠された秩序を知ることはできないだろう。一度瞬きしただけで、そこで起きたことを見過ごしてしまうのだ。

ロビンがのちにヒトの行動に目を向けたとき、動物界における捉えにくい現象を見抜く能力を磨いていたことが報われた。彼の研究生活の後半は、人間どうしの関係性、そして人間の社会集団の構造と力学の研究に占められるようになった。

ロビンの研究も、サマンサとトレイシーの経験も、社会集団の複雑な力学を理解することの大切さを示している。組織とは、共通の目的の下に結束していることが望ましいものの、ある時点においてそれぞれ大きく異なる理由からたまたま集まっているだけのことも少なくない人々の集合体である。組織自体は何かを決定するということはなく、それは個人によってなされることである。だが、組織の構造が違えば決定がどのように示されるかが異なってくる。たいていの組織は、とくにそれが巨大である場合には、人の心理がきわめて小規模な社会に対応している点に注意を払わない。だから、問題が生じがちなのだ。

職場における生物学と社会脳

今回のプロジェクトにともに取り組んで対話を重ねるうちに、私たち3人は共通の関心事を抱いていることに気づいた。それは組織が持つ知られざる社会性の力、人が集団の中で生きていくための前提条件、そして人の変化する集団行動と変化しない集団行動だった。

職場環境は一見すると合理的に思えるが、じつはヒトが過去から受け継いできた生物学がその奥底に潜んでいる。本書では、そうしたヒトの生物学的側面をもっと知る必要があることを述べていこう。生物学のすべては多次元の連続体なのだ。絶対的なものはないとはいえ、たえず私たちに影響を与えている進化の力が存在する。私たちはとかく新しいものに目を奪われがちだが、人類の社会行動は遠く祖先の時代から変わっていない。脳の大きさ、時間、ホルモン応答など、避けようにも避けられない制約というものがあるのだ。たとえば、人間関係を広げる能力は脳の大きさによってあらかじめ定められている。

だが、私たちにできることはある。人とのつながりや信頼できるネットワークを経験の共有によって簡単に強化することができるのだ。組織のトップは、いや組織のどのレベルの人でも、ヒトが祖先から受け継いだ行動様式を受け入れる一方で、必要とあらばその行動様式を排除する必要がある。「遺伝子に組み込まれた」動機や反応をよりよく理解すれば、上司は部下が組織で成功《スライブ》する見込みを改善することができる。

サマンサとトレイシーは、企業から音楽家集団、スポーツチームまで、種々の環境にあるグループを率いる多くの賢明な方々と仕事をしてきた。本書はこれらの人々への取材によって進化し、多様な活動の場における逸話や事例を収めることができた。おかげで科学を生き生きとしたものにすることができたと思う。

さまざまな組織にとって、社会性は生命線とも言える。企業文化や社風は測定が難しく、どうかすると見過ごされる。しかし、これらの側面は各人の社会脳によって支配、統制されている。以下では、社会脳の科学とその実例について述べていくことにしよう。組織のメンバー全員が帰属意識と幸福を感じるために、リーダーに何ができるかについても述べていきたい。

2022年9月、オックスフォードにて

序——生物学を基盤としたリーダーシップ

「人間についてのことならば、私に話してくれないか」
——ロバート・フロスト「家葬（Home Burial）」[1]

太古から変わらない人間の行動

リーダーの仕事は、人が個人としても集団としても成長《スライブ》する環境を整えることである。それはホッケーチームでも多国籍保険会社でも変わらない。簡単なことだと思うかもしれない。だが、そうではない。

リーダーシップが求められる立場にいる人がその地位にいるのは、たいていは目的意識や強い野心があったからというより、結果的にそうなっただけだ。あなたがリーダーであるからと言って、リーダーシップのノウハウが魔法のように頭に浮かぶわけでもない。

周囲はあなたに答えを期待するが、あなたには自分が正しい問いを立てているのかさえわからないことがある。つねに成長を求められ、その責任はあなたの肩書についてまわる。世の中の変化はあまりに目まぐるしく、ただ現状を維持するだけのために全力疾走しているような思いに駆られる。

資源――とりわけあなたの貴重な時間、エネルギー、注意――は限られている。最善を尽くしたいのは山々でも、関係改善を図るためにあなたの知恵を必要とする人があまりに多い。毎日を乗り切るには、ときには対応を途中で打ち切り、未来はおろか現在の状況についても静観するしかないこともある。さらに言えば、考える時間はそうあるものではない。また別の経営管理モデル、新しいリーダーシップ論、もう一冊の本に取り合っている暇はないのだ。

だが本書では、新しいものではなく、太古から変わらぬ人間の行動に焦点を当てようと思う。ヒトが遠い祖先から受け継いだ生物学の科学を、組織運営の実際や政治学と併せて述べていこう。

家庭でも職場でも、人はみな同じ社会的スキル、社会的ニーズ、社会力学に支配されている。ところが、日常生活にかまけて、あらゆる社会行動の裏に潜んでいるものにほとんど注意を払わない。人を行動に駆り立てる動機や、ホルモン応答、集団力学の源泉は、測定が困難で観察もたやすくはない。つねにそこにあるのに私たちの目に入ってこないのだ。

結果を出すためにリーダーにできること

本書では、この曖昧模糊とした世界に具体的な数字を投入しよう。集団のメンバー、自分、組織にとって最善の結果を得るためにリーダーができることも提案していく。自分は尊重されていて、居場所があるという包容《コンテインメント》〔訳注　精神科医ウィルフレッド・ビオンが提唱した母子関係にかかわる用語の援用〕の感覚を、リーダーがどのようにして与えられるかについても検討しよう。

幸福で生産性の高い従業員は、意義のある仕事につき、その仕事で成長できると感じる必要がある。そして職場の人間関係が良好で、公正な環境であるならば、困難を経験しても恐怖に押しつぶされることはない。これも、「スライブ（繁栄、成長、成功）」という概念の重要な部分である（第8章のスライブ・モデル参照）。そのような職場なら、誰もが自分には存在感があり、周囲に自分の意見を聞いてもらえると感じる。しかも、みな1人の人として自律性を保っている。

そんな話は理想論だし、うんざりだと思うだろうか。幸いにも、人が成功《スライブ》するように工夫され、明確な目的に支配され、共通の価値観に支えられている安全な環境では、人は自分にも互いに対してもこの理想に限りなく近づくことができる。

良好なリーダーシップは優秀なフォロワーを生み出す。本書では、リーダーとは何事かをなす人というより、多くを理解する人を指す。自然な流れに身を任せ（樹木は葉を茂らせるのに褒美《インセンティブ》を必要としない！）、派閥形成や偏狭な考えにつながる場合にのみその流れに逆らうことで、リーダーは未来に目を向けることができる。未来こそリーダーの領分なのだ。

また、組織のメンバーの働き方にとって重要きわまりない社会化のプロセスについても解説していこうと思う。組織の規模、信頼、絆づくり、アイデンティティ、コミュニケーション、環境、柔軟性、最後に、効果的な組織を支えるリーダーシップについて論じていく。これらの要素は互いに関連している。正しい順序とバランスで組み合わせるならば、あなたの職場は大成功を収めるだろう。

各章に盛り込んだのは、人間行動に隠された科学だけではない。金融データを提供しているFTSE社が選ぶ上位10企業のうちの一社での経験や、オックスフォード・ストラテジック・リーダーシップ・プログラム（OSLP）を10年にわたって開催した際に得た興味深い事例、リーダー、実務家、学者、専門家（取材先の一覧を本書の巻末に補遺として付した）に取材して教えてもらった事例も紹介した。

OSLPの基本的条件《ファンダメンタルズ》にはこうある。「リーダーは自身のリーダーシップを複眼的に見るべきである」。この趣旨に沿って、私たちは歴史家、指揮者、舞台演出家、都市計画者、法廷弁護士《バリスター》、社会起業家、哲学者、公務員、建築デザイナー、社会正義活動家、政治家などに斬新なアイデアを聞いた。

世に2つとして同じ組織はないので、どんな規模の組織にも効き目のある万能薬、簡単な解決策、魔法をかけられる呪文を提供できるとは思っていない。私たちの目的は、組織を未来に導く人に有益な対話や熟考の機会を提供し、組織とそのメンバーが繁栄するためのお手伝いをすることだ。第8章では、リーダーシップを求められる人々のために具体的で実践しやすい提案もしたいと思う。

組織は機械とは違う

私たちは、いまだに無理や無駄を排除しようとするリーンマネジメントの世界に生きている。測定されないものは重要でないと考えられている世界である。本書はこれとは正反対の立場を取る。組織の業績を決めるもっとも重要な要素は、まさに従来なら測定不能とされてきたものだと考えるのだ。

この考えは、組織は機械とは違うという単純な事実にもとづく。組織は個人の集合体であって、人間社会の賢明さと限界の双方から影響を受ける。組織は日常の社会関係の上に成り立っているので、人間中心の視点から構造や管理を考えたほうがはるかに首尾よくいくはずなのだ。

ここ1世紀ほど主流だった経営管理は、かならずと言っていいほど組織を正確な機械になぞらえてきた。効率を上げるには正しいボタンを押せば足りると考えられたのである。この傾向はおもに20世紀初頭の行動主義に端を発する。行動主義者は、人間の行動は際限なく変えられると主張した。アメとムチの使い方しだいで効率はどこまでも上げられるというのだった。

しかし、行動主義は、すべての組織はどのようなものであれ社会的なものであって、人類の社会性は進化によってもたらされたことを考慮していない。人間社会のもっとも顕著な特徴に目を向けないのは、歴史の流れにことさらに逆らうようなものだ。けっして賢明とは言えない。

アメリカの哲学者ジョージ・サンタヤーナが、次のように述べたのは有名な話だ。「過去を覚えていない者は同じ過ちを繰り返す」[2]。人間の本質と起源をよりよく理解するならば、その強みを生かして弱みの悪影響を避けられる可能性は高まる。リーダーが「人々が共有する緊張、不安、相互関係」を管理できれば、「きつい仕事にも耐える能力」が養われるだろう[3]。

対人関係につきものの緊張と集団力学の核心には、現状維持と変革の対立構造がある。一方に先祖から受け継がれた人間の行動には過去と変わらぬ性質があるというロビンの研究があり、他方に未来を創造しなければならない（適応し、学び、変化しなければならない）というつねに存在する要求もある。

たとえば、人には自分に似た価値観の人とつながろうとするホモフィリーと呼ばれる自然な傾向がある。興味や経験を共有する人を探し出そうとするものなのだ。ホモフィリーは共有された文化的価値観と定義され、適切な状況では友情や絆の形成に有益であると考えられる。だが、組織においては集団思考、自己満足、内集団と外集団の分断、狭量な考え、劣悪な意思決定などの問題につながりやすい。

優秀なリーダーであれば、ホモフィリーが組織にとって有益な場合とそうでない場合を判断できるはずだ。ならば有益な場合は取り入れ、そうでない場合は排除すればいい。こうして変化する力学を制御するのが、リーダーに求められる技量と言えよう。

この本の執筆作業に入ると、3人という小集団でもときに意見の食い違いが鮮明になった。ロビンは「生物学の力」を強調した。途方もなく長い人類進化の道のりを通して、変化はゆっくりとしか進まないというのである。これに対してトレイシーとサマンサは、組織の迅速で抜本的な変化の可能性を探りたかった。この相対する力学を理解するには少々時間がかかった。率直な意見を交わすと、折り合いをつけるのが難しく思える瞬間さえあった。だが、全員が意を尽くして自分の見解を述べて相手の理解を得ることで、このプロジェクトをともに楽しくやり遂げられる道を見つけた。

社会力学の制御という問題は、組織の規模と深くつながっている。物事は管理するには大きすぎたり、何らかの意味を持たせるには小さすぎたりするのだ。ダンバー数とダンバー・グラフの背景にあるロビンの生涯をかけた業績と研究が、トレイシーとサマンサの実務上の経験に真の科学的な証拠を与えたことをここで指摘しておこう。

クラスの人数を5名増やしたことで生じた問題

一例をあげよう。それは数年前のOSLP開催中のことだった。プログラムは人気が高く、応募者のキャンセル待ちリストは長かった。前例のないほど大勢の受講者を受け入れて収益を上げようというプレッシャーは大きかった。クラスの人数を40名（以前より5名多い）に増やせばいいという提案があった。少人数のクラスを受け持つトレイシーをはじめとする講師の面々は、それが正しい解決策かどうか確信はなかったが、受け入れに同意した。受講者が数名増えるだけならたいした違いはないだろうと考えたのだ。

残念なことに、その考えは間違っていた。クラスが小さいうちは、受講者は20カ国もの国々からやって来た初対面の人どうしで、やがて同一のアイデンティティを共有するようになった。ところがクラスが大きくなると、そうした連帯感が根づくことはなかった。

受講者たちは1週間で全員と仲良くなる時間も機会もないと考えたようで、業種や出身地域の同じ人とだけ言葉を交わすようになった。交流を広められるイベントがあっても、自由に歓談するどころか近しい者どうしで派閥を形成した。全員が一堂に会する総会では、声の小さい人は意見交換を諦めざるを得なかった。部屋の片側からもう一方の片側まではあまりに遠く、発言の内容はわからなかったし、それに答えるなど論外だった。「我ら」と「彼ら」という彼我《ひが》の意識が芽生えた。

開催サイドも講義や議論の進め方が難しく、以前ほど楽しめなかった。それまでの少人数のクラスでは、受講者がその人独自の発言をする機会も時間もふんだんにあった。ところが人数が増えると、講師は各受講者の貴重な発言を途中で切り上げてもらうしかなかった。交わされる議論はニュアンスに乏しく、参加者が他の人から学ぶことが少なくなった。トレイシーはプログラムが終わるまでにかならず参加者全員と個別に話すのをモットーにしていた。だが、人数が増えるとともにかく時間が足りなかった。

要するに、プログラム開催中の社会関係と会話に支障が生じたのである。かつては強力だった同じグループに属しているという仲間意識と互いへの関与《エンゲージメント》が失われた。ある日の夕食後、誰かがクラスの半分をパブに誘ったことを知って、講師たちは驚いた。その人物によれば、1軒のパブでは全員入りきれないからだという。それに、いずれにしても、「酒をたしなまない人もいれば……部屋に戻って子どもとネットで話したい人もいる」とは彼の弁。グループが分断されたのだ。互いを知る機会をつかむ前に、人々は互いから隔てられたのである。

その週のスケジュールは消化した。ただ、それだけ……。スケジュールをこなしたというだけのことで、いつもの刺激に満ちた双方向の学びの1週間とは違った。フィードバックは問題なかったし、予算管理も完璧だった。だが、開催地、事前準備のプロセス、ロジスティックス、部屋の温度などにかんする難癖に近いようなあら探しがあった。強固な個人的関係が形成された過去のプログラムでは、まず問題にもならなかったような些細なことだった。プログラム終了後、修了生が再会する機会も通常よりはるかに少なかった。以前には見られた修了生どうしの強力な仲間意識もほぼなかった。

同じ条件で実験を再度行ったところ、結果はやはり同じだった。私たちは当惑したが、これは、限られた時間内で機能できる集団の規模という問題に関係があるのではないかと本能的に察した。

受講者がほんの数名増えただけで、なぜこれほどの違いが出るのだろうか。一回限りのことならば、おそらくプログラムそのものに問題があると考えただろう。だがそれまで問題はなかったのだし、他の環境でも集団の規模が変わったときに同様の経験をした人がいた。そこで、ふと気づいた。ことによると、私たちはけっして破ってはいけない法則を破ってしまったのではないだろうか。それを超えたらプログラムの効果が薄れる集団の規模を超えてしまったのか。それまでプログラムが成功を収めていたのは、受講者の人数と関係があるのではないか。

なぜ「人数」が重要なのか

私たちはロビンにこのことについて話してみた。ロビンは、サイード・ビジネススクールでリーダーシップを教えるトレイシーの講義に、たびたびゲストスピーカーとして招かれた。そして、人は誰でも3つの基本的要素（脳の大きさ、ホルモン応答、時間）の制約を受けていると述べると、聴衆の反応がよいことを実感していた。ひとことで言えば、ダンバー数とは1人の人がある時点で人間らしい関係を維持できる人数の上限を意味する。その数は150人である。ロビンはさらに、ダンバー・グラフの他の人数が持つ社会的な意味合いについても研究を進めている（第2章参照）。

そこで私たちは、彼の研究から科学的な仮説を立てて、受講者の数を増やしたプログラムが成功しなかった理由、小集団なら成功する理由を解明するために、人々に話を聞いて回った。その結果、受講者はすでに一定数の人とつながっているので、これに加えて1週間という限られた時間内に大勢の人と新たに関係を結ぶには、認知負荷があまりに大きいということがわかった。私たちは以前の少人数のプログラムモデルに戻したいと提案し、その後プログラムは元のように順調に開催されている。

したがって、本書はある警告を与えてくれる。私たちの行動の心理学的な基盤と、それを支える生物学的な要因は、強みにも弱みにもなるということだ。どちらにも転ぶということは、組織がどう機能するか、あるいはよりよく機能できるかについてヒントを与えてくれる。また、この点を考慮してシステムを構成しなければ、組織全体の構造に亀裂が入る可能性があることもわかる。その亀裂はヒトが持つ自然な力によってつくられる。私たちの心理と行動は、進化によってやや小規模な社会集団に適応してきたのだ。

友情の基盤となる集団の規模の問題、そして集団に属していて自分の居場所がそこにあるという帰属意識を育むための集団の規模の問題については以下の章で述べるが、これらは問題であるとともに、現実的で実践的なチャンスにもなる。利用しやすいチャンスも、そうでないチャンスもある。こうしたことに注意を向ければ、集団を制御する一方で抑圧しないような共通の文化と物語を創造することができるだろう。とりわけストレスや不調に見舞われたときには、自然な友情や社会関係の基盤を知ることが何より大切と言えよう。

社会集団の健全さ《ウェルビーイング》にかんする3つの原則

社会脳仮説とは、ある動物種の脳の大きさと与えられた時間がその種の社会集団の規模を決定する（より正確には制約する）という考えである。ヒトの場合には、自然な状況における最大規模は150人である。ヒトは他者とのつながりを求める性質が遺伝子に組み込まれていて、社会集団の一員でなければ生きていけない。すでに述べた制約（時間、脳の大きさ、ホルモン応答）があるため、社会集団の健全さ《ウェルビーイング》は次に述べる3原則に依存する。

・**第一原則**――集団の規模がその集団の健全さ《ウェルビーイング》の強力な決定要素である。人は他者を知り、他者からも知られていれば活躍する。

・**第二原則**――第二原則は第一原則から導かれる。相互関係の質は、集団の規模が大きくなるにつれて低下する。私たちは社会的活動に充てる時間の60％をわずか15人に費やす。この事実のみを考慮しても、誰をこの15人に選ぶかについては慎重になるべきだとわかる。

・**第三原則**――この原則は私たちのホルモン応答がどう変化し、その変化が身体の平衡状態にどのような影響を与えるかにかかわる。恐怖やストレスによって大量のコルチゾールが分泌されると、さまざまな好ましくない結果につながる。これに対して、エンドルフィンなどの神経伝達物質は安心感を与える。

このポジティブなホルモン応答をもたらすのは、進化生物学者が「社会的毛づくろい」と呼ぶものである。この行為は、サルや類人猿が互いの体毛からゴミや寄生虫などを取り除く行為だ。ヒトには体毛がないのでごく近しい個体をなでたり、抱擁したり、愛撫したりする行為がこれに当たる。他の個体になでられると皮膚にある非常に特殊な神経センサーが脳に信号を送り、脳がエンドルフィンを放出する。エンドルフィンは社会的な絆を支える神経伝達物質である。私たちは、親しい間柄以外の人とも、握手する、食事をともにする、経験を共有するなど数種の社会的習慣を発達させた。これらの行為によっても同じホルモン応答が確認される。

これらの3原則は、ヒトの生物学の基盤を成す。つまり、私たちの遺伝子に組み込まれているのだ。この事実を無視すれば、そのツケが自身に回ってくる。

ゴア社に成功をもたらした「比較的フラットな構造」

社会脳仮説の教訓を本能的に理解する人もいる。ウィルバート（ビル）・ゴアがそんな1

人だ。有名な多国籍企業に勤めたあと、ゴアは1958年に妻のビーブ・ゴアとW・L・ゴア&アソシエイツを設立した。ゴア夫妻はチームを重んじる組織を目指した。会社が成長するにつれて、ゴアは150人単位のチームが最適であると結論づけた。後年、彼は当時をこう振り返っている。

1つの工場に150人を超えるアソシエイト（社員）がいると、責任原理《コミットメント》と一対一制がうまく働かなくなる。互いを知らないアソシエイトが多すぎるからだ。私たちが工場の規模を約150人、シフト制でも最大200人を超えないようにするのはこのためだ。私たちの経験によると、適切な時点で工場を分割すれば、大きいままの工場よりも小規模の部分でさまざまな経験の機会が増える。成長する組織をいつ分割するのがいいのかについて法則のようなものはない。それでも、アソシエイトの最大数である150人から200人を超える前に、市場のセグメントや、テクノロジー、製品、コミュニケーションに問題を抱えるアソシエイトなどの「クリティカルマス」［訳注　臨界質量。ここでは組織を分割すべきタイミングを示す諸要素の限界］といった、分割を促す前兆はある。150人程度の工場を地理的に近い数カ所にクラスターを形成するように集めれば、一対一の関係を損なうことなく、特殊なスキルや機器などを共有できる。[4]

ゴアの経営管理の「比較的フラットな構造」は、同時代に大企業の大半が採用していた階層制《ヒエラルキー》を持つ経営管理と対照的だった。ゴアの成功の理由はおもにこの点に帰すると考える人は多い。

ヒトは小さな集団で生きてきた

残念なことに、企業、学校、病院、政府の省庁など、あまりに多くの組織がゴアの教訓をどこかに置き忘れている。規模が重要な問題なのだ。組織は成功すると成長する。その結果、どうしても分断や非効率が生じる。大勢の人との関係に注意して管理する人間の能力には限りがあるからだ。だから組織が破滅する寸前になっても、互いにいつまでもチグハグな行動を続けることになる。

むろん、問題は集団やそれを構成する層の規模にのみあるわけではない。集団が絆を形成するように仕向け、その時間を与えることも重要だ。仮に集団のメンバーが互いに噛み合わないのであれば、「理想的な」規模の集団を形成しても意味がない。反対に、小さな集団なら絆が生まれるだろうと期待しても、その規模で成し遂げたいことがないのであれば小集団の形成に利点はない。効果的な集団やチームをつくるには、既述の3原則と、それらの集団やチームの明確な目的とのあいだで慎重にバランスを取る必要がある。

つまり、大規模な組織がヒトにとって自然な状態ではないことを思い起こすべきなのだ。他のアフリカ類人猿（チンパンジー、ゴリラ、ボノボ）からの分岐後の８００万年にわたる進化の大半において、ヒトはわずか30人から50人のきわめて小さな集団で生きていた（26～29ページ参照）。私たちが種として定住しはじめたのは、ほんの1万年前という最終氷期末期だった。そして、これらの定住地のいずれかに1万人以上が暮らしはじめたのはやっと約４０００年前のことだ。４０００年と言えば、ヒトの系統が大型類人猿から分岐してからの進化史のわずか０・０５％にすぎない。

私たちの心理と行動が適応しているのは非常に小さな世界であって、現代人が暮らす大都市や仕事をするメガ組織ではないのだ。現代社会においてあらゆる人間の組織が直面するジレンマとストレスは、私たちの本来の姿と現在暮らしている環境間の緊張状態によって生み出されるのだ。これが本書の要諦である。

人類の進化史——概論

ヒトが大きな社会で生きるストレスと複雑さに対処してきて、まだ８０００年と経っていない（図1-1参照）。人類の長い進化史全体から見ればほんの一瞬だ。最初期のヒト系統の種が約８００万年前から約６００万年前のあいだに出現した。アウストラロピテクス類と総称されるこれら初期の種は、四足歩行ではなく二足歩行だった点のみが大型類人猿と異なっていた。体がチンパンジーとほぼ同じ大きさで、脳は現生の大型類人猿より小さかった。およそ４５０万年前から１５０万年前のあいだに、約12の種がいずれもアフリカ大陸に出現した。

約２５０万年前、アウストラロピテクス類から新たな系統が分岐した。この系統がヒト属となり、現生人類はこの分類に残された唯一の種である。彼らは身体の大きさや形がすでに人間らしかったものの、脳はかなり小さかった。以前の種に比べて遊動性に富んでいて、アフリカを離れた最初の人類系統となった。中国やインドネシア諸島にまで拡散したと考えられ、約6万年前という最近までその地で存続した。

約50万年前、アフリカのヒト属から新たな系統が出現し、ハイデルベルク人やネアンデルタール人（アフリカや南ヨーロッパから東方のコーカサス地方や現在のイランあたりまで拡散した）、さらにデニソワ人（中央アジアから東方の現在の中国まで拡散

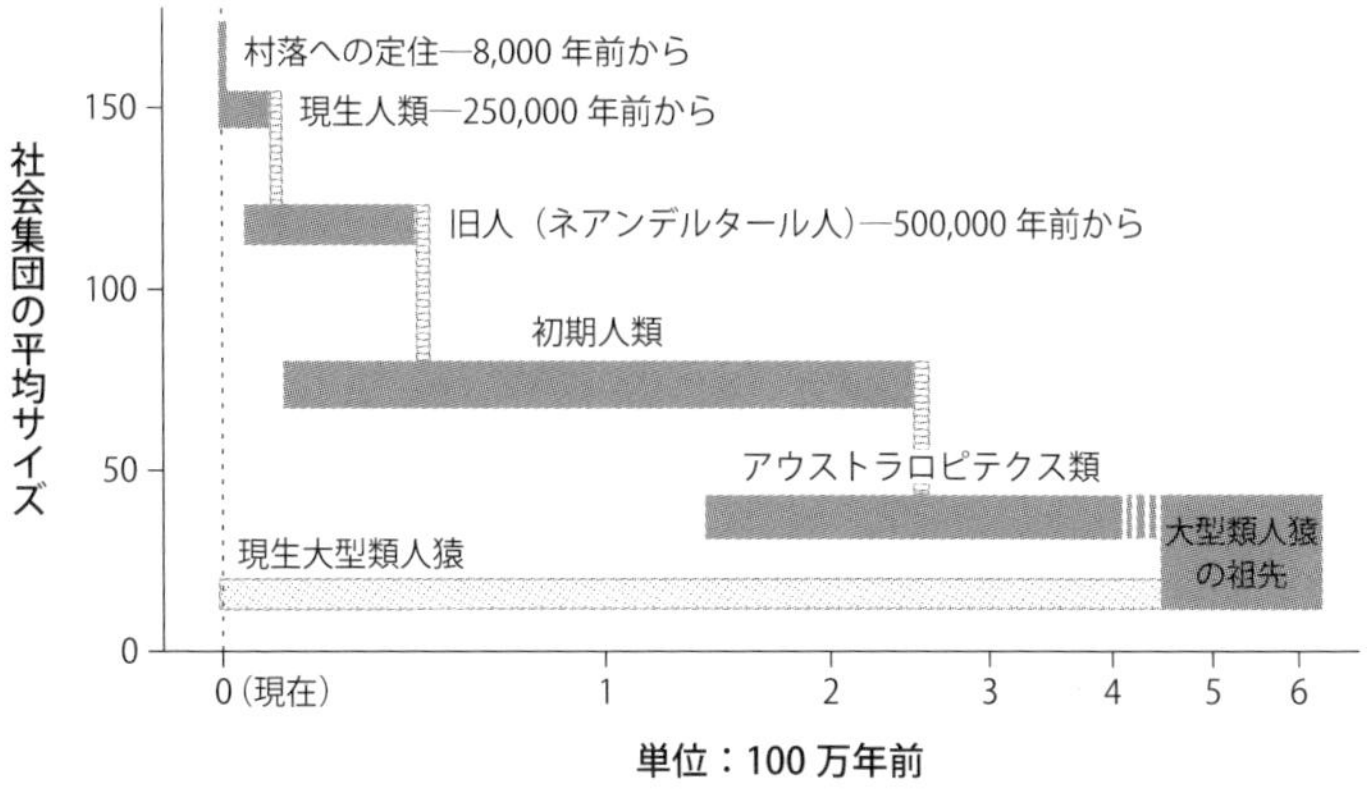

ヒトの系統の歴史

図1-1　種としてのヒトの進化年表。私たちは約800万年前から約600万年前のあいだに、大型類人猿の祖先から新たな系統として分岐した。その後の進化史において、一連の新しい系統が出現して古い系統に取って代わった。やがて、現生人類につながる種が約25万年前に出現した。

した）を含む旧人の始祖となった。旧人は初期の種に比べて大きな脳を持ち、がっしりした体格と強靱な骨格を持ち、肉中心の食生活だった（初期のウマ科動物やマンモスのような哺乳動物を槍を持って取り囲むという危険な方法で狩った）。ハイデルベルク人は20万年前くらいに姿を消したが、ネアンデルタール人は約4万年前までヨーロッパに分布していた。デニソワ人は中国南部でネアンデルタール人よりかなりあとまで存続した。

現生人類（学名ホモ・サピエンス）は、およそ25万年前にハイデルベルク人の種から分かれておそらく北東アフリカに出現したようだ。旧人に比べて身体が軽く、脳は大きく、高度な文化や道具を発達させた。ネアンデルタール人ほど肉中心の食生活ではなく、おもに小型の鳥類や哺乳動物を槍ではなく弓矢で狩った。この時期に人類に特有の言語が進化し、絵画（洞窟壁画）、彫刻（ビーナス像）、高度な道具類（針、骨や石製の錐、鏃《やじり》）なども見られるようになる。

コミュニティの規模は現在典型的に見られる150人に近づいてきた。とはいえ、人々はまだ現代の狩猟採集民のように分散したコミュニティに暮らしていた。家族や友人の共同体が同じ場所に定住することは珍しく、ときどき入れ替わる30人から50人という小規模の「野営集団」で暮らした。

その後は取り立てて大きな変化がなかったが、約1万年前の最終氷期末期にようやく狩猟採集民の一部が永続的な定住地で集団を形成して暮らすようになった。約8000年前には数百人程度が暮らす村ができるようになり、約5000年前に7000人から1万人を擁する都市が生まれた。定住地の村での暮らしが招いた大きな変化によって、人々が受ける構造的なストレスの質が明確に変わった。

以前には、こうしたタイプのストレスは小規模な遊動集団を形成することで最小限度に抑えられていた。ストレスが耐えがたくなると、家族単位で元の集団を離れ、一緒に暮らしやすい新たな集団を見つけることが可能だったのだ。ところが永続的な定住地ではこの方法が使えず、ストレス緩和の新たな方法が必要になった。この問題を解決するため、戦士階級、聖職者、寺社、道徳律、正式な婚姻制度など、新たな種類の社会組織が生まれた。

つまり、人類が大規模な組織のストレスにさらされるようになったのはわずかここ数千年なのだ。どうにかストレスに対処してきたとはいえ、解決法はせいぜい数百人の村に対する応急手当てにすぎず、数万人規模の組織となると根本的な解決は望めない。

パンデミックが残した教訓

現代は、組織の構造について新たな視点から探るのに絶好の時代である。新型コロナウイルス感染症（COVID-19）のパンデミックが何らかの教訓を残したとすれば、それは私たちの幸福《ウェルビーイング》と何事かを達成する能力にとって集団がカギを握るということである。

自宅で孤立し、近所、アパート、村などの狭い場所に押し込められた私たちは、隣人を知り、まったく疎遠だった親族と密集して暮らし、職場仲間の家と自宅の居間をネットでつなげ、互いの家の中をズームで見る経験をした。一夜にしてソーシャルネットワークアプリの地元グループのメンバーとなり、隣人のために買い物に出かけ、公園でその春はじめて見る蝶や庭でさえずる鳥の声に気づき、窓辺で育っているトマトの苗を共有し、ふと我に返って、人間らしいコミュニティのある未来に対する渇望が、私たちにとって何を意味するのか考えた。

コミュニティ活動家のスー・ウィクスリーが、コロナ禍で起きた変化についてこう語っている。「大勢の人がボランティアになろうとしました。寛容と支援の大きな波が生まれたのです。私は生涯を通じて慈善事業のために働いてきましたが、人々がとても積極的であることに感銘を受けました。相互支援のウェブサイトでは、どんなことでもお手伝いしますと人々が申し出ていました。困っている人に手を差し伸べたいという申し入れが山のようにあったのです」。

同時に、私たちは自然なコミュニティから締め出される孤独も経験した。パンデミックは、人が互いの何を尊重するかを再発見する憂鬱な実験室だった。仮想空間での仕事〔訳注 リモートワークや在宅勤務を含むテレワーク〕やハイブリッドな働き方〔訳注 テレワークとオフィスワークの併用〕に慣れるにしたがって、組織のメンバーは機械の歯車ではないことを強く認識するようにもなった。

暗黒のロックダウンの日々に新しい会社に転職した人のうちどれほどが、転職先の会社の同僚と対面で会えたのだろうか。絆をつくるどころではなかったはずだ。どれほどの人が長くその会社にとどまっただろうか。あるいは、会社に対して永続的な貢献をできただろうか。興味や経験を共有できる同僚を見つけたり、コミュニティの一員であると感じられたりしただろうか。

これからの働き方や職場環境

今こそ、自分が仕事に何を求めているのか、なぜ過去の組織に多くの問題があったのかを考えてみるべきときではないだろうか。もし人間関係が健全な集団の基盤であるとしたら、組織の形態、さらには組織をどう成長させるかについての認識を改める必要がある。とかく従業員はひとまとめにして考えられがちだが、実際にはそれぞれ別個の人間であり、そのように扱うべきなのだ。各人が人間関係を結ぶことのできる範囲には自然な上限があると認識すべきだ。

ロビンの研究によれば、私たちは日常生活において社会的活動に充てる時間の40%をたったの5人に割いていて、これらの5人はほぼ入れ替わることがない。この5人こそ変化しつづけるこの世界においても一定の安定感を与え、支援や助言を与えてくれる人々なのだ。

また、私たちは社会的活動に充てる時間の20%を別の10人に割く。この10人は楽しくてかつ重要な社交の利点を与えてくれる。彼らの社会環境はより動的であって、場所、プロジェクト、興味、状況が違えば変わる。一般に仕事の集団は同じ種類のパターンと力学を示す。仕事（そして家庭！）においては、この2つの集団内の15人が適切な人間でなくてはならない。このことは、とりわけリーダーに当てはまる。

これまで自分たちがどのような働き方をしてきたか、今後どう働きつづけるかについて熟慮するための機は熟している。これまで当たり前と考えていた習慣、考え直すべき習慣を精査しよう。仕事の形態に革命が起きつつあり、人々はかつてないほど仕事と生活のバランスを取ろうと腐心しており、仕事に意味を見出そうとしている。

疑いもせずに耐え忍んだ長い通勤時間、深く考えずに思いつきの行動に走る精神構造、大勢の人が我慢した非生産的な共有デスク制は、新型コロナウイルス感染症のパンデミック中に疑問視されるようになった。現在では、労働時間の少なくとも一部を家庭で過ごすことを誰もが選択肢として意識している。月曜朝の長く退屈な会議（同じ顔ぶれが発言時間を占有し、成果はほとんど上がらない）が幸いにも槍玉に上げられるようになった。

こうして昔ながらの習慣に別れを告げ、旧態依然とした仕事のあり方を問い直すべきときが訪れた。組織の人間はともに働くよりよい方法を見つけるべきだ。企業の本質は社会事業なのだ。この課題に取り組まなければ、組織はいずれ高い生産性と絶望的な崩壊のあいだの狭い隙間にまっすぐ進むことだろう。このことに気づいた思慮深いリーダーなら、貴重なアイデアが得られる対面での対話を増やし、以前より有意義で実りある環境づくりに精を出すはずだ。

過去の働き方を振り返るとき、個々の方針が既述の3原則に当てはまるかどうかを調べ、どう応用すれば最適かを判断しよう。リーダーはどうすればグループを形成し、その規模を調整できるだろうか。友情、信頼、相互の絆が開花する環境をどうすればつくり上げられるか。集団の社会生活に活気を取り戻して共通の目的を達成するために、どんな手段を持ち合わせているだろうか。

つまり多くの点において、私たちの関心はヒトの生物学の精妙さと欠陥に照らして我が身を振り返り、人間心理の何が不変であるかを突き止めることにある。ヒトの生物学が社会的であるのは明白だ。それは社会の機能と企業の組織の基盤である。

組織は個別に行動する個人ではなく、共通の課題解決に向けてともに力を合わせる人々から構成されている。もっとも重要な課題は、人の自然な社会行動をどのように利用すれば、より良好な結果を生む組織をつくることができるかにある。なぜなら組織は人の自然な心理の上に成り立っていて、その心理は１００万年以上にわたる進化によって磨かれてきたからだ。どうすれば、そこで働く人のためにより満足のいく社会環境をつくることができるかも、やはり重要な課題である。

　リーダーの役目は組織のマイクロマネジメントではなく、発展しながら変化し、自己修正し、学習するコミュニティ構造を構築することにある。そうすることで、組織は精神科医ウィルフレッド・ビオンの言う「成熟した作業グループ」[5]になることができる。これを達成するためにリーダーが取るべきバランスのよい手法は、無知と熟知のあいだ、統制と内発のあいだ、介入と静観のあいだにある。リーダーシップの所在は、これらの緊張関係、そしてリーダーと自分自身、部下、変化する職場の状況との関係にあるのだ。

　リーダーシップはけっして二元的なものではない。静的であることもない。専門知識でも問題解決能力でもない。むしろそれは、道徳的な想像力であり、組織内で人々が最大限の能力を発揮できるようにして繁栄と成長を可能にし、最終的に自身たちや、利害関係者《ステークホルダー》、社会にとって意義ある方向に向かう手助けをしたいという思いである。

第2章

組織の規模が変わるとき

「人が本来の自分に戻れるのは、気心の知れた人たちから成る小集団の中だけだ。したがって、多数の小さなユニットに対処できるような組織構造をつねに念頭に置くべきである」

――E・F・シューマッハー[1]

指揮者が必要となる楽団の規模

オーケストラの指揮者ペーター・ハンケは、ビジネスと音楽においてリーダーシップにかんして重なる部分があることにずっと関心を抱いていた。若き指揮者のための学校でディレクターをしている彼は、駆け出しの音楽家や声楽家のワークショップにビジネスリーダーを招く。互いに学ぶことがあるからだ。

ペーターはオーケストラの団員を束ねている。そこで、楽団が「大きくなりすぎて機能不全に陥ることはないでしょうか」と質問してみた。すると、こんな答えが返ってきた。「私はこれまでのキャリアで団員が150人を超える大きなオーケストラでも指揮してきましたが、あまりよい結果は得られませんでした。それほど大きなオーケストラでは、多くの団員がおそらく互いの名前すら知らないと思います。指揮者は個々の演奏家と直接の関係を持っているべきだという、暗黙の価値の問題を解決する術もありません。それに、互いの演奏をきちんと聴くには遠く離れすぎています。だから、演奏中に自分の音楽家としての直感に頼ることができず、演奏にとって理想的な範囲を越えて『管理』される必要が生じてしまいます」。

たいていのオーケストラが100名ほどで編成されているのも道理だ。それでも、集団力学は規模に応じて変化する。大所帯のオーケストラでは、第一バイオリンなど同じ楽器のセクションにセクションリーダーが必要になる。各セクションは普通15〜16人から成る。指揮者の役割はロジスティックス、熟練度、計画性の管理になる。これほど大きなオーケストラでは、指揮者は個人としての役割や相互関係やインスピレーションにかかわる役割を果たすことはできない。たとえば、98人の演奏家がオーボエ奏者の調整が終わるのを今か今かと待っているようであれば、オーボエ奏者の音調にこだわっている暇はない。

ペーターは次のように付け加えた。「100人以上のオーケストラでタクトを振るときは、とても孤独な気持ちになります。演奏家たちとの関係が弱くなり、指揮者というより陸軍元帥のような気持ちになるのです。リーダーとは孤独なものです。いつだってそういうものです。ただ、大規模な集団の場合は孤独感が先鋭化し、関係性の弱さをエネルギーとカリスマ性で埋め合わせねばなりません。オペラや聖譚《せいたん》曲など音楽のジャンルによっては、規模が大きくても問題はありません。けれども、オーケストラではリーダーシップの機能が少し違うのです。オーケストラはそれ自体が独立していて、ソリスト、ダンサー、合唱団などは組織の一部分であって、全員で演奏する前に彼らは個別にリハーサルに臨みます。指揮者の役目は全体のタイミング調整と複雑さの解消になり、誰もがそうしたものだと心得ているのです」。

これとは逆に、楽団の規模が小さい場合には指揮者が不要になる転換点がある。この転換点は非常に小さいグループにしか存在しない。「リーダーがいなくても機能する演奏家の最大数は、正式かどうかは別にして5人です。これは間違いありません」。ペーターはキッパリと言った。室内楽団、ロックバンド、マドリガーレ・グループはいずれも4、5人から構成され、この人数を超えることはない。これは強力な数であり、スペシャリストのチームワークに理想的だ。

4、5人では、サブグループができる恐れはほとんどない。意見の食い違いがあると、2人と2人、または3人と2人に分かれ、1人が孤立するということが少ない。ところが、5人を超えたとたんに、誰かがみなを引っ張っていかなくてはならなくなる。

15人になるころには、指揮者か首席奏者（たいていは首席第一バイオリン奏者）のような、明らかにその役目にある正式なリーダーが必要になる。リーダーはリハーサルを支障なく進め、必要な技術的な選択をする。

50人ではサブグループが生まれ、金管楽器、木管楽器、弦楽器など小集団の階層ができる。ペーターによれば、こうなると集団の規模に応じた管理の枠組みをつくることが不可欠になるという。「指揮者が不在でも首席奏者にしたがって演奏する有名なオーケストラの例はありますが、その場合のリーダーシップは捉えにくく、正式なものではなく、より複雑な組織の力学の陰に隠れています」。

無視されがちな「規模」の問題

チームやグループについて考えるとき、私たちは機能や責任に注目し、価値の創造や関係する人の能力に配慮する。だが規模について考えることはまずない。順調に機能するには部署が大きすぎるということがあるだろうか。チームが与えられたタスクに向かないということがあるだろうか。組織にときたま出現する有害な文化――「我ら」と「彼ら」の精神構造――は、組織内のグループの規模によって説明できるだろうか。会話が収拾つかなくなるのはどのような場合か。数学者のブノワ・マンデルブロ[2]が雲を「重なり合う波」の微小な複合構造体と見なしたように、組織の中の小さなクラスターやごく小さなグループに焦点を合わせることに利点はあるだろうか。

組織は財務コストの測定は得意でも、失われた人的資本（巨大企業というタンカーから漏れ出たエネルギーや才能、忠誠心、自発的な努力）の無形コストの測定は得意ではない。私たちは利益については知り尽くしているが、組織内の各人の信頼性や果敢さが正しく認識され、伸ばされ、結集されていたとしたら、どれほどの利益が得られたかについては知ろうとしない。

また、諸経費を計上する一方で、信頼性の低下によって生じる、余分な中間管理職層や過剰な規則による制限、本来は不要だったノルマにもとづく評価や職場支援、常習的欠勤や顧客離れ、無駄を見過ごす。何より、次なる目標やアイデアを追うことに懸命なあまり、人間の本質や相互作用の不変性を見過ごしてしまう。

本章では、音楽家集団の規模にかんするペーター・ハンケの発言が、より広く組織全般についてや組織を構築する最良の方法について、重要な真実を突いている理由を説明しよう。関連する力学を理解するために欠かせないのが、ダンバー数として知られる数字である。[3]

「ダンバー数」とは何か

ひとことで言えば、ダンバー数とは1人の人がある時点で人間らしい関係を維持できる人数の上限を意味する。これを知るには、個々の人に自分が人間らしい関係にある親友や親族をリストアップしてもらう。あるいは、その人たちが電話、携帯メール、パソコンなどで連絡する相手をマッピングしてもらう。フェイスブックその他のソーシャルメディアで接触する友だちの数を調べてもいい。まったく別の方法もある。狩猟採集社会から歴史的集落、教会の会衆などの大きさ、現代の科学協力ネットワークのように、過去や現代における自然集団の典型的な規模をチャートにする方法だ。

だが計算法をどう変えようと、答えはほぼ100人から200人の範囲内に収まる（図2-1参照）。30ほどのデータセットの平均は155人になる（図2-1参照）。この数値はたいてい便宜上150人に丸められる。これが現在知られるところのダンバー数である。

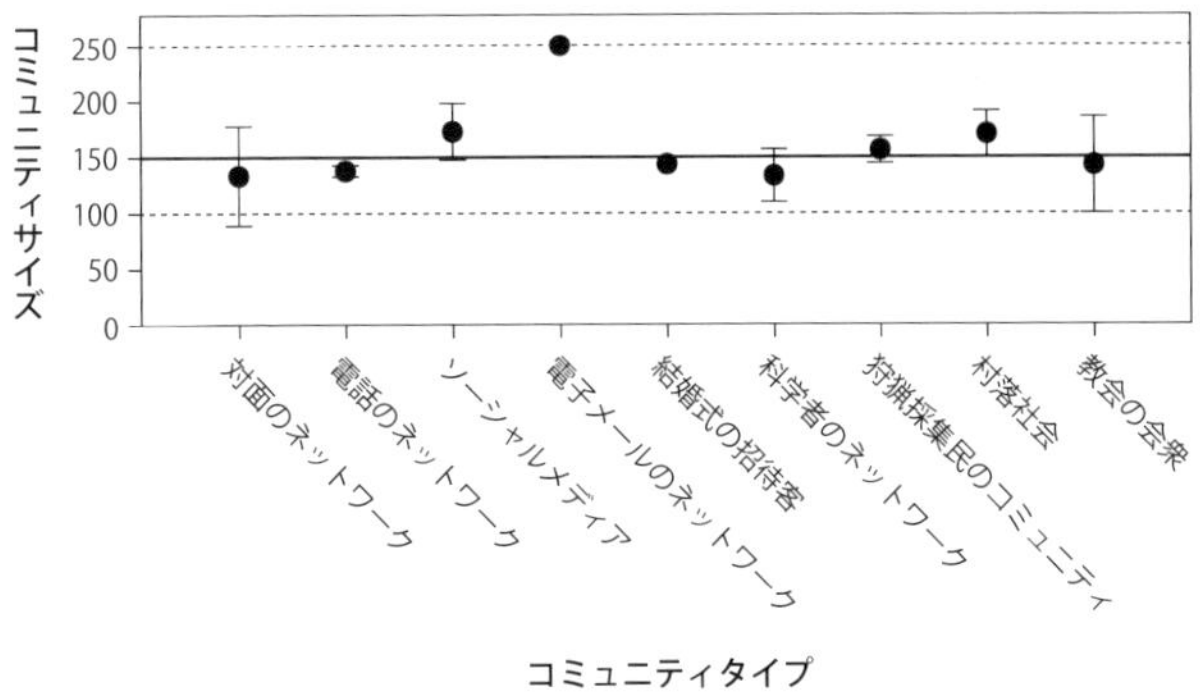

ネットワークサイズ

図2-1　ネットワークサイズ（友人と家族から成る私的ネットワークのサイズ）、携帯電話のデータセット内で1年間に電話をかけた相手の数、オンライン・ソーシャルメディア・プラットフォーム内のコミュニティサイズ、電子メールのアドレスリスト、アメリカの結婚式の招待客リスト、科学者のネットワーク（共著者ネットワークと下位の学問分野のサイズ）、狩猟採集民のコミュニティサイズ、11世紀から18世紀におけるヨーロッパの歴史的村落のサイズ、教会の会衆サイズから推定した自然コミュニティサイズの中間値（±1標準偏差値）。点線は150人の予測値近傍の信頼区間（すべての推定値の95％が減少すると予測される範囲）を示す。Dunbar（2020）[6]

ダンバー数の発見

ダンバー数は突然この世に降って湧いたわけではない。サルと類人猿における典型的な集団規模と脳の大きさの数式によって、このような上限の存在はヒトの脳の大きさから予測されていた。[4]

この脳の大きさと集団の規模との関係は社会脳仮説[5]として知られる。サルと類人猿は、相互の絆（各個体は好みの相手と私的な友情を育む）にもとづいて結束し、安定した大きな社会集団を形成して暮らす点において、他のすべての鳥類や哺乳動物と異なる。

このような関係は高度な心的能力を要し、この能力のおかげで他の個体がどのような行動を取るか、どのように他の個体と交流すべきかを判断できる。このスキルは相当な計算能力、つまり大きな脳を必要とする。

社会脳仮説が確立されると、あとはヒトの脳の大きさをサルと類人猿の数式に代入するだけだった。得られた予測値は148人。[7] 最初の検証は小規模な狩猟採集社会を対象に行われた。ヒトは数百万年にわたってこの種の社会を形成して暮らしてきたからである。これらの社会の大半は平均でほぼ150人だった。また、家族全員や親友から成る私的なネットワークも含め、現在と過去における多様な場面でこの数字が頻々と現れた（図2-1参照）。この人数はあらゆる近代の軍隊における典型的な基本単位（中隊）でもある。

私的な社会的ネットワークにおいては、ダンバー数は人が相手に対して義務感を覚える最大の人数と定義される。この人数は、ある程度規則正しい頻度で会う人（たとえば、少なくとも年に一回）で、知り合ってから長い人の数ということになる。[8] もし助力を乞われたら、見返りがないとわかっていても願いを聞き入れる相手の数だ。この150人より疎遠な関係の人に対しては、私たちは利他的行動を取るのにより慎重になる。遅かれ早かれ（できれば早めの）見返りを期待するようになる。それは、はじめから決まっている約束事であることが多い。あとで金を払うか恩返しするのであれば、私もあなたを助けるということだ。150人の境界線の外では、相互関係は一種の取引のようになる。

友だちの数は脳の関連領域の大きさによって決まる

この上限がじつは脳の大きさによって決まっているということは、ここ10年ほどで発表された10件以上のニューロイメージング研究によって明らかになっている。これらの研究では、人が持つ友だちの数と脳の関連領域の大きさとの関係が、脳スキャン技術によって調べられた。友だちの数を調べた手法の如何にかかわらず、結果は同じだった。友だちの数とこれらの脳領域の大きさのあいだには相関があるのだ。[9]

これらの脳領域のうちもっとも重要なのが前頭葉（額のすぐ後ろに位置する）、側頭葉（耳のすぐ内側に延びるソーセージのような形の領域）、大脳辺縁系（感情を処理する脳内深部の領域）である。これらの領域は大量の神経線維（電気ケーブルがプラスチックの被覆に包まれているのと同じく、ニューロンは脂質に富む白い髄鞘《ずいしょう》に包まれているので白質と呼ばれる）によって互いにつながっている。これらの脳領域は、社会関係の処理にかかわっている点において重要である。これらの領域に損傷が起きると、社会関係を効果的に処理する能力が失われるのだ。

この事実を証明するもっとも有名な証拠は、19世紀アメリカに生きたフィニアス・ゲージの研究だろう。1848年、ゲージはアメリカのバーモント州にあるラトランド・アンド・バーリントン鉄道の建設現場で監督の職にあった。不幸なことに、火薬が爆発して3フィート〔訳注　およそ90センチメートル〕あまりの鉄の棒がゲージの顔の左下から頭に突き刺さって脳を突き抜けた。驚くべきことに、ゲージは負傷から生還したが、鉄棒が脳を貫通したため、社会関係を処理する領域が損傷を受けていた。

一夜にして、彼はきわめて温厚で、人当たりがよく、部下に慕われる人から、安定した職につけず、社会関係を維持する能力が低く、リスクやギャンブルを好む人にすっかり変わってしまった。ゲージの不幸な事故は、私たちの脳が社会関係を処理するのにどれほど重要か、またどれほど容易に壊れるものかを教えてくれる。

150人を超えると生じる「スケーラー・ストレス」の問題

150人の上限が重要であるのは、コミュニティの規模がこれを超えない限りにおいて、大多数の問題は民主的な直接交渉で簡単に解決できるからだ。だが、この上限を超えると「スケーラー・ストレス（Scalar Stresses）」が生じて、集団がどんどん不安定になる。交渉が難しくなり、コミュニティ内の情報の流れが滞り、物事が思い通りに進まない。相互に連絡不可能なサイロ（派閥や縄張り意識）が生まれ、人々は疑心暗鬼になって相手を信用しなくなる。こうなると、何らかのより正式な管理システムによって社会関係と業務を管理するしかない。[10]

スケーラー・ストレスを解消するには、もちろん集団や組織の人数が150人を超えないようにすればいい。この手法を取り入れているのがフッター派（東ヨーロッパからの移民）とアーミッシュ（スイスやフランスのアルザス地方からの移民）だ。

原理主義キリスト教派アナバプティストの流れを汲むこれらの人々は、前者がおもにノースダコタ州とサウスダコタ州、後者が主にペンシルベニア州でいずれも農業や酪農を営んで暮らす。彼らの昔ながらの生活様式、19世紀さながらの衣服、古めかしい言葉づかい、近代テクノロジーの拒絶（アーミッシュは自動車に乗らないし、ラジオを聴くこともしない）は外部の人の微苦笑を誘う。だが、彼らは規模にかかわる非常に今日的な教訓を提供してくれる。

民主的なコミュニティを150人に維持すれば、法律、規制、階層、警察などが不在でも、対面の対話によって商売上の取決めや社会問題に対処できると確信しているのだ。誰もが全員を知っているので、みなコミュニティ全体に対する義務感を負っている。共同体であるという感覚を保つため、コミュニティが大きくなりそうなときは分割し、近くに新たな娘農場を設立する。

ここ100年で、フッター派コミュニティが分割されたときの規模は平均で167人だった[11]。分割時にこれほど上限を超えているのは、コミュニティの規模が150人を超えている期間があまり長くてはいけないという条件と、50人前後と150人前後に分割できるほどには大きいという条件とのあいだで折り合いをつけねばならないからだ。

なぜなら、50人前後や150人前後のコミュニティに比べて、100人前後のコミュニティは安定性が低く、すぐに分裂するからだ[12]。中間の人数では何かがうまくいかず、コミュニティ内の人間関係が不安定になり、早すぎる2度目の分割につながるようだ。

伝統的なキリスト教派でも同様の傾向が報告されている。ここ20年にわたって行われた広範な研究によると、教会の会衆が150人の上限を超えると問題が起きるという。信徒たちの信仰心が冷めて、1人当たりの献金額が減り、教会が自分たちのニーズに応えていないと感じはじめる。[13] 一方の牧師も会衆全員を知るのは難しいと感じ、個々の人の期待に応えられない。

これを解決するには、会衆を分割して別の場所に娘教会を設立するか、牧師の数を増やして会衆の小グループごとに専任牧師にするなどの方法がある。これで正式ではないにしても管理構造ができ上がる。いずれにしても、1人の牧師や司祭が効果的に対処できるのは150人以下の会衆であり、この規模のコミュニティは大規模なコミュニティに比べて不安定な関係に悪影響を受けにくいという不文律があるようだ。

そうなる理由の1つは、物理学者のブルース・ウェストらが示したように、どうやら150人というコミュニティ規模が決定的な転換点らしいということにある。[14] ネットワークの規模がその数字に向かって増えるにつれて、システム全体の情報の流れが着実によくなる。ところが、150人を超えると、情報の流れが驚くほど鈍る（図2-2参照）。コミュニティが150人を超えると何かが変わる。日常的に出会うことがもはやなくなるのだ。こうなると、人々はサイロを形成してその中でのみ話すようになる。それまで見事に

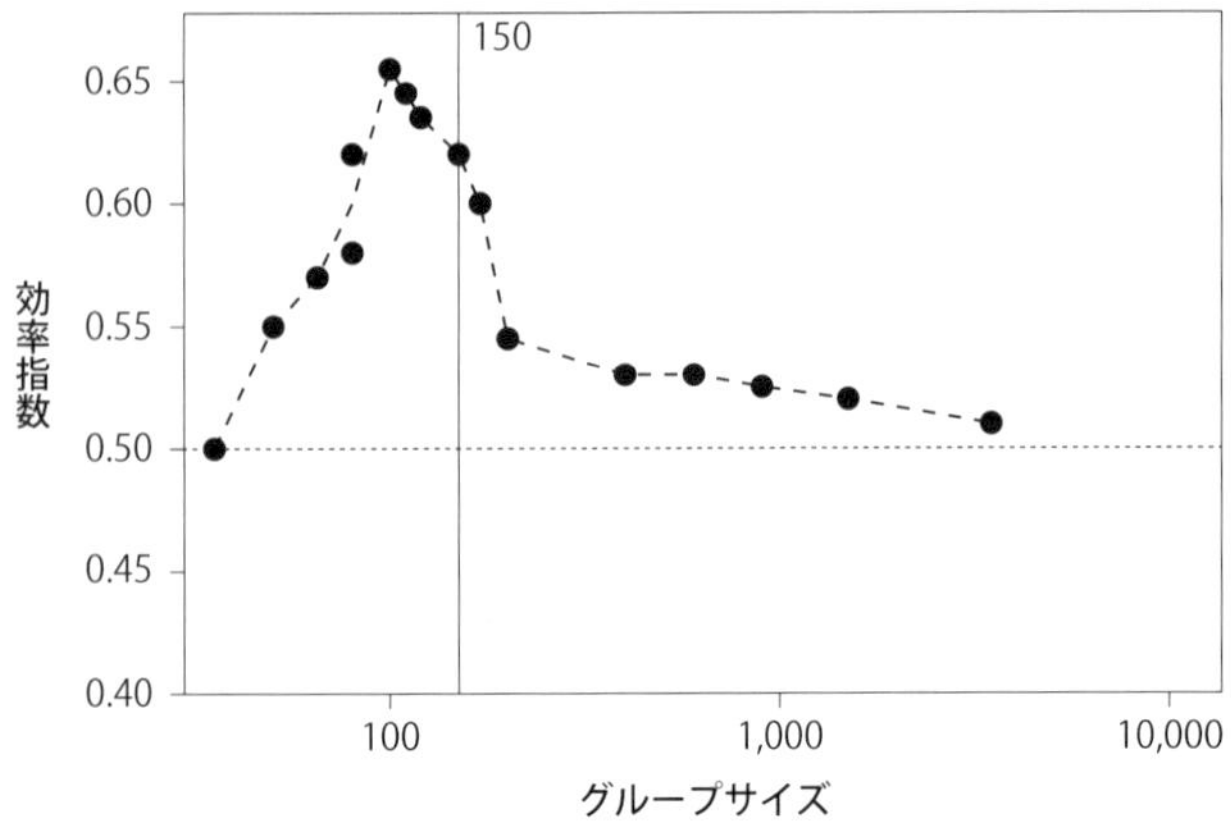

最適なグループサイズ

図2–2　異なるサイズの社会的ネットワーク内における情報の流れの効率。効率は0と1のあいだで変化する。0.5の値（水平な点線）はランダムな情報の流れを示す。0.5を超える値は効率の増加を、0.5未満の値は非効率の増加を示す。効率はグループサイズとともに着実に増加するが、サイズが150（縦の実線）を超えると急激な減少に転じる。West et al.（2020）[15]

調和し組織化されていた人々が、一夜にしてライバル意識と非効率に支配される。

言い換えれば、150人はコミュニティにとって最適な規模であるが、同時に成立させることが不可能な2つの機能間の妥協の産物なのだ。つまり、150人は直接、間接を問わず相互作用できる人数の最大値である。そして、それを境に社会関係の効率または質が低下する人数でもあるのだ。力学系の数学では、このような点は「アトラクター」と呼ばれる。それは何も力を加えなければ系が自然とそこに向かう点である。系がその点でもっとも安定するからだ。

企業組織にかんする著書『想像力(*Imaginization*)』[16]で、トロントにあるシューリック・スクール・オブ・ビジネスの名誉教授で組織論が専門のガレス・モーガンは、観葉植物として人気の高いオリヅルランの比喩を用いて、つながった構造を壊さずに分割すれば、健全な成長が可能になると述べている。オリヅルランは子株が親株から分岐することで分散した親—子ユニットから成る構造をつくる。これが健全なヒト組織のモデルだというのである。

オリヅルランの一体感は、親株と子株をつなぐランナー(匍匐茎《ほふく》)によってつくられる。ヒトの組織では、一体感は一連の最小限度の仕様(いわゆるミン・スペック)または行動原則、あるいは組織全体を結びつける共有された目的によって得られる。モーガンによれば、これが会社を「不都合な状況」を乗り越えて何度も成長させる構造であるという。

3倍で大きくなる「ダンバー・グラフ」の層状構造

150人というダンバー数はことのほか重要であるとはいえ、それは私的な社会的ネットワークの一連の円(層)の1つにすぎない。これらの層はあなたの周りに一組の同心円(図2-3参照)を形成する。円は非常に特徴的な共通パターンを持つ。累積的に数えると

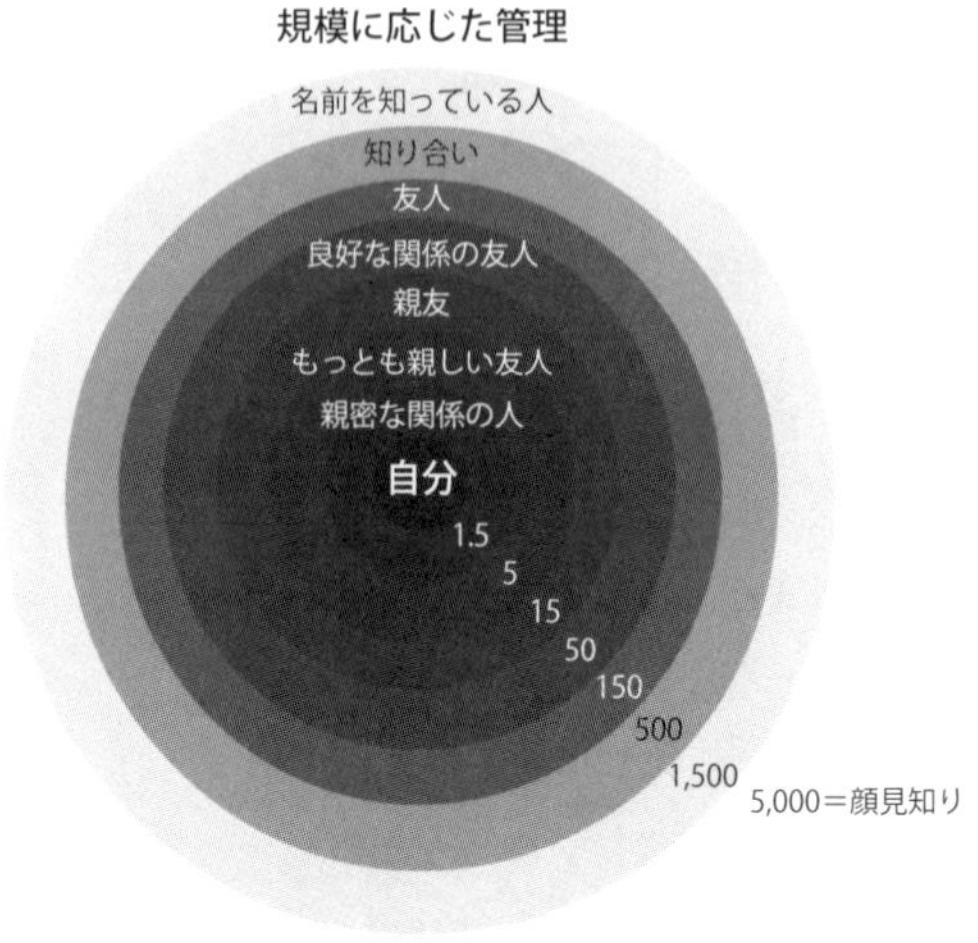

ダンバー・グラフ

図2-3　私的社会的ネットワークの典型的なサイズを示すダンバー・グラフ。自分はこのネットワークの所有者。各層は私的なネットワークの中で人どうしが接触する頻度によって決まる。層は心理的な近さも反映する。Dunbar（2020）[17]より転載

（つまり、各円はすぐ内側の円内の人々を含む）、各層にはすぐ下の層の3倍の人がいる。便宜的に、図では層の人数を1・5、5、15、50、150、500、1500、5000に丸めてある。インドの数学者サンタヌ・アチャルジーが、このパターンをダンバー・グラフ（ここで言うところの「グラフ」は数学的な意味合いを持っていて、ネットワーク内にあるオブジェクトの集合のパターンを指す）と命名した。私たちもこの言葉を同じ意味で用いることにする。

図2-3の各層は、中心にいる人との接触回数と情動的な近さに対応

する[18]（2つの指数は相互に高い相関がある）。つまり、各層はそれぞれの関係の深さを示す。親密な関係の人（1人の場合と2人の場合があるので1・5）、もっとも親しい友人（5、支援集団としても知られる）、親友（15、シンパシー集団としても知られる）、良好な関係の友人（50、あなたのおもな社会的サークル）、友人（150）、知り合い（500）、名前と顔が一致する人（1500）、会ったことはあるがかならずしも名前を知らない人（5000）。小規模の狩猟採集社会では、これらの層は同居カップル（1・5）、カップルと子ども（5）、家族のクラスター（15）、バンド（50、夜を一緒に過ごす野営集団）、地元のコミュニティ（150、氏族）、メガバンド（500、地元のコミュニティのクラスター）、トライブ（1500、部族）におおよそ相当する。

世界中のあらゆる場所に見られるダンバー・グラフ

これらのパターンは世界のどこでも変わらない[19]。オンラインゲームの世界でもそうだ。もちろん後者では、少なくとも階層の下位では個々の集団は一時的なものであることが多い。それでも、プレイヤーは暫定的に5人から15人の範囲内でつねに入れ替わる協力関係を結ぶ。変化するゲーム内容に対処するためだ。この点において、ビジネス界に見られる一時的な仕事のチームに似通っている。

一般に、協力関係を結ぶ相手は同じコミュニティから選ばれる。すでに知り合いである人々から選ばれるのだ。知り合いならすでに手を結んだことがあるので、その人たちのスキルや信頼性を知っているというのがおもな理由だろう。友人の場合と同じく、より深い関係性の人々の小規模な層にいくにしたがって安定性は高くなるようだ。

職場におけるダンバー・グラフのもう1つの例は、中国深圳《しんせん》証券取引所100銘柄の投資家2万2000人による約8000万件の取引について分析した結果だ。[20] この例では、ネットワークは2、7、20、54、141の大きさの層から成っていた。これらの数字は図2-3の1・5、5、15、50、150に驚くほど近い。立会場の狂乱したような環境の中でも、私たちの行動は生まれながらの社会性に支配されているようだ。このことは特段驚くべきことでもない。証券取引は何より信用第一であり、立会場のようにリスクが高い場合には、信頼できる人と取引したいという強い欲求によって取引相手の数は限られてくるらしい。

明確なビジネスの場においても、ダンバー・グラフがコミュニティ・オブ・プラクティス（実践共同体、略称CoPs）の大きさに見て取れる。実践共同体とは、同業の人々（かならずしもそうではないが、たいていは異なる組織の人々）が定期的に集まって共通の関心事について議論し、その分野の業務にかかわる提案をする非公式な集まりである。[21]

この結果を公表した研究論文には、業務管理の要件についてきわめて理にかなった考察が述べられている。CoPsの規模は、メンバーがおよそ40人の時点で大きな変化が起きるようだ。そのサイズになるまでは、組織管理にかなり非公式な手法を取ることができる。メンバーが順番に会議のまとめ役になり、議題は投票や挙手などの民主的な意思表示によって効率よく決定される。ところが、メンバーが40人に達すると、形式が忍び込んでくる。委員会と、その委員長、事務局長、会議の開催者などあらゆる形式が維持されるようになるのだ。

北米先住民に見られた管理体制の切替え

非公式な管理体制から階層構造を持つ管理体制への切替えについては、アメリカ／カナダ中西部のアルゴンキン諸語を話す北米先住民（よく知られるのがブラックフット族［*Siksika*］、クリー族［*Paskwâwiyiniwak*］、シャイアン族［*Tsêhéstáno*］）の事例が19世紀に指摘されている。[22]

1年の大半を通して、どの民族も30人から50人の小規模な遊動集団を形成し、それぞれの土地内を移動して狩猟採集した。遊動集団にはたいていリーダー（首長）がいるが、たいがいの決定は民主的に下された。毎年春になると、すべての遊動集団が恒例のアメリカバイソン狩りとサンダンスの儀式のために一カ所に集まり、1000人を超す拡大野営集団を形成する。これだけ多くの人が密集して暮らすと、摩擦や軋轢《あつれき》、口論はどうしても起きる。そこでストレス解消のため、野営集団の首長は村の会議を開いて自分たちの中から大首長を選び、男性だけのクラブ（秘密結社）によって素行の悪い若い男性にエネルギーを発散させた（上手に教育した）。また、年長の戦士を村の警官に任じて若者を望ましい方向に導かせた。

集団内部で争いが起きると、特別な儀式によって解決した。たとえば、争いの当事者をティピ（テント小屋）の中に座らせて行う「神聖なるパイプステム」があった。この儀式では、全員が「和平パイプ」を吸って荒ぶった感情をしずめたという。シャイアン族は、リーダーシップの機能を2人の首長に分散して与えた。世襲の「和平首長」（呪医）が戦略決定と紛争解決に当たり、「戦争首長」（戦場における勇敢な行動によってこの地位についた）が戦士集団（野営集団を守る）と狩猟集団双方を組織化して率いた。

現代の軍隊組織も「3倍の法則」にしたがっている

現代の軍隊の階層構造がより今日的な例である。軍隊組織もやはり「3倍の法則」にしたがっている。各層がその内側の層の3倍の大きさなのだ。[23] 大きなグループの呼称は国によって少々異なるが、おおむね分隊（典型的には12人から15人）、小隊（典型的には30人から50人）、中隊（120人から180人）、大隊（約500人）、連隊（約1500人）、旅団（約5000人）、師団（約1万5000人）、軍団（約5万人）から編制される。これらの単位が図2-3の層とぴったり対応し、ヒトの一般的な社会的ネットワークに特徴的な1500人を超えても変わらず3倍の法則が当てはまることに留意されたい。したがって、中央に位置する4、5人の最小の集団が、ときに銃器専門の特殊部隊と呼ばれるのも驚くに当たらないだろう。

4、5人のグループは、イギリスの特殊空挺部隊や特殊舟艇部隊、そしてこれらに相当するアメリカの特殊部隊（グリーンベレーやネイビーシールズ）などの標準的な作戦ユニットである。特殊部隊ユニットのメンバーどうしには強力な絆があることが求められる。敵陣の中で孤立した場合など作戦中のもっとも困難な状況下でも、互いにかならず信頼できる存在でいなければならないからだ。

このレベルの絆を育むために、訓練では特別な注意が払われる。各チームがつねにユニットとして生き、息をし、食べ、遊ぶことで、互いをよく知るように仕向けられるのだ。そして、これが可能なのはきわめて小規模のグループに限られる。

元英陸軍総司令官タイロン・ウルチは、この組織編制がローマ時代から驚くほど一貫して存在すると述べる。とくに最小ユニットである4人の「ファイアチーム」が有名だ。古代ローマの陸軍では、最小チームは「コントゥベルニウム」と呼ばれた。作戦中にテント内で一緒に寝られる兵士の最大数を意味する言葉だ。このユニットはいまだに英国陸軍の原型とされている。「戦闘中に兵士が死をものともしないのは、国家のためではなく……この最小ユニットのメンバーのためなのだ」。ウルチはそう言う。

ダンバー・グラフの数字を決める要因

ダンバー・グラフの数字は、私たちの進化生物学だけで定まるわけではない。それは情報の流れの効率（図2-2参照）と、異質な人間関係に最適な投資をしてその利点を最大限にする手法との組み合わせによって決まる。[24]

社会的ネットワークでは、15、50、150、500人の層で情報の流れが最適化する。各数値の前後では、情報の流れの効率が急速に落ちる。4つの数値の中でも150人という数値が優位に立っている。150人の層では他の層に比べてかなり大きな効果が得られるが、15、50、500人は系が収束する安定した点になる。

これが意味するのは、組織がある円から次の円へ人数が増えるとき、その増え方にはスピード感が大切になるということである。どの円どうしのあいだでも、組織がゆっくり成長する場合には効率が下がる。これが起きたのが前節で触れたフッター派の例だ。分割後のコミュニティの大きさが100人前後の場合には、50人か150人の場合よりふたたび分裂する可能性が高かった。

ダンバー・グラフの4つの数値とそれぞれの特徴

ここではダンバー・グラフの4つの数値が重要になる。5、15、50、150である。各数値にはいくらか個人差があるが（その人物の個性がかかわっている）、それでも集団や文化を超えて驚くほど一貫している。

5人

・この数値はある人が維持できる親しい人間関係の数を示す。ときを経ても非常に安定している、親密な友人と家族の総数だ。このグループは「支援集団」と呼ばれることも多い。助けが必要になったとき、彼らは何をおいても駆けつけてくれるからだ。

・この数値は、私たちを集団生活のストレスから守り、心身の不調を治すという欠かせない役割を果たしてくれる人の数でもある。

・仕事のチームにおいても重要な人数であり、このチームでは結果を出すことが重視される。4人から6人で構成されるチームやグループでは、正式なリーダーシップは不要であり、自分たちで進むべき方向を決めることができる。この大きさのチームはより大きなチームよりすばやくかつ効率よく行動に移ることができる。

・この大きさのチームでは決定を下すのがたやすい。非常に小さいグループの投票行動は、その人の本心を反映する可能性が高いからだ。グループが大きくなるにつれて、個人の意見が他の人の意見やその時点のトレンドに影響されがちになる。「協調性がない」と思われるのを避けるためだ。民主的な投票などによって決められる場合には、奇数の人数のチームが決定に至りやすい。

・会話に参加できる人数には4人という上限がある。この上限をすぎると、会話が1人か2人の非常に押しの強い人の独擅場になる。[25] しかし、4、5人の集団では、各人の発言と貢献度を均等にすることもできる。これは全員の意見を聞くために重要な点だ。

15人

・この層は親友に相当する。もっとも頻繁に接触し、互いに子どもの世話を頼めるような人の数だ。この層の人は、もし明日亡くなったらひどく悲しい思いをする人と定義されることが多い。クリスチャン・バイスとケネス・ラーソンがこのグループをシンパシー集団と呼んだのは、この理由からである。[26] この層には、支援集団の4人から6人がいる。

・私たちの社会活動全体の60％がこの15人に向けられている。[27]

・15人が関与する社会関係は持続期間が短い。つまり、維持するには何らかの規則的なつながりが必要で、かならず対面ですることが求められる。直接顔を合わせる機会がないと、この社会関係は数カ月で自然消滅する（図2-4参照）。ここで覚えておきたいのは、新型コロナウイルス感染症のパンデミックが始まったとき、マイクロソフトのワーク・トレンド・インデックス年次報告書が伝えた内容である。報告書によると、「何十億通というアウトルックの電子メールとマイクロソフト・チームズの会議内容を調べた結果、匿名化された協力行動に明らかな傾向が見られた。リモートワークが主流になったことによって、社会的ネットワークが縮小したのである。パンデミックが始まった直後には、職場の身近な人との交流が増える一方で、疎遠な人との交流が減ったことが私たちのデータ分析によってわかった。このことは、ロックダウンになったとき、私たちはもっとも近しい人に支援を頼り、やや関係性の薄い人とはかかわりを持たなくなったことを示唆する」[28]。

50人

・現代社会においては、50人の比較的近しい友人は、あなたのおもな社会活動の輪の中にいる。多くの人が集うガーデンバーベキューや誕生日パーティーなどの社会的イベントに、あなたが招待するような人々だ。

・正式なリーダーシップ構造を持たない狩猟採集社会では、50人は野営地で紛争が制御不能になるほどエスカレートすることなく、ある程度の時間にわたって一緒に暮らせる最大の人数である。

・狩猟採集民のあいだでは、この人数のグループはかなり流動的だ。隣人との関係がかならずしも良好でない家族は、別の場所に行って別の野営集団に加わることを選べるからである（ただし、移動先は同じ地元のコミュニティの集団に限られることが多い）。

・50人までのグループは、何らかのリーダーシップ構造がなくとも支障なくやっていける。狩猟採集社会では、専門的な役割が必要とされることは珍しいからだ。しかし、この大きさを超えると、人々を結束させるためと、リーダー格の人の時間が足りなくなって組織を管理できなくなるのを防ぐために、何らかの管理体制が必要になる。

・コミュニティ・オブ・プラクティス（実践共同体、略称ＣｏＰｓ）の研究によれば、ビジネス界における50人は正式な管理体制を必要とせずにグループを民主的に運営できる最大の人数である。[29]

150人（ダンバー数）

・狩猟採集社会では、この人数は地元のコミュニティを意味する。メンバー全員が同じ場所で一緒に暮らすわけではないが、同一の狩猟地を共有する分散したグループである。

・この人数の人が一緒に暮らす（仕事する）ためには（農業の始まりと定住のあとのように）、大勢の他人とともに密集して暮らすことで生じるストレスを軽減する何らかの行動メカニズムが必要になる。たとえば、笑い、歌、ダンス、祝宴、物語を語ること《ストーリーテリング》といった活動だ。[30]

・150人は、私的な関係を持つことのできる人数でもある。たとえば、結婚など一生に一度のイベントに喜んで参加してくれるような生涯の友や拡大家族のグループだ。また、その人との私的な関係や義務感から喜んで手を差し伸べてくれる人の数の上限である。

・私的な社会的ネットワークでは、150人はたいてい拡大家族（姻戚関係にある人も含めて）と真の友人にほぼ二分される。ただし、大家族出身の人は友人が一般に少ない。[31]

・現代社会では、このグループは地元で起きていることを知らせてくれる「眼」や「耳」（いわゆる弱い紐帯[32]）になってくれる。どのスーパーマーケットがいちばん安いか、どんな音楽や映画の新作が町にやって来たかなどを教えてくれるのだ。

・50人と150人の中間の大きさは不安定なようだ。すでに述べたように、アメリカのフッター派コミュニティにかんする研究によれば、娘農場がいちばん安定していたのは（どれほど早くふたたび分裂するかを指標とした場合）、大きさが50人か150人に近い場合だった。[33]どうやら、100人前後のコミュニティは何らかの理由で本質的に不安定なようだ。

小規模のまま大きく成長するための施策

組織にかかわる仕事をする中で、私たちは自分に託された仕事の多さに困り果て、混乱し、ときには圧倒されている大勢のリーダーや従業員に出会った。それは何度も経験したものだった。もちろん、ダンバー数に準じた独自のモデルを構築し、この問題を回避するのに成功した企業もあった。大成功を収めたカナダの自動車部品製造会社マグナの創業者フランク・ストロナックは、1950年代にわずか数人と自宅のガレージで起業した。

会社を成長させる中で、彼は次のような信念を持つに至った。組織があるレベルまで成長すると、同じ屋根の下で成長しつづけるわけにはいかなくなるので、別の組織に分離すべきだというのだ。マグナの場合は「ガレージ」が5、6カ所に増え、やがて多数のガレージになった。今では世界中に工場を持つ。

ストロナックの直感に反する発見は、成長するには小規模のままでいるのが最善の道だということだった。また創業者としての彼のおもな仕事は、増えた工場すべてのために優秀なリーダーを見つけることだった。これらのリーダーが、少しずつフラクタル・パターンでマグナを成長させていくのだ。

ストロナックの手法はすでに触れた別の企業と同じだった。ビルとビーブのゴア夫妻は、ゴアテックス（Gore-Tex™）を使用した衣料品と医療機器で有名な会社を創業した。ゴアは何より「高い計算能力を持つ」化学者だった。巨大で官僚的な企業に勤めた自身の経験に対する反動から、明確な意図を持って新しい会社の形態をデザインした。大企業は従業員のエネルギーとアイデアを削いでしまいがちだと彼は感じていたからだ。情報は流れるべき場所に流れていかず、従業員はかならずしも互いに助け合おうとしない。やがてサイロができて、ユニット間の信頼が損なわれるのだ。

これに対して、彼が一緒に働いたことのある小規模なチームは、真の熱意と目的意識を持っていた。彼らは人を刺激し触発するような方法で、ルールや常識を破った。しかも、大企業ではあまり見かけることのない親密さと説明責任を果たす意志を備えていた。

ゴアは、数学の才能を駆使して企業組織に最適な従業員数を計算した。答えはおよそ150人だった。1982年に地元の新聞に掲載されたインタビューで、次のように述べている。「組織の人数がある上限（典型的には150人）を超えると、人々は『私たち』ではなく『彼ら』の視点からものを見るようになります」。この自然な分断によって「内集団」と「外集団」が生まれ、互いに対する信頼が薄れていくのだ。[34]

ゴアの「150人」は絶対的な数値ではないが、それでも企業にとっては指針になる。

デブラ・フランスは、ビル・ゴアが興したゴア&アソシエイツの学習・開発部門のグローバル・リーダーを務めていたことがある。その彼女が次のようなことを言っている。「ときを経て、私たちは進化を続けてきました。小さな仕事グループに対する参加《コミットメント》を維持するには、より多くの小さな建物が必要になります。我が社の工場は当初150人という小さなユニットでしたが、現在では250人ほどです。でも1日3交代制なので事実上150人より少なくなります。これを巨大企業の本部と比べてみましょう。大企業では大勢の人を1つの建物に詰め込みます。互いに近くにいれば協力体制が整うということでしょうか。けれども私たちは、300人に近くなったところで非常に不安になります」。

デブラは、ゴアの医療機器工場を訪問したときのことを思い返す（同社のオフィスはすべてまだ工場と呼ばれる。そこが実際に機器を製造しているかどうかは関係ない）。工場長はある意味においてどこかの市長のようなもので、受付の外観から、提供される飲食物、会議、コミュニケーション、人事部まで、あらゆることに対して責任を負う。ただし、これらの詳細は全員に意見を尋ねた上で決めている。

デブラは、このリーダーが招集した会議に出席した。「彼は会社に対して本当に誠実でした。社員たちにこう問いかけたのです。『この工場は大きくなりすぎただろうか。私たちは本当にお互いを知っているだろうか？』」。誰もが工場の規模が問題だと答えた。そこで、裏庭に別の小さな工場を建設することを民主的に決定した。新しい工場に移る人は思い思いの儀式で祝った。バレーボールチームを立ち上げたり、社交施設を用意したりして、新しい工場に活気に満ちた文化と共同体意識を生み出そうとあらゆる努力を惜しまなかった。

デブラ・フランスが指摘する分断に言及する人は他にもいる。2005年、フェイスブック（現メタ）の従業員は100人に満たなかった。当時、同社の最高製品責任者（CPO）だったクリス・コックスが2019年のアスペン・アイデア・フェスティバルで、次のように述べている。「非常にたくさんのスタートアップの最高経営責任者（CEO）が、この人数［150人の従業員］を超えると奇妙なことが起きはじめると指摘しています」。

ネットフリックスの元最高人事責任者（CTO）のパティ・マッコードは、この「奇妙なこと」はリーダーが「椅子の上に立った」ときの従業員数と関係があると言う[35]。椅子の上に立って叫んでも自分の声が人に届かないなら、自社がどう組織化されているかいま一度考えてみるべきなのだ。

この「椅子の上に立った」ときのような限界に達したら、より正式な体制と構造を導入しなくてはいけない。だがその体制と構造こそ、そもそも起業家が巨大で官僚的な企業を去って自身の会社を立ち上げようと考えた理由なのだ。いずれにしても、新体制が導入されると社内に亀裂が走り、会社全体の雰囲気が変わってしまうこともある。だから、新体制への移行には細心の注意を払わなくてはならない。

組織がある規模を超えたときに、企業文化が変化する恐れがある。創業以来、国際的な大手食品会社マースを特徴づけてきたのはこの認識だった。ジェイ・ジャクブはエコノミクス・オブ・ミューチュアリティ基金の最高アドボカシー責任者（CAO）で、マースの社内シンクタンク、カタリストの元専務理事だった。その彼が言うには、マースは自社の世界的なビッグネームと創業当時の小さなファミリービジネスの感覚のあいだでバランスを取るのにそれは真剣に取り組んだという。「マースを特徴づけるのは平等主義です。もっとも中枢に近いリーダーでも、秘書官や重役だからと尊大になることはありません」。リーダーのチームはみなと一緒に座り、同じ設備を使う。直接会って話すことがとても大切にされている。

当初、マース一族は本部に適した人数に50人を選んだ。実際に、マース一族の人がオフィスにやって来て、パンチカードを全部数え（2008年までは、CEOでも1日を始める前にタイムカードを押した）、カード数が50枚を超えると警告を出した。マースは急成長したので、ジャクブによると、「グローバル本部については（マースによるリグレー買収後は）人数を100人までとしました。私は、この本部に訪問者を含めてそれ以上の数の人が同時にいたためしはないと思っています」。

キム・ハワードも同じような経験の持ち主だ。ハワードは南アフリカの国際的な投資顧問会社、ナインティ・ワンの組織管理部で働いていた。彼女は同社も成長について同様の戦略を採用していたと言う。小さなユニットを維持することに細心の注意を払い、ビジネスを共通の目的や、精神、文化によってつながったフラクタルの集合体と見なしていた。「CEOは事業の成長は望んでも、チームの肥大化は望みません。彼の経験では、小さな企業のほうがうまくいくというのです」。

ダンバー・グラフの数字が企業に採用されたもう1つの事例、フライト・センター・トラベル・グループを紹介しよう。同グループのCEOグラハム・「スクルー」・ターナーが1982年に同社を創業した当時は、何よりも成長に重きが置かれた時代だった。チームのサイズを大きくすれば会社に入る利益が増えると考えられていたからだった。

ところが、しばらくしてチームのサイズが6人か7人を超えると、実際には増えた人数に見合った利益の増加が認められなくなり、コストだけが増えつづけた。一般に「優秀であると認められた」マネジャーでも、余剰の従業員のテコ入れをして生産性を上げることはできなかった。

この経験によってスクルーは、進化心理学に関心を寄せるようになり、やがて会社を家族とトライブ（部族）にもとづいて構造化した。共通原則を掲げる一方で、小グループに独自の文化と仕事の進め方を決める自由裁量権を与えた。

同社のウェブサイトにはこうある。「フライト・センターの組織構造は石器時代の家族、集落、トライブの概念にもとづいています。弊社はシンプルで、無駄がなくて、階層構造がなく、透明性が高く、リーダーとの距離も近いのです」。フライト・センターには強力な指針があり、「当事者意識」と「自主性」が基本的な2要素だ。階層は、次に示す少数の層（4層、例外的に5層）に意図的に維持されている。

家族（3～7人）
集落（3～5家族）
トライブ（25家族まで）
ネーション／ブランド（8～15トライブ）

これ以降、より伝統的な地域／州／国家のグループとなり、最後にフライト・センターの役員会とシニアリーダーシップチームに至る。パンデミックなどによる旅行業者ならではの浮き沈みにもかかわらず、この構造はフライト・センターの40年あまりの歴史を通じて驚くべき忠誠心と強い結束を生み出した。

各層で異なる関係維持に必要な時間と社会資本

個人の社会的ネットワークが持つ層構造（図2-3参照）は、メンバーどうしの接触頻度によって決まる。接触頻度はきわめて特異な数値を持つことがわかっている。[36] 誰かがあなたの5人の層（支援集団）に属すためには、あなたは週に少なくとも一度はその人に連絡する必要がある。15人の層（シンパシー集団）なら1カ月に少なくとも一度、150人の層なら1年に少なくとも一度だ。これらの数値は平均値でなく最小値である。これより接触回数が少ないと、その人は数カ月のうちに次の層に落ちてしまう。

図2-4は、イギリスとベルギーで、大勢の女性に自分の社会的ネットワークの各層の人にどれほど頻繁に接触したかを尋ねた結果を示す。この調査に参加した女性は、かなり少数の人に時間と注意のほとんどを向けたことがわかる。一般的には、交流の40％が中央のコアの5人に、別の20％が15人の層のうちの10人に割かれる。つまり、シンパシー集団の15人が、私たちの社会資本、時間、労力、注意、そして情動的な関与《コミットメント》の60％を専有するのだ。[37]

各層に振り分けられた時間は、それぞれの人に対する心理的な近さに対応するようだっ

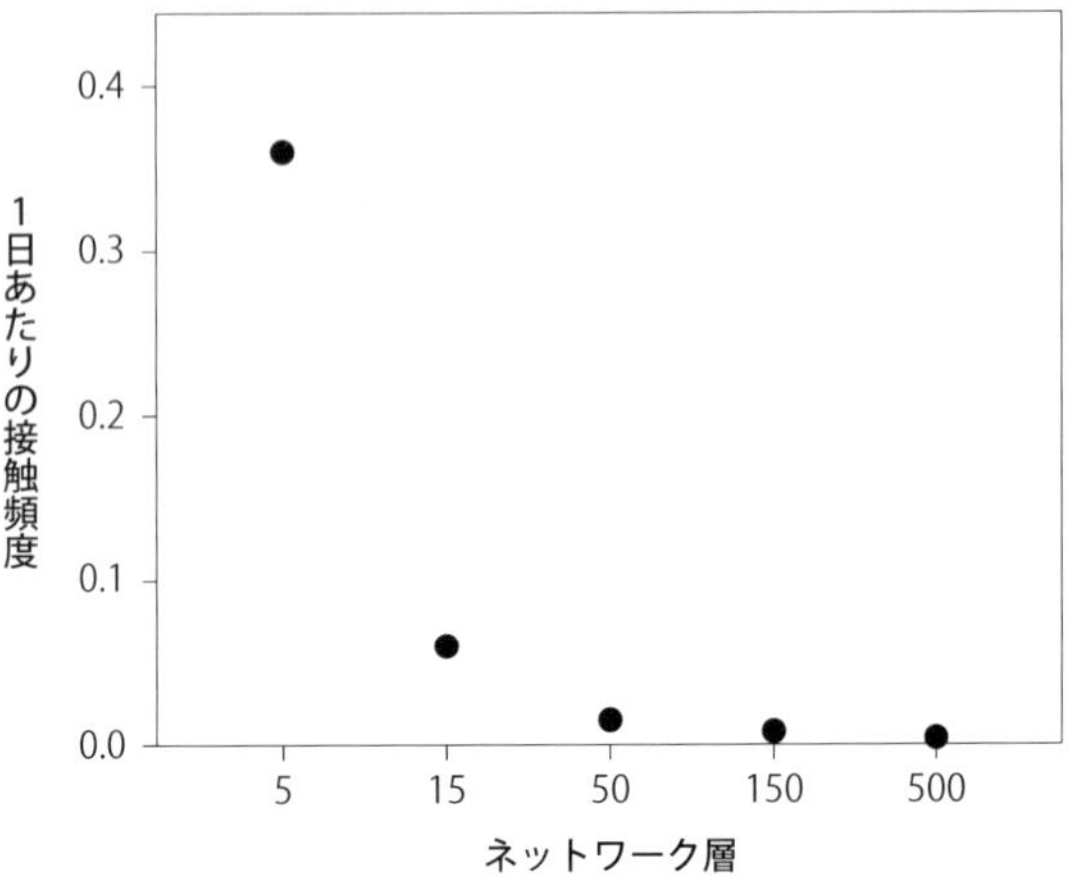

対面での接触頻度

図2-4　社会的ネットワーク内の各層の人と1日に接触した回数の平均値。私たちの社会的時間の約60％はわずか15人に振り分けられている。このデータはイギリスとベルギーに住む250人の女性の社会的ネットワークから抽出された。Sutcliffe et al.（2012）[39]より転載

た。その親近感の度合いは、誰がどんなことを考えているか、ある状況でその人がどう反応するか、どうすればその人の支援を得られるか、難しい決定を下すときどうするのが最善か、言いづらいことをどう切り出すべきかを教えてくれる。また、助力を乞われたときにどれほど利他的に応じるべきかもわかる。

　私たちは、見ず知らずの人が良好な関係の友人（つまり、15人の層にいる人）になるには、3カ月から4カ月以内に200時間にわたって直接の接触をすることが必要になると推測している。[38] 1日は24時間と決まっているのだから、これは容易なことではない。言

うまでもないが、私たちがこれほどの労力を費やす例はあまりない。とくに、他の人との関係維持に費やす時間が奪われることを考えるならなおさらだ。これに対して、誰かを150人の層に維持しておく手間はたいしてかからない。毎日、平均で30秒ほどあれば足りる。それに、つい接触するのを忘れても目くじらを立てられることもない。したがって、全体にあまり大きなストレスをかけずに、この層に多くの人を維持することが可能になる。誰かとはじめて出会って知人程度の関係を築いたら、その人が本当に必要になるまで保留にしておくことができるのだ。

次の円（500人の層）も同じだが、ある時点までは時間のコストはより低くなる。それは誰かを友人にする必要性が生じるまで保留にしておいた知り合いの集団であり、着陸許可が下りるまで空港近くの上空で待機する航空機のようなものだ。

接触の頻度が減ると関係は弱まる

ここで覚えておくべき重要な教訓は、自分が属している円に課せられた要件を満たす努力を続けなければ、中心にいる人との関係は急速に弱まるということだ。そうなると友人関係はゆっくり坂を転げ落ち、やがては友人の円から抜け落ちて知り合いの層に入ってし

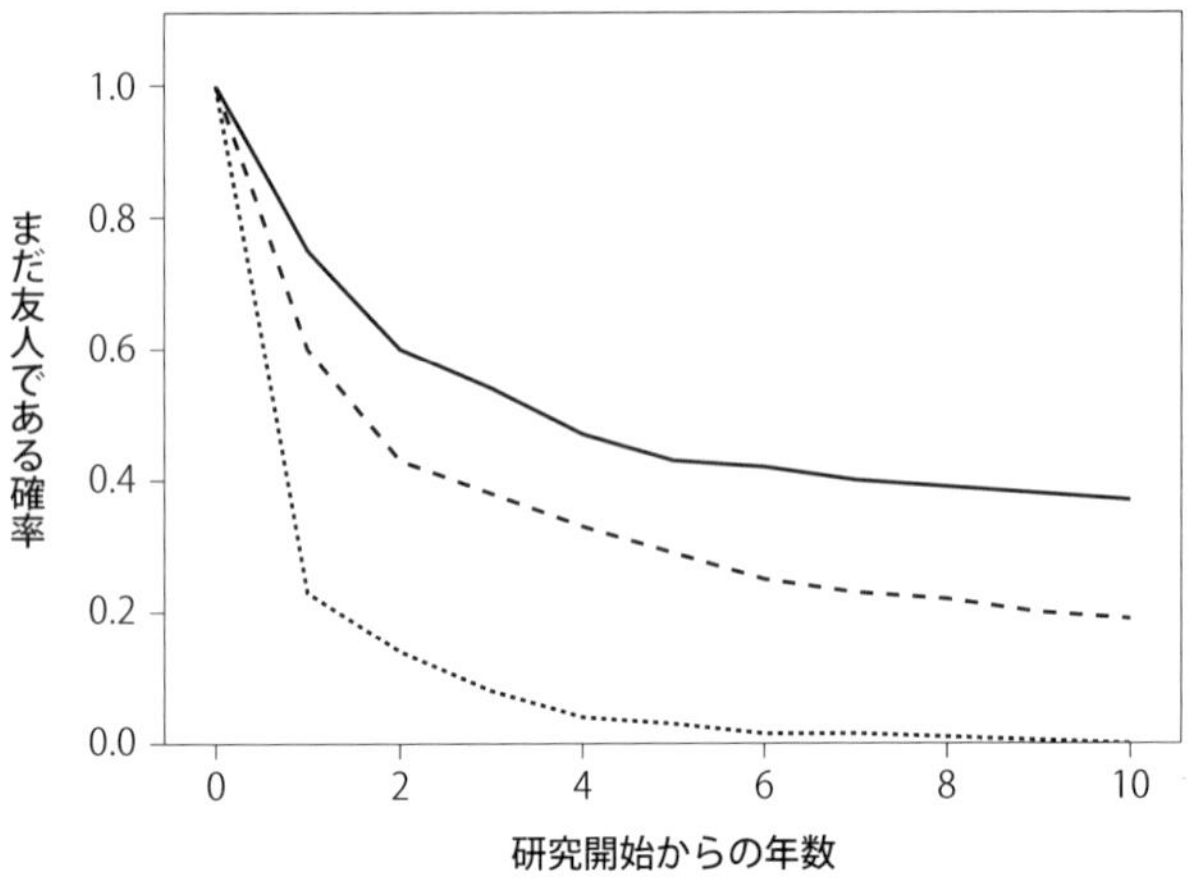

友情の脆さ

図2-5　ある有名な研究で、社会学者のロナルド・バートがシカゴの銀行家グループ内の人間関係に生じる変化を数年間にわたって追跡した。友情（破線）は家族との関係（実線）より速く消滅するが、ビジネス上の「友情」（点線）ほどではない。Burt（2020）[40]より転載

まう。この変化は3カ月から6カ月以内に起きる。

シカゴの銀行家グループ内の友情の弱体化にかんする有名な調査（図2-5参照）によれば、この変化はとても速いことがわかる。重要な点は、職場の友人関係は「地元の友人関係」より弱まるのが速く、さらに「地元の友人関係」は家族関係より弱まるのが速いことである。絆の強さ（関係がどれほど長く続いてきたか）が関係の弱体化を遅らせるのだ。だが絆の強さは関係の弱体化を遅らせるだけで、少なくともときたま接触しなければ関係が永遠に続くことはない。

ウォーリック・ビジネススクールの

准教授で元舞台演出家のピアーズ・イボットソンは、内側の円のために必要な時間と、境界を広げて外側の円の関係を拡張する必要のあいだにある二律背反の関係について次のように述べる。「ある意味において、『6次の隔たり』は並外れて強力です。この考えによれば、たとえば私でも6ステップでいとも簡単にローマ教皇と直接つながることができるのです」。しかしそのためには、イボットソンは自分にもっとも近い社会的絆を持つ人以外の人間、つまりソーシャルバブル外の人間に、あまりに多くの時間と社会資本をつぎ込まなくてはならない。彼はおどけて言う。「そんなことをしたら、パートナーから愛想をつかされますよ！」。

私たちはもっとも近しい人々と深く結ばれている。実際、私たちはこの強力な絆の範囲から頻繁に逸脱する人（出世欲の塊のようなソーシャルクライマー、利用できる人ならなりふり構わず会いたがるネットワーカー、いわゆる優秀なスーパーセールスパーソン）を信用しない。それでも、組織が発展し前進するためには、強力な絆の範囲からの逸脱が可能な状況をつくり出すのもリーダーの仕事である。

タスクによって集団の最適な人数は異なる

ここで問うべきは、各層とそれに対応する心理的な制約によって、特定のタスクに適する集団のサイズが異なるかどうかである。あるタスクがメンバーの十分な理解を必要とするのなら、5人が適していて、15人では無理かもしれない。あるいは求められているものがさほど集中力を要さず、ブレインストーミングのような作業が必要ならば、15人が適切だ。人数が多いほど多様な視点が得られるし、さまざまな外部情報にアクセス可能だからだ。

委員がハンコを押すだけのために参加しているのでない限り、15人を超える委員会はうまく機能しないかもしれない。支障なく仕事を遂行できるのは小委員会や分科委員会だ。そもそも小委員会というものが存在し、それが多くは4、5人の規模であるのはこの理由のためなのだ。

図2-6のグラフは、2005年に71カ国の中央銀行にあった金融政策委員会を対象に、インフレ率の変動を委員会の規模に対してマッピングしたものである。調査した委員会の平均人数は約7人だった。委員会が3、4人で構成されている場合には、インフレ率の変

動が最小限度に抑えられているのがはっきりと見て取れる。言い換えれば、データを見る限り、小さな委員会のほうが優れた戦略上の決定を下したようだ。

委員会の機能を検討してモデル化した経済学者と心理学者らは、委員会の機能を定義する2つの重要な変数――決定の早さ（小さな委員会のほうが早い）と委員に与えられる情報量（大きな委員会のほうが多い）――が二律背反の関係にあると結論づけた。効果的な金融政策委員会の規模には、おそらく5人という上限があるというのが彼らの一致した見解だった。[41]

ここで、考慮すべき現実的な問題がある。委員のスケジュール調整は手間取ることが多いので、委員会を頻繁に開かなくてはならないなら委員は少ないほうがいい。大きな委員会は6カ月に一度くらいの開催が関の山だ。しかし、少人数の委員会なら機敏に動ける。大人数のためときどきしか集まれない委員会より、少人数の委員会のほうがメンバーどうしも親密な関係を築きやすい。

大人数のチームには、避けることのできない構造上の不利な点がいくつかある。まず、全員が物事を把握するためには、メンバー間の連絡が人数に対して指数関数的に増えるという単純な事実がある。4人のメンバーならペアリングの総数は6だが、10人なら45となり、300%の比例的増加になる。結果として効率が下がるのは避けられないが、それは

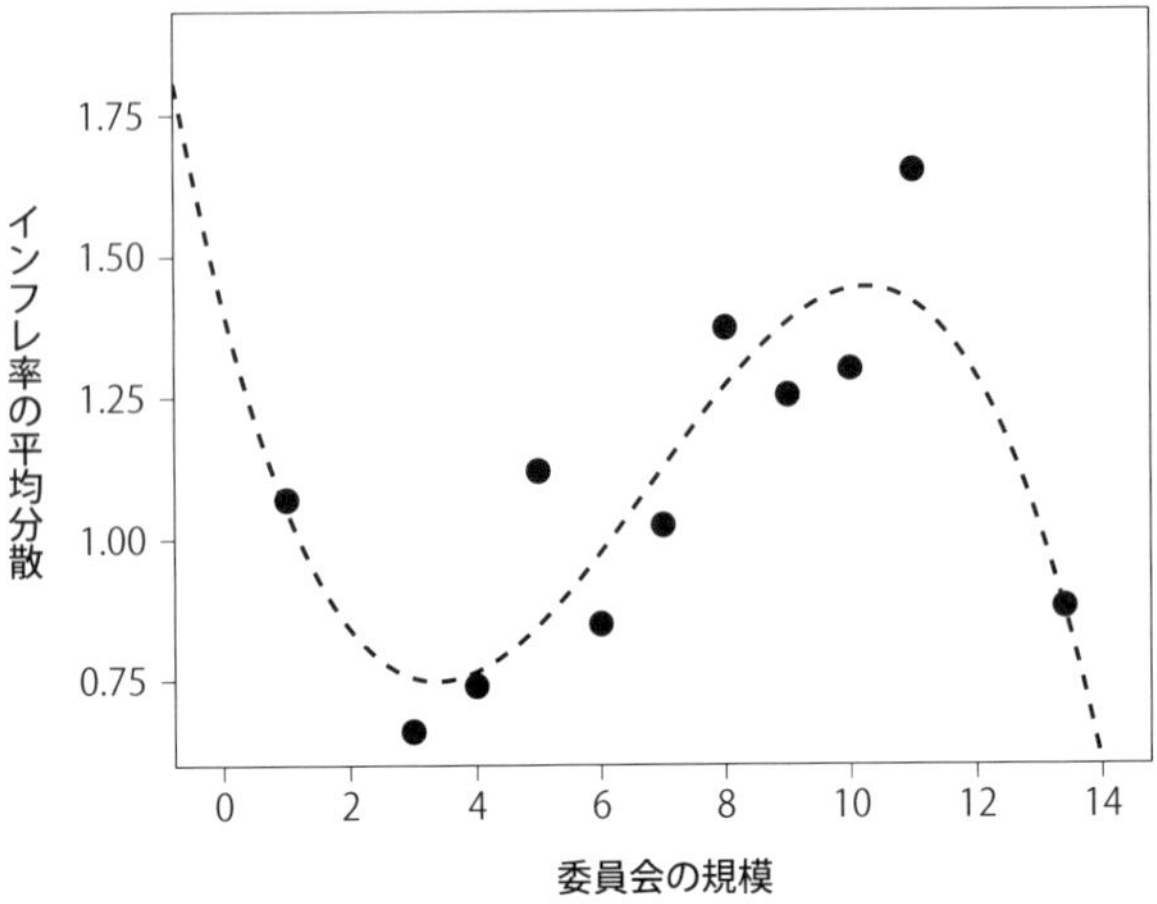

委員会の規模と金融政策決定の効率

図2-6　トンガからロシアまで71カ国の2000年から2005年における年間インフレ率の平均分散（平均値の標準偏差を指標として表したもの）を、それらの国の金融政策委員会の規模に対応させて示す。データポイントは各委員会の規模（各点につき2カ国から14カ国）に対する平均値であり、将来のインフレ率の不安定な変動を最小限に抑制する委員会の能力を反映する。Erhart, Lehment & Vasquez-Paz（2007）より転載[43]

一部には他のメンバーが仕事に励むのをよそに、「社会的手抜き」（無為なさま）をする人が増えるからだ。「社会的手抜き」という用語を提案したのは社会心理学者のビブ・ラタネ[42]で、この言葉はチーム（この場合は委員会）の一員でありながら、その責務を果たさない人を指して言う（経済学者は彼らを「フリーライダー」や「フリーローダー」と呼ぶ）。

ヨーロッパの自動車産業における39のプロジェクトチームを分析したところ、チームの平均人数は9・4人（3人から16人の範囲）だった。しかし、これらのチームのメンバーとコンサルタントの両方が、この平均人数では少なくとも1人、あるいはそれ以上多すぎると評価していた。[44] このことは1人分の給料を別のプロジェクトに回せたことを意味する。

58のソフトウェア開発チームを対象とした分析では、最大の成功を収めた5チームの平均人数は4・4人（3人から6人の範囲内）で、最下位から5チームの場合は7・8人だった（7人から9人の範囲）。3人のチームは最高位のチームの63％の成果しか出せず、9人のチームはわずか28％だった。[45] 人数はかくも大きな違いを生むのだ。

小さなグループの利点

小さなグループは迅速な意思決定に向いているが、創造的な仕事や厳しい締め切りにも向いているだろう。「顧客は私たちが少人数のチームであると不安がります」。数多の賞に輝く発明家で建築デザイナーのクララ・ガゲーロ・ウェスタウェイとエイドリアン・ウェスタウェイ夫妻が教えてくれた。「それでも、集中的な設計プロジェクトに取り組むときは、5人を超えると効率が上がりません」。「おかしなことに」とクララが言い添える。「顧客は大勢の人がプロジェクトに参加していると安心するらしいのです」。だが、彼女が指摘するように、それは誤った安心感なのだ。

大きなチームがかかわると、説明や連絡に多大な時間が費やされる。これに対して、「4、5人で取り組めば最大限の効率が得られます。互いに他の人が何をしているか直感でわかるのですから、連絡や説明に時間をつぎ込む必要がありません。互いの強みも弱みも知っているし、相手の判断を信用してもいて、その人が十分に貢献してくれるとわかっています。全員が同じ土俵に立っているのです。それはすばらしく生産性の高い集団サイズです」。

デイブ・スノーデンも同じ考えだ。スノーデンは、実践的な複雑性科学のための行動研究・開発拠点であるクネビン・カンパニー（旧コグニティブ・エッジ）を創業した複雑性科学者である。その彼も、意思決定グループが5人を超える場合には、危機に適切に対処するのは難しいと考えている。一般に、議論となる問題について意思決定するには5人が理想的とされる。5人は速やかな意思決定を目指すのに完璧な人数と言える。かならず誰かが結論に結びつく票を最後に入れることになるので、膠着状態を避けられるからだ。

小さなグループでは意思決定を迅速に行えるだけでなく、個々のメンバーが積極的に意見を述べ、議論に貢献することに意欲的にもなる。パフォーマンスコーチのオーウェン・イーストウッドは、イギリスの男子サッカーチーム、ロイヤル・バレエスクール、北大西洋条約機構（NATO）のコマンドグループ、企業のリーダーシップチームなどのために働いてきた。彼はグループをできるだけ小さな単位に分けて各人に自信を持たせ、その上で全体を再組織化する。その彼によると、多勢に無勢の場面で現状に異を唱えることはとても難しいという。

個々の文化によって議論に意欲的に参加することに対する評価が異なるので、この問題はさらに複雑になる。イーストウッドに言わせれば、「西側社会からポリネシアや東アジアに目を転じると、これらの社会は集団主義で階層構造があります。そのような社会では、父親や上司に反論するのは難しいのです。とくに女性の場合には」。それでも、3人から5人の小さく安全なグループから始めれば、各メンバーに自身の意見を明確に述べる自信を持たせることができる。いったん自信をつければ、15人の中でも意見を述べられるようになるし、そこから50人や150人を超えるグループへ進んでいけばいい。

小さなグループの欠点とその解決策

当然、小さなグループに潜む危険性もある。数人しかいないということは、イノベーションに必要な能力の総体が限られる上に、新鮮な視点や新しい才能に巡り合える機会も少ない。しかし、この問題に対処することは可能だ。

リーダーシップの専門家で成人期能力開発の専門家でもあるジェニファー・ガーベイ・バーガーは、メンバーが約50人という小さな組織を自身で管理している。バーガーは、グループが決まりきったことしかしない状態に陥らないようにするために、行動を起こす必要があることをつねに意識している。彼女は次のように述べる。「私たちは組織が岐路に立っていると気づいています。何をなすべきか考えなくてはなりません。15人のグループならすでに何かをなしていたかもしれないからです」。

彼女が考え出した解決法は、自然発生したグループ間を水平につなぐ、人為的な構造をつくることだった。「私たちはこれを『グロース・グループ（Growth Group）』と呼びます。これらのグループをつくっては壊すことを繰り返し、水平なクラスターをいくつも形成するのです。組織が硬直するのは何としても避けなくてはなりません。水平な要素を次々に付け加えて自然発生したグループを串刺しにすることで、異なるグループの人々がつながり、その状態が維持される状況をつくろうと試みているところです」。

言い換えれば、彼女はダンバー・グラフのグループが自然に発生するようにするとともに、発生しないようにもしていることになる。自然なつながりが生じるための空間をつくるとともに、グループが形づくられる傾向を意図的に妨害し、つねにダイナミズムの感覚や創造性がもたらされるようにしているのだ。この手法は小さなグループの利点を最大化しつつも、その潜在的な欠点から守ってくれるのである。

よりよい判断をし、学習しつづけ、集団思考に陥るのを避けるためには、ごく近しい人々の輪の外に出ていくことも必要だ。交流イベントがこれを可能にしてくれる。だが、交流イベントは個人的な一対一の接触に依存していることに注意しよう。

ゴルフコースを一緒に回ったり、コーヒーやビールを飲みながら静かに語らったりするのは不要なことに思えるかもしれない。だが、それは数年後に恩恵につながるような幸運な出会いになるかもしれない。もちろん、すべての出会いがおとぎ話のような終わり方をするわけではない。それでも、もしその日にそこにいなかったとしたら、ある問題に対する完璧な解決法を学ぶ未来の機会を失ってしまうのだ。

組織の規模にかんするまとめ

・人が自然に形成するグループやコミュニティ、あるいは個人の社会的ネットワークの上限は約150人だ。この数値は、ある時点で私たちが維持できる良好な人間関係の最大数である。

・そのようなグループは特徴的な同心円の波のような構造を有し、5、15、50、150という一連のグループを形成する。以降、500、1500、5000まで続く。この「3倍の法則」にしたがう数字には何か自然な安定要素があるらしい。

・この特徴的な同心円の波のような構造の起源は、ヒトの脳の大きさ(およびその脳が持つ人間関係を維持する能力)と、人間関係から得られる見返りを最大限にするために、社会的活動にどれほどの時間を費やすかという、私たちの行動にたどることができる。

・人間関係の質(すなわち他者を信頼し、彼らを支援する意欲)は、私たちが特定の人とどれほどの時間を一緒に過ごすかに依存し、互いに厚い信頼を寄せる関係は多くの時間とエネルギーを必要とする。

・タスクが異なれば規模の異なるグループが必要になる。もっとも迅速かつ効果的に意思決定できるのは3人から5人のグループである。10人から15人のグループはブレインストーミングに適している。これらの人数のほうが多様な情報源とアイデアに恵まれるからだ。50人のグループは明確な構造と支配的なリーダーシップを必要とする。150人以上のグループは相当なレベルのロジスティックス、プロセス、構造を必要とする。

・規模が150人を超えると、グループの分裂が始まる。「私たち」が「我ら」と「彼ら」になり、ただちにサイロができる。

・どんな組織でも起こりうる問題(サイロ・エフェクト、内部抗争、集団力学の機能不全など)には、生物学的な背景がある。歴史上存在したあらゆるヒトの集団は、同じ力学と格闘してきた。

第3章

帰属意識

「人混みの中の男女を指差し、『あれがお前のご両親だよ』と言われる孤児のようだ」

――ウィリアム・フォークナー[1]

「自分の居場所がある」と感じさせる職場

サンフランシスコに拠点を置くエアビーアンドビーのオフィスに入っていくと、まるで我が家に帰ったかのような気分になる。とても居心地がいい。空間を分ける壁はガラス製であっても、それぞれの部屋はまるでキッチン、寝室、居間であるかのようにつくられている。実物大のドールハウスに迷い込んだようだ。

エアビーアンドビーは次のように説明する。「どこにいても、そこが自分の居場所だと感じるのでなければならない。自分は歓迎されていて、すべての人の意見が尊重されていると感じられる職場を本気でつくるべきだ」。

エアビーアンドビーは社員を「エアファム（我が社の家族）」と呼ぶ。彼らが育もうとしている帰属意識は特別だ。それは歴史を必要としない。誰でもどこにいても一瞬で味わえるのだ。それでいながら、職場にいても自宅にいても自分はその場にいていい人間だと感じ、実際の家族でなくとも家族のような感覚を味わいたいという普遍的な欲求に応えてくれる。

マクドナルド創業当時のマーケティング戦略をどこか彷彿とさせる。どの店舗も見た目が同じでメニューも同じなら、顧客は心からくつろげる。店舗に入ったらどうすべきか、どこで注文するのか心配しなくていい。だから、何度でもマクドナルドに来店するのだ。

社員の居場所をつくろうというエアビーアンドビーの経営努力と対照的なのは、正反対の価値観を正しいと見なすような、今ではどこでもよく見られる机を共有するフリーアドレス制のオフィスだ。効率性の追求とオフィス空間のコストダウンが相まって、多くのオフィスに実用一辺倒で人間味のない環境がもたらされ、社会的活動に充てる時間は無駄と見なされた。

現代の都会的なオフィスの多くにはセキュリティゲート、音が反響する吹き抜け、整然と並んだ机と黒い皮革やクロームめっきの室内装飾があって、空港のような雰囲気を醸し出している。従業員は、2004年のスティーブン・スピルバーグ監督の映画『ターミナル』でトム・ハンクスが演じた主人公に似た感覚に陥る。そこからけっして抜け出すことができず、自分の居場所とは思えない場所に閉じ込められてしまったように感じるのだ。

パンデミックで在宅勤務を経験した社員の多くは、職場に対する愛着を見直し、帰属意識も家族のような感覚もない職場に戻るかどうか迷っている。自分が必要とされていて、自分なりの貢献をしたいという、普遍的な欲求に職場が応えていないと感じるのだ。2021年の世界幸福度報告は、現在の職場環境に欠けているこの側面の重要性を強調している。[2] 人を幸せにする職場をつくるためにもっとも大切なものは、ここが自分のいるべき場所であるという帰属意識であると報告は結論づけた。それほどに単純な話なのだ。

人はなぜこの欲求を感じるのか。どうすればこの欲求を満たすことができるのか。ここが自分の居場所であるという帰属意識はどのような恩恵をもたらすのか。これらの問いがこの章のテーマである。

人間関係の基盤となる「家族の絆」

ヒトが進化史の初期において形成した小規模なコミュニティは、婚姻によるものか出生によるものかは別にして、大多数が血縁者で構成されていた。この100人から200人の集団以外の人は「外部の人」あるいは「彼ら」と見なされた。

ダンバー数の150人は、「我ら」のうちの1人と見なされなくなる転換点とされることがある。「我ら」と「彼ら」――「彼我《ひが》」――の自然な分裂が起きる転換点というわけだ。血縁関係は、狩猟採集社会などの小規模社会の中核となる。どの人があなたとどのような関係にあるかを特定できれば、その人とどうかかわるか、誰に冗談を言ってもいいか、誰と結婚してもいいか（あるいはいけないか）が決まる。

現代社会においても、自分が個人として、あるいは家族としてどういう立場にいるのかを知りたいという欲求はある。家族の絆は私たちの生物学においてもっとも重要な役割を果たしている。私たちが築く人間関係の基盤と言っていい。家族とは遺伝物質を共有し、長いときを一緒に過ごす。そんな家族が困っているか苦しい思いをしているなら、何を差し置いても助けてあげたいという気持ちになる。この気持ちは「親族関係プレミアム

（kinship premium）」として知られる。無私無欲に見えるこの行動は、親族集団でもっともよく見られる。

現在、アンセストリー・コム（Ancestry.com）などのウェブサイトで家系を調べるのが流行していて、これはその気持ちの表れだろう。マオリ語の「ファカパパ（*whakapapa*）」もそうだ。この言葉は、私たちが代々続いてきた家系の一部を成すことを意味する。家系の遠い祖先までたどることもできるし、孫やまだ生まれていないひ孫、そのあとに続くすべての子孫にまで拡張できるのだ。

パフォーマンスコーチのオーウェン・イーストウッドによれば、ニュージーランドのラグビーチーム「オールブラックス」に加わる新人は、デビュー戦の前にクラブの役員会議室に案内され、１９０７年に結成された初のチームから現在のチームに至るまで、過去のプレイヤー全員の写真を一人ひとり丁寧に見せられる。彼らはいわばクラブの祖先なのだ。この儀式によって、新人プレイヤーはこの家族とその歴史の世界に招じ入れられる。

帰属意識はどうすれば手に入れられるのだろうか。２つの重要な要素がある。まず、生物学的な血のつながり、すなわち血縁である。それは家族を定義し、その家族であるという感覚は姻戚にもおよぶ（私たちの子どもは義理の両親の孫ともなる）。２番目に、ホモフィリーとして知られる現象がある。昔から「類は友を呼ぶ」と言われる効果だ。この２

つの要素によって、私たちが誰と一緒にときを過ごしたいと望むかという自然な社会的傾向がほぼ説明される。

血縁と擬制血縁

生物学的に血のつながりのある親族や家族は、すべてのヒト社会と、旧世界ザルおよび類人猿の中でもヒトに近縁な種の社会に共通するある原則を共有する。ヒトとヒトの近縁種は、血縁のない人よりある人に対して、また遠い血縁関係の人より近い人に対して、向社会的あるいは利他的に行動するのである（93〜94ページ参照）。

血縁はえこひいきにつながることが多い。私たちは、誰もが社会規範を守るべきであり、守らない場合には罰を受けると理解している。ただし、血のつながりが近い人については、法に逆らってでもその人を守ろうとすることもある。

血のつながりという感覚は非常に強力であるため、親友を家族同然に扱って、血のつながりの近い家族を「親友」と呼んだり、親友を「家族より近しい」と言ったりして、生物学的な違いを打ち消そうともする。両親に近い女性の友人を「アンティ〔訳注　auntie、おばさん〕」と呼ぶやや古風な習慣は、明らかに友人を家族と同一視している。実際に、私たちの親友はいとこと同じぐらい、あるいはもっと長く私たちのいちばん近い家族と過ごすこともある。一緒の時間を過ごすことによって絆は深まる。家族の絆ほど強くはないかもしれないが、同様の関係であるのは間違いない。親友は心理的にはいとこほどの近さと推定されている。女性の場合には、もっと近いかもしれない（図3-1参照）。

小さな社会では、コミュニティに入ってきたよそ者はまず家族の地位を獲得しなくてはならない。たとえば、村の領袖《りょうしゅう》に息子か娘として養子にしてもらうのである。その人は「擬制血縁」または「擬制親族」と呼ばれるこの関係によってコミュニティの一員となり、他のメンバーがこの人に対してどう振る舞えばいいかが定まるようになる。

大きな成功を収めた組織にも、一種の擬制血縁が存在することがある。家族という錯覚によって、家族や近い友人でなくともきわめて強力なつながりをつくることができる。元英陸軍総司令官のタイロン・ウルチは、大勢の新兵が「家族の温もりを渇望してやまない」と言う。それまで自分をやさしく包み込んでくれた確かなものが突然消えてなくなるのだ。兵士が一緒に食べて、寝て、行軍し、つらい思いをし、くつろぐ、いわゆる「テントグループ」の相互依存は、家族の絆の代わりをしてくれる。兵士は、それぞれに食料、テント、弾薬を背負って生き抜く経験を共有することで真の仲間になれるのだ。協力し合わなければ、命さえ危ういのだから。兵士がテントグループという「バンド」の生き残りをかけて戦うとき、軍隊は強くなる。この場合、無私の行動が巡り巡って自分を救うことになる。

血は水よりも濃し

他人のためにつらい姿勢をできるだけ長く我慢してほしいと誰かに伝えると、その人が応じる可能性には受益者との遺伝的な近さが直接関係する。図3-1にまとめた結果が得られた実験では、つらい姿勢を維持できる時間の長さに応じて報酬が払われた。実験は何度も繰り返され、報酬は参加者本人（自分）、近縁度の異なる指名された3人の親族、同じ性別の親友、児童のための慈善事業に支払われた。

まことに残念なことに、参加者は例外なく自分が報酬をもらう場合につらい姿勢をもっとも長く我慢した。さらに遺伝的な近縁度が低くなるにつれて我慢する時間が短くなっていき、児童のための慈善事業に支払われる場合でいちばん短かった。

ところが、ある一点において大きな性差が見られた。女性は自分と同じぐらい親友のために頑張った。親や兄弟姉妹が受益者である場合より、親友の場合のほうが長く我慢した。ところが男性は女性よりやさしさに欠けていて、親友のために我慢する時間はいとこの場合より少し短かった。いとこはいちばん近縁度が低い親族であるにもかかわらずこのような結果になった。

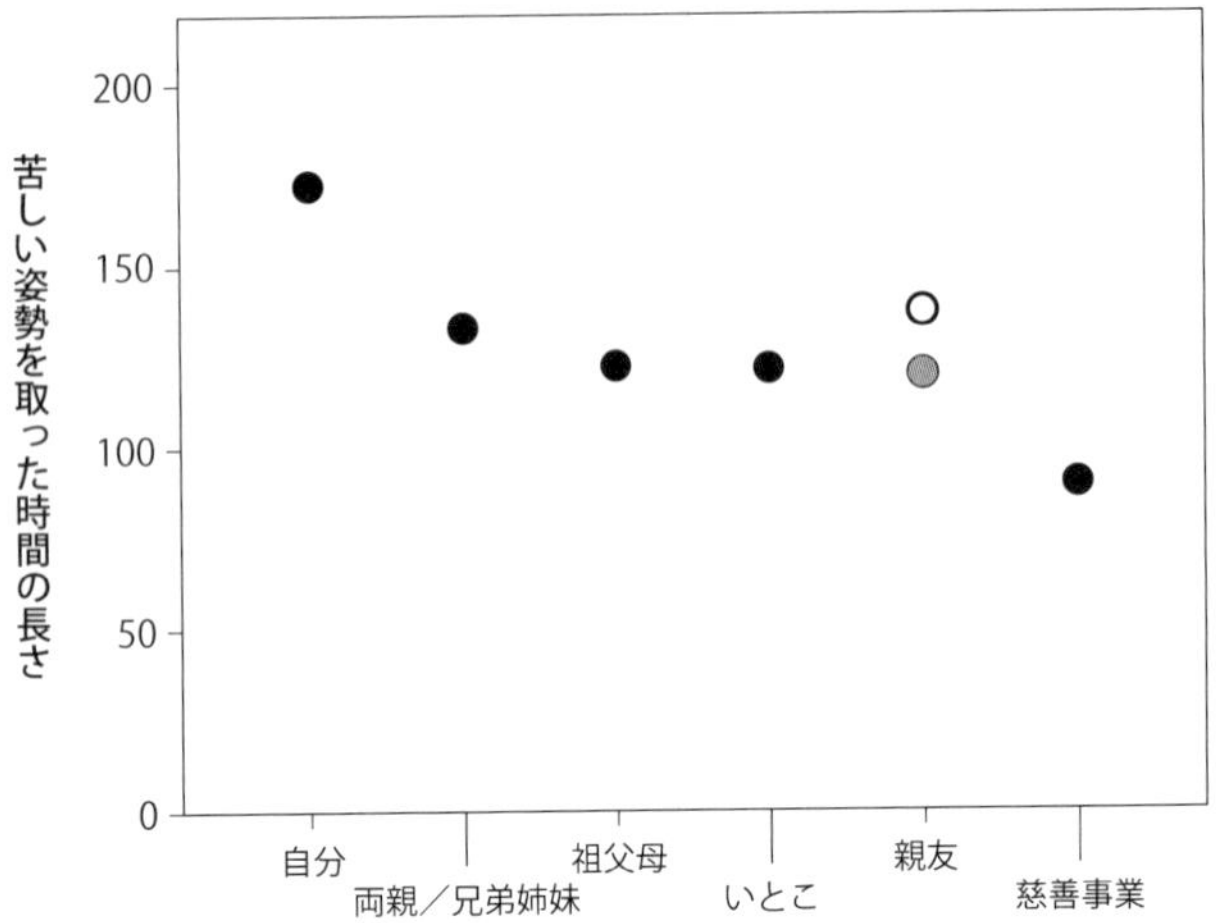

関係の強さと利他主義

図3−1　5つの実験では、被験者は苦しい姿勢をできる限り長く取るよう指示された。被験者がその姿勢を取った時間の長さに応じて、前もって被験者に教えられた対象者に現金が報酬として支払われた。黒丸は男女を合わせた平均値。親友については、白丸が女性、灰色の丸が男性を表す。データはイギリスで行われた3つの研究と南アフリカ共和国のズールー族を対象に行われた2つの研究の平均値。Madsen et al.（2007）[4]より転載

図3−1に示された女性どうしの絆の深さについては、マーガレット・ヘファーナンが女性とリーダーシップについて書いた本で触れている。ヘファーナンが取材したすべての女性リーダーが、驚いたことに自分のチームメンバーを取材の場に連れてきた。[3] 取材した女性たちのリーダーシップ観は一様に集合的だった。「私」ではなく「私たち」なのだった。

Tシャツが深めた絆

この家族であるという感覚は、意義深い、偉大な目的があれば、たとえ危機の迫った、過熱した現代の深い政治的分断に際しても、築き上げることができる。現在、デイビッド・ストーリーは世界最大級の専門サービス事業を展開するアーンスト・アンド・ヤング（EY）のパートナーだ。南アフリカにおいて1994年の民主的な選挙につながった散発的な戦闘が続いていた当時、ストーリーは対立する政党、国家保安機関、産声をあげようとしていた市民社会に、家族としての一体感を確立しようと奮闘していた。そのころの経験について、次のように話している。

「アパルトヘイトが瓦解しはじめると、政治的暴力がしだいに勢いを増し、ネルソン・マンデラ率いるアフリカ民族会議（ANC）が、南アフリカの未来にかかわる交渉をいったん停止しました〔訳注　1990年3月に起きたデモ隊と警官隊の衝突によって9名の死者が出たことに抗議してこの措置が取られた〕。そこで、暫定的な交渉再開を実現すべく、暴力をなくして和平の道を探るために1991年に国民平和協定（NPA）が締結されました。協定は多党制の地域および地元組織のネットワークによって運営され、これらの組織は定期的に会合を開いて情報を共有しつつ交渉を重ね、関係する諸団体の動向を監視していました。

リーダーが交渉の席で地域の取り決めを再検討しようと試みていたときのことです。民主化の気運によって奮起した人々による監視活動によって、ＮＰＡの真の平和維持能力が発揮されました。人々は共通原則を守り、コミュニケーションの道が閉ざされるということがありませんでした。のみならず、戦闘員たちも互いを同じ人間として見るようになったのです。

私は当時のウィットウォーターズランド地域でＮＰＡを遵守させるための監視活動を統括しました。監視は３、４人のグループで行い、かならず市民社会の代表者と、ＡＮＣおよびインカタ自由党（ＩＦＰ）双方のボランティアをグループに含めました。

その後の数年間で、５０００人を超える人が監視員に志願してそれぞれの能力や、経験、物語を築き上げました。簡単に人々の絆を深める手段を早急に見つけなければなりませんでした。容易に識別できる何か、それを持つ人が和平の目的でやってきたと伝えられる何かです。私たちは力を結集し、一瞬で認識できるＴシャツ、旗、車のステッカーをデザインしました。そのどれにもＮＰＡのロゴとしてハトのイラストをあしらいました。もちろん、ハトはもっともわかりやすい平和のシンボルです。

簡素なＴシャツはある程度の情報は伝えてくれます。ですが、本当に重要なメッセージは、私たちが普通なら人の立ち入らない場所でも入っていくということ、なぜなら私たちが和平のために動いているからということです。Tシャツに描かれたハトはそれを着た人を守るばかりか、少なくともそれを身につけているあいだはその人を別人にします。党の信奉者《シンパ》を、共通の目的を抱くとともに互いを守る責任を帯びたチームメンバーに変えるのです。

命の危険を冒してまで「他人」を信用し、立ち入り禁止区域に入っていく行為によって、チームは結束し、人々は崇高な理念に目覚めるのです。Tシャツを着た人々は互いを違った目で見るようになります。和平という重要な目的に焦点を当てて一丸となって働くのです。当時、私たちはチームに基本的な交渉術を指導し、積極的に相手の意見に耳を傾けるよう訓練し、平和維持の基礎を伝えました。そして、つねにTシャツが互いをつなぐ接点でした」。

新人を歓迎する儀式の重要性

これほど危険な環境でなくとも、同じ目的意識を持つことは可能だ。ニュージーランドの地方公共サービス局長エズラ・シュスターは、公共サービス局は「家族（*famo*）」のようなものと考えている。新人が入ってきたら、局内のチームはマオリ式の「歓迎の儀式（*mihi whakatau*）」をする。「長老」の監督の下に行われるこの儀式で重視されるのは、「他者を尊重し大切にするプロセス（*manaakitanga*）」と、「人間関係を築くプロセス（*whakawhanaungatanga*）」である。チームは、ロックダウンのために新人をはじめてパソコンの画面を通じて迎え入れたときにも、この儀式を行った。これによって新人を先輩たちに、チームを新人のアイデンティティにつなげるのだ。この儀式の主眼は、家族のような組織において、新人を利益をもたらすメンバーの1人とすることではなく現在の企業文化に同化させることにある。「家族」は、新たな従業員のあらゆる側面（過去、アイデンティティ、信条、価値観）を考慮するものだからだ。

新人の受け入れに際して、これほど相互関係を重視した対応をする組織はほとんど存在しない。大半の企業の入社セレモニーでは、何はさておき新人より組織に重きが置かれる。受け入れ（induction）（この言葉はラテン語で一方通行の「〜へ引き入れる」を意味する*inducere*を語源とし、「人を招じ入れる」という感覚にはほど遠い）は、さまざまなコンサルティング会社の力を借りて、新人に効果的なオリエンテーションと教育プログラムを提供することであるという考えがあまりに広く流布している。

新人は「理念と価値観」のビデオを見せられたり、物事を数字で見るようになるためのプレゼンテーションを受けたりすることも多い。創業者について少々紹介があるかもしれないが、新人のアイデンティティと背景をその会社のアイデンティティと結びつける双方向の試みがあることはまれだ。そのような試みをすることが新人のためになるばかりか、組織の業績改善にもつながるという考えはあまり聞かない。

従業員の帰属意識より企業への同化に重きが置かれるのだから、経営学の専門誌が次のように残念がるのも驚くに当たらない。「企業が社外から戦略上のアドバイスを得るために多大な財源を費やす一方で、もっとも有益な戦略の源泉である従業員を利用しないというのは皮肉なものである。残念なことに、戦略のアイデアに耳を貸してもらえない従業員は早々に退職するかもしれない。そのアイデアとともに[5]」。

「類は友を呼ぶ」効果

生物学的なつながりとは別に、友情あるいは家族関係でさえ、ある1つの要因の圧倒的な影響下にある。友人がさまざまな意味であなたに似る傾向を指す、ホモフィリーという現象だ[6]。好むと好まざるとにかかわらず、ホモフィリーは自然な人間関係に見られる強力な傾向であり、無視することはできない。もし無視するならば、のちに問題が生じることになるだろう。ソーシャルメディアのエコーチェンバー、組織のサイロ・エフェクト、狭量な考えなどにつながるのだ。

ホモフィリーには内因性と外因性という2つの要因がある。内因性の要因はあなたの性質の一部であり、それを変えることはできない。外因性の要因は生きているうちに獲得あるいは学習するものだ。前者はあなたを個人として定義する種々の変数であり、性別、年齢、民族、性格などだ。後者はあなたが属している文化的コミュニティを特徴づけるもので、「友情の7本柱」[7]として知られる要素から成る。これらの要素は人格形成期にあなたが獲得する文化的な形質で、ある程度あなたの人生を決める。これらの形質は、何よりあなたがどのようなコミュニティの一員なのかを明確にする。

内因性の要因の中では性別がいちばん強力である。私たちが特定の友人や家族に親近感を覚える理由には性別が大きくかかわっている。女性の私的な社会的ネットワークの70％が女性で、男性の場合も70％が男性だ。この数字は5歳から85歳までの範囲で驚くほど一貫している。[8]

友人のネットワークには強い年齢のバイアスもある。幼児期の初期から、私たちの友人は自分と同年齢ぐらいのことが多く、時期によってそれが誰であるかはかなり変わる。民族と文化のバイアスもある。移民が都市部で集団をつくって暮らしている理由の1つがこれだ。性格については、外向的な人は外向的な人を友人に選ぶ。内向的な人も内向的な人を選ぶが、外向的な人ほどその傾向は強くない。毎夜どこかに外出して誰かと一緒に過ごしたくとも、相手が家でピザを食べながら映画を観たいならうまくはいかないだろう。

文化が「友情の7本柱」を形成する

内因性の要因と違って、外因性のホモフィリー効果はその起源をほぼ文化にたどることができる。文化は自分が暮らすコミュニティから学ぶものであり、「友情の7本柱」を形成する。それは私たちが自分について話す内容であり、自分の嗜好や人生経験などだ。ひとことで言えば、あなたがどういう人間かを表すものである（102〜104ページ参照）。あなたが属している文化的コミュニティを識別するバーコードのようなものと考えて差し支えないだろう。

私は一瞬であなたの年齢、性別、民族などをおおよその正確さで推測できる（完璧にわかるというわけではない！）。性格についても、少し観察すれば全体的な物腰や振る舞いからかなり正確に判断できるだろう。部屋の反対側からでもこのような判断を下すことは可能だ。しかし、あなたが「友情の7本柱」のどこにいるかは言語に依存し、あなたが7本の柱のすべてにおいてどの辺りにいるかは、ある程度の時間をかけて会話をしなくては判断できない。

「友情の7本柱」

友情の「ホモフィリー」（友人どうしが互いに似ている傾向を指す）の概念は少なくとも10年前から知られているが、「友情の7本柱」の概念は「パーベイシブ・アダプテーション（pervasive adaptation）」と呼ばれるテクノロジーのプロジェクトから生まれた。このプロジェクトは、携帯基地局に代わって他人の携帯電話を中継局として使うことで2人の人を接続する。プロジェクトの問題は、見知らぬ人の携帯電話があなたの携帯電話に入っているデータにアクセスしてもいいかどうかを決定する方法だった。

「友情の7本柱」がこの問題に対する解決法を提供した。各自が自分の趣味や嗜好をスーパーマーケットのバーコードのようにコード化して携帯電話に保存すればいいのだ。これによって、あなたの携帯電話に電話がかかってきたら、発呼者の携帯電話のバーコードを調べ、この携帯電話との接続を許可するかどうかを決めることができる。

どんな形質があなたとの関係の近さと相関しているかを知るため、ユーザーは広範

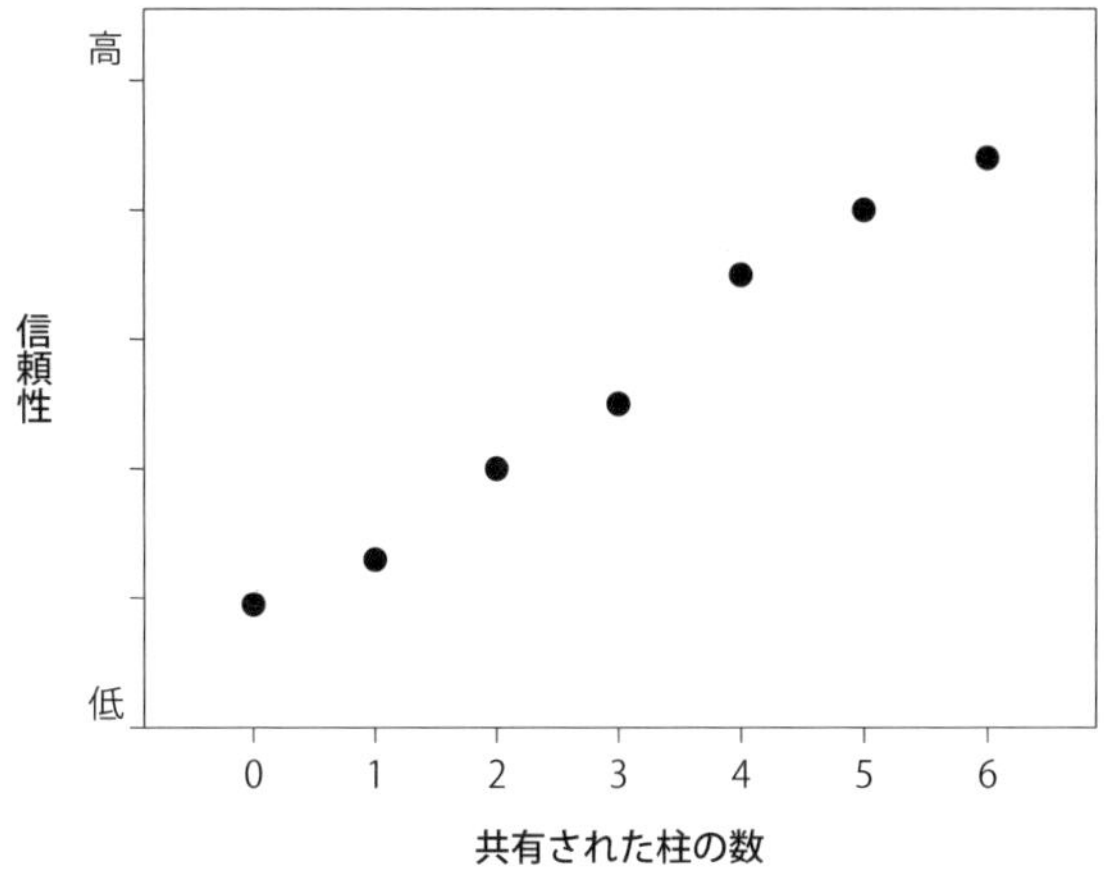

信頼とつながり

図3-2　指名された人（兄弟姉妹、いとこ、友人など）が、ある人の社会的ネットワークの中でどれほど信頼できるかを、「友情の7本柱」のうち何本の柱を共有するかの関数として示す。Curry & Dunbar（2013）[9]より転載

囲の形質についてあらかじめ友人や親族との類似性を評価するよう求められた。得られた評価にもとづいて、形質が7つのおもな特徴（柱）にまとめられた。

・言語（方言が望ましい）
・生まれ育った土地
・教育とキャリア上の経験（医療関係者が互いに引きつけ合うことはよく知られており、法曹関係者も同様だ）
・趣味と興味
・世界観（道徳、宗教、政治にかかわる考え方の総体）
・ユーモアのセンス

・音楽の好み

図3-2は、共有する柱の数が増えると信頼度も増えることを示す。この調査の結果は、のちにオンラインセキュリティ用のセーフブック「シークレット・ハンドシェイク」というソフトウェアの開発に用いられた。[10]

あなたが7本の柱のそれぞれでどの辺りにいるのかを私が判断できたなら、私とあなたには友人関係の基盤ができたことになる。友人になると決めた場合、その関係がどれほど緊密になるかは、2人が何本の柱を共有するかに大きく左右される（図3-2参照）。6、7本共有していれば、その友情は堅固なものになるだろう。1、2本なら、互いに対する当初の興味が失せれば、あまり会う機会もなくなる。関係はダンバー・グラフ（図2-3参照）の層をゆっくりと外側に移動していき、いずれ双方の友人リストの中で互いに都合のよい位置に収まる。

「友情の7本柱」は文化であって学習されるものなので、新しいアイデア、人、場所に出くわすとある程度変化すると考えられる。実際にそうなることもある。ただし、方言については このことは一切当てはまらない。方言は人生の最初期に学ぶものなので、後年になって学ぶ2つ目の言語を母語ほど流暢に話すことはないのだ。アクセントが違ったり、ある語を誤って使ったりすることもままある。あらゆる言語の方言は信じがたいほど微細に分かれている。口を開けばその時点で、あなたがどこで生まれ育ったかが瞬時にわかるのだ。

たとえば、英語の方言に詳しい人なら、いくつかの文章を聞いただけで英語を母語とする人の出身地を25マイル〔訳注　およそ40キロメートル〕以内の誤差で当てることができる。英語の母音aの発音を聞いただけで、私はその人がイングランドの北部出身（aが短音）か南部出身（aが長音）かを判断できる。私は言語学者ではないが、相手が私と同じ町の出身であるかどうかならすぐにわかる。5歳に満たないうちから、子どもは誰かが話している言葉が自分と同じ方言かどうかを聞き分ける。[11]

とはいえ、あるコミュニティから別のコミュニティに移り住むと出くわす新しい状況に適応するため、私たちはキャリアや趣味、道徳や政治にかんする考え、ユーモアのセンス、音楽の嗜好を変えることができる。この能力があるから、私たちは新しいコミュニティになじむことができるのだ。だが、それには時間がかかる。

こうしたホモフィリー効果は、意識されたものであれ無意識なものであれ、バイアスであるとは限らない。それは共通の関心事、共通の態度、文化に由来する共通のものの見方と直接に関連している。そして、これらのおかげで相手と社会関係を形成し、維持することが可能になるのだ。互いが多くの共通点を持っていて話し方も似ているなら、会話はぎこちなくならずに円滑に運ぶ（この点については、第5章でさらに詳述する）。

組織と「友情の7本柱」の関係

内因性の要因について私たちにできることはない。それが私たちの性質そのものだからだ。一方で、職場における外因性の要因については、人を引きつけるような文化を創造することで対処することができる。いずれにしてもこれらの要因を無視することはできない。これらの効果が日常生活における人間関係と同じように、組織内の人間関係に多大な影響を与えることは避けられないからだ。

ホモフィリー効果が社会的な相互作用のプロセスを容易にするということは、内因性の要因（民族を含む）が早々に外因性の効果に取って代わられることから明らかである。もしあなたと私が同じ「友情の7本柱」を共有するならば、私は自分たちが性別、民族、年齢、性格を同じくするかどうかにはあまりこだわらないだろう（図3-3参照）。

「友情の7本柱」は、私たちが属すコミュニティを特徴づけるようだ。ここでかかわってくるのが2つの要因である。まず、共通の興味があれば会話は自然に弾む。2番目に、同じ柱を共有するのであれば、私たちはやや小規模な特定のコミュニティに属していることを意味する。世界観を共有し、物事の善悪、真実と正直さについて似通った考えを有し、互いとコミュニティの他のメンバーに対して同じ義務を負う。私はあなたがどんな信念の持ち主で、世界についてどう考え、他人のどんな振る舞いや態度を許せるか、許せないかを知っている。つまり、あなたが信ずるに足る人間であるかどうかを知っているのだ。同じ文化のコミュニティ出身であれば、言葉の意味が持つ微妙なニュアンスを説明する必要はない。ある冗談がなぜ面白いのかもすぐにわかるのだ。同じコミュニティのメンバーが世界をどう見ているのかも知っている。

私たちが種として大半の時間を過ごしてきた伝統的な小規模コミュニティ（26～29ページ参照）は、事実上の拡大家族である。家族は社会的支援の基盤であるとともに、相互関係を調整し、全体の秩序と善良な行動を維持する非公式な警察としても機能する。もし私がいとこの1人の気分を害するような行動をしたら、誰かがそのことについて苦言を呈するだろう。少なくとも、孫たちの喧嘩に対して中立的に接することの多い祖母ならそうするはずだ。

家族は血がつながっていることにより互いに対する義務を負っており、拡大家族が形成

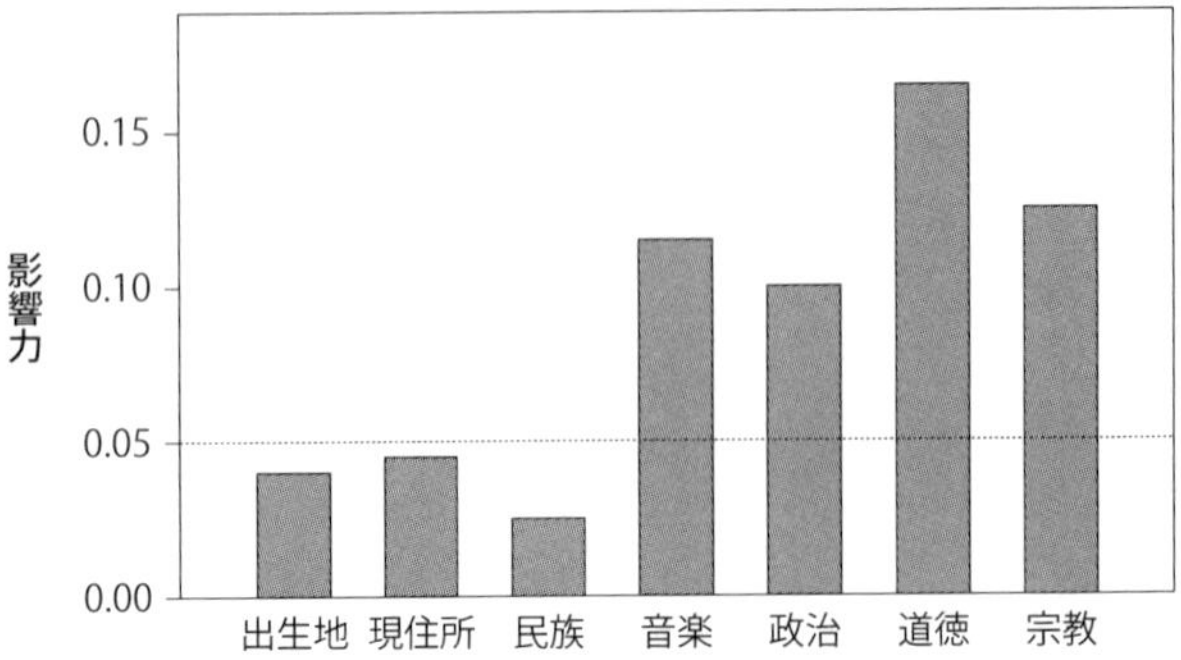

友情の要素

図3-3 「友情の7本柱」について初対面の人を評価したとき、彼らがいい友人になると予測した最大の要素は世界観（道徳、政治、宗教にかかわる考え）であり、驚くべきことに音楽の趣味も要素に含まれていた。水平な点線はランダムなパフォーマンスを示す。Launay & Dunbar (2017)[12]

する緊密なコミュニティでは、そのコミュニティの道徳に反する行為をすれば周囲の人々の不快感や怒りから逃れる術がない。また、誰かに忠告されたら同じ理由でこれを無視しづらいのだ。

人間行動のこうした側面は組織にとって2つの重要な意味を持つ。第一に、似たような考えの人は互いに引かれ合う。だが適切な人間関係を維持できる人数を超えてしまうと、自然なサイロ・エフェクトによって分断が起きる。第二に、誰が否定しようとも、2人の人間がどれほど仲良くできるかは、つねに両者間に働くホモフィリーの程度によって決まる。この程度はよくも悪くも両者が職場でどれほど効果的に一緒に働けるかに影響を与える。

友情にかんする限り、7本の柱は互いに入れ替え可能らしい（どの柱の重要度も他の柱の重要度と変わらない）。しかし、見ず知らずの人が友人になるかどうか、つまりその人がどれほど信頼できるかを見きわめるには、私たちは「世界観」（道徳／政治／宗教にかかわる共有された考え方）の柱に重きを置くようだ。また驚いたことに、共通する音楽の好みも重視する（図3-3参照）。音楽の好みが近いことは、友情を育むのにとくに強力な役割を果たすと思われる。

民族が同じであることは、きわめて限定された役割しか果たさないことに留意してほしい。つまり、民族は身近な人が信頼できるかどうかや、友人になる可能性を示す強力な指標にはならないようだ。むしろ、より重要なのは文化の共有である。民族は見知らぬ人がよい友人になるかどうかの第一関門にすぎず、それは民族が文化が一致するかどうかの（非常に）大まかな基準であるからだ。身近な誰かと親しくなると、他のすべての要素に勝るのは文化の柱である。

組織を「家族」に変える

近所の食料品店から巨大な多国籍企業まで、家族は商売を始めると成功率が高いユニットだ。実際に、成功を収めた多くの大企業は家族経営から始め、少なくとも経営体制や株式所有構造においては、そのまま一族が掌握している例が多い。大手食品会社のマース、自動者会社のビー・エム・ダブリュー、小売業のウォルマートなどがいい例だ。

大企業においても、細かいスケールにおいては、実際に血縁関係にあるかどうかより、「家族」という感覚が大切なようだ。ところが、あまりに多くの組織で人々は個人として昇進する。チームとして培った信頼と関係性にかかわりなく特定の人が引き抜かれ、組織内の友人関係とまではいかなくとも仕事上の関係を台無しにしてしまうのだ。したがって、チームとしての昇進あるいは再配置を、もっと活用するべきではないだろうか。そうすれば、互いをよく知る人たちのチームがプロジェクトで得た共有経験を生かせるだろう。しかも、新たなサポートネットワークの立ち上げや、会ったばかりの人との信頼関係や相互理解の構築に必要な途方もなく長い時間の節約にもなる。チームが成功すれば、その経験はあらゆる人や考え方に共通の基盤となるのだ。

生物学においても、現実世界と同様にタダのものはない。だから大切にしたい家族や家族同然の人とともに働くことにはマイナス面もある。よくも悪くも、私たちはとかく親しい人をえこひいきする。見ず知らずの人がしたなら絶対に許さないような間違いでも、それが家族や親友だと大目に見てしまうのだ。家族がずるをしたり約束を破ったりしても、その行為によって管理体制や業績に支障が出るにもかかわらず許してしまう。

同族経営の組織では、トップにいる人を動かすことが難しい。そのため、トップがいつまでも権力の座にしがみついて、次世代が世の流れに応じて独自の道を歩むのを阻んでしまう。また極端なホモフィリーは、創造的で、鋭敏で、多様な思考が開花するのを妨げるリスクがある。

ここ100年以上という長きにわたって成功を収めてきた同族会社に、ユニリーバ、マース、ハイネケン、ビー・エム・ダブリュー、メルセデス・ベンツなどがある。これらの会社は経営陣に「外部の人」を迎え入れ、堅固なトップ交代制を敷く必要性を理解していた。したがって、親族の利点——確かな信頼、効率のよいコミュニケーション、共有された経験——を理解するとともに、ごく近い親族であるか否かにかかわらず、組織のあらゆるメンバーが恩恵を被るような状況をつくり出すことが肝要だ。とは言っても、家族は非常に結束が固い。したがって、たとえそれが虚構であろうとも家族の感覚をもたらすことは、生産性の上がる帰属意識を育むとともに、新たな考え方を取り入れる1つの方法となるだろう。

職場の友人関係が業績を左右する

もう30年にわたって、調査会社のギャラップは人と人、人と企業などの関係の深さを意味するエンゲージメントにかかわる調査をしている。彼らが使うアンケートには次の設問が含まれている。「あなたは職場に親友がいますか？」。ギャラップがこの設問をアンケートに入れるのは、同社の経験によれば、戻ってくる回答が明らかに企業の業績と関連しているからだ。

「はい」と答えた女性の63％が職場で「社員どうしや社員と会社との絆の深さ」を感じるという。これに対して、「いいえ」と答えた人の場合はわずか23％だ[13]。多様で、生産性が高く、信頼できる従業員を抱えたい企業なら、職場における社会的側面に目を向け、測定の難しい思わぬ発見《セレンディピティ》や幸運を呼び込むような行動を見逃さないように努力すべきだ。

職場における強力な人間関係はさまざまな理由から重要である。マイクロソフトのワーク・トレンド・インデックスは、職場の社会的ネットワークが充実していると、生産性の向上とイノベーションという恩恵があると強調する。曰く、「生産性にかんして言えば、自分は生産性が高いと感じる人は、そうでない人より職場における人間関係が充実していると答えた。また、普段通りの仕事日に職場に自分の居場所があると感じるという。これに反して、今年になって同僚との交流が減ったと答えた人は、イノベーションにつながるような事柄にあまり成功していないと答えた。これらの人々は戦略的な思考、同僚との協力やブレインストーミング、斬新なアイデアの提案などにかかわっていないのだ[14]」。

友人が健康にいい理由

ここ10年ほどで得られた最大の医学的知見は、心身の健康《ウェルビーイング》を予測する最大の要因が、親友の数と質であるという驚くべき事実だった。これに比して、医師があなたに忠告する他の要因はわずかな影響しか与えない。

図3-4aはある研究の結果を示す。研究では、種々の要因が一度目の心臓発作から1年後の生存率に与える影響について、１４８の異なる調査で得られたデータを比較対照した。通常疑われる食事、肥満、運動量、飲酒量、地域の大気の質などの要因も影響を与えてはいるが、最大の要因は親友の数と質だった。これに近い影響が認められたのは禁煙のみだった。

別の多国間研究によれば、2年以内にうつ症状が現れる見込みは、5人の親友を持つ人々でもっとも低かった（図3-4b参照）。だが、友人の数が5人を超えるとしだ

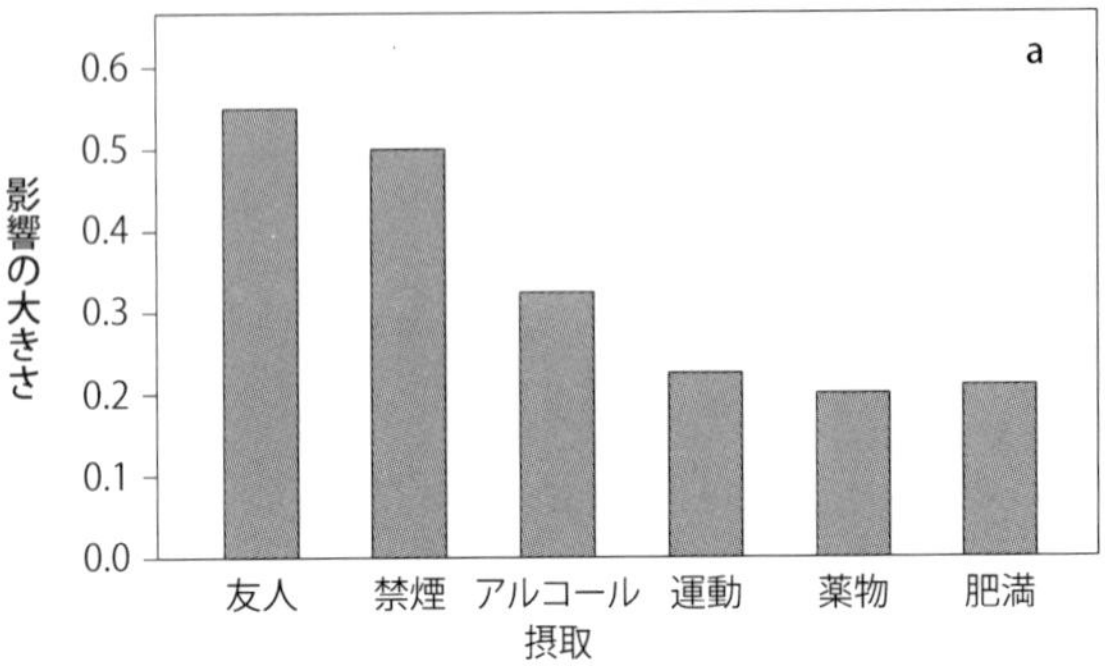

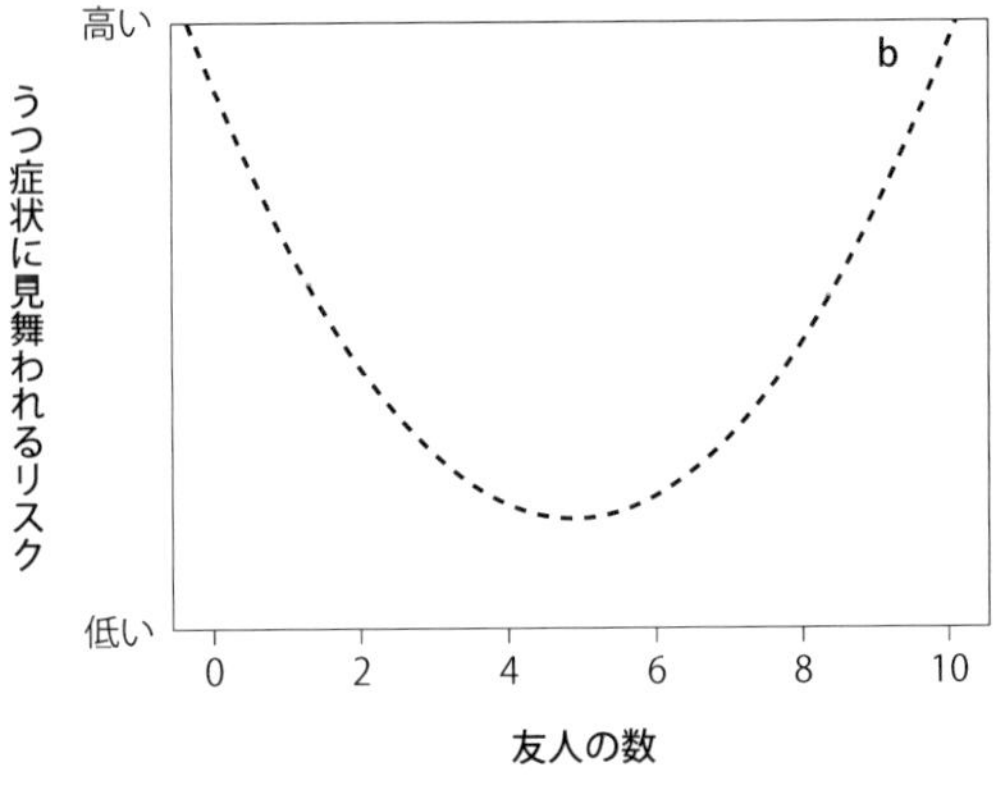

友人がもたらす恩恵

図3-4a：心臓発作から12カ月後の生存率に諸要因が与える相対的な影響を、148の疫学調査で得られた結果にもとづいて示す（標本総数は31万人）。Holt-Lunstad et al.（2010）[15]より転載

b：ヨーロッパの13カ国における3万8000人（50歳以上）の調査にもとづいて、発作後2年以内にうつ症状に見舞われるリスクを各自が持つ親友の数の関数として示す。Santini et al.（2021）[16]より転載

いに悪影響が出る。おそらく、交流が理想的な数を超える友人に割り振られるので、どの友情も充実しないためと思われる。

職場で友情が生まれるようにする

リーダーシップと成人期能力開発の専門家ジェニファー・ガーベイ・バーガーは、職場に友人がいることの大切さを痛感した。そこで自身のコーチング・リーダーシップ開発組織全体に「グロース・グループ」を設立し、時間的にも空間的にも弾性のある「横の関係」〔訳注　上司と部下のような縦の関係ではなく友人どうしのような対等な関係〕をもたらそうと試みた。「友情は自然に生まれるものではありません。それは意図があってこそ生まれるのです」と彼女は言う。彼女は一連の「一見無意味にしか思えない」組織の慣行を取り決めた。つまり、「人々が出会って互いの声を聞くことができるスペースをつくるために」、彼女のチームは意図していない会話を生み出すことを意図するのだ。

彼らは異なるタイプの会話のために異なるチャンネルをつくった。「もう気分は最低」のチャンネルまである。彼女は組織内の人間関係がどのようにして自然に分裂するかをつねに観察し、分かれた部分どうしを横断する構造をつくって友人関係が芽生える可能性を高めようとした。この方法によって自身の組織内の信頼と責任《コミットメント》が強化されると彼女は信じている。

コンサルタント会社ザ・リミナル・スペースの依頼で「ナイト・クラブ」[17]と呼ばれるプロジェクトのために調査をしていたころ、イノベーターのメラニー・ハワードはイギリスで夜間労働に携わる2つの男性労働者のグループと一緒に時間を過ごした。

一方のグループは食料品店の倉庫で荷物を降ろし、パッケージに詰める作業に従事していた。もう一方のグループは鉄道会社に勤務し、レールや信号機の故傷を修理した。どちらも労働条件は明らかにかなり厳しかったが、鉄道労働者の心の健康状態は倉庫で働く人々よりずっとよかった。鉄道労働者は3日続けて夜間勤務だったが、その間彼らは困難な状況にもかかわらずチーム一丸となって働き、食事し、冗談を言い合い、互いに支え合った。真の仕事仲間だったのだ。

倉庫で働いていた人たちはイヤホンで指示を受け取ったので、互いと話す機会がほとんどなかった。休み時間もバラバラで個別に作業した。彼らにコミュニティの認識はなかった。一緒に座ってコーヒーやお茶を飲むこともなかったからだ。たくさんの人に囲まれながら隠者のように孤独だった。倉庫の労働者の心の健康と睡眠パターンは鉄道労働者のそれより悪く、彼らにとって仕事は給料以外に何の意味もなかった。これとは対照的に、鉄道労働者は旅客を安全に運ぶための共同作業に参加していることに誇りを感じていた。

私たちが1週間の半分以上を職場で過ごすことを考えれば、職場が友情の生まれる場所であるのはしごく自然なことだ。1960年代に、有名なアメリカの社会学者ジェイムズ・コールマンは、人が職場以外の友人と社交する割合が組織の規模によって決まることを突き止めた。[18]従業員が90人から150人の小規模な企業や工場では、従業員は職場に友人がいることが多いが、これより大きな企業では職場以外の人と交流することが多い。

ウォーリック大学の社会学者リン・ペティンガーはある研究で、小売業で働く若い女性は職場に友人がいることが多いことを発見した。それは彼女たちの職場では普段は会えないような人と懇意になれるからだった。これらの友人のネットワークは仕事の機会を与えてくれるという意味でも重要なので、仕事上の関係の有無にかかわらず緩いつながりがあった。年長の労働者は家族への責任もあって職場以外では社会的な関係を持たないかもしれないが、職場の友人関係は親密であることが多く、自分自身やパートナー、子どもたちの人生について互いによく知っていた。[19]

大手酒造企業のSABミラーに17年以上勤めたサマンサの経験は、職場における友情の持つ力を証明してくれる。SABミラーは世界中の職場に出会いの場として「オフィスパブ」を開設し、意図的に社交的な環境を整えた。その結果、同僚たちが終業後に自社の製品を求めて（アルコールでもソフトドリンクでもよかった）そこに集った。つまり、アルコールが入るから社交が活発になるというより、社交する「機会」が大事だということがわかる。オフィスパブは、同僚ならみな歓迎される「村の広場」のような存在なのだ。SABミラーがABインベブに買収されて数年経っても、職場の友情は生き残った。SABミラーのフェイスブック・グループは今も盛況で、世界各地の交流会も継続して開かれている。SABミラーのネットワーク（納入業者が含まれることも多い）は健在だ。

「友情の7本柱」を組織づくりに活用する

友情が与えてくれる恩恵を考えれば、仲間や友人のいる職場環境の整備はぜひとも実現すべきだ。長期にわたった新型コロナウイルス感染症の流行による在宅勤務が終わって、ある保険会社で対面による文化交流会のために準備を始めたとき、私たちはこのことを肝に銘じた。散り散りになった人々を元に戻さなくてはならないけれども、異質な才能が放つ創造的なエネルギーの邪魔をしてもいけないと考え、7本の柱の手法を使ってアンケートを準備した。

アンケートで得られた結果にもとづいて、元の同僚を4人ずつの会話グループに分けた。グループのメンバーは大半の柱を共有しているはずだったので、容易に共通点を見つけられると踏んだのだ。ロックダウンの期間中にはオンラインでしか会っていなかった人、あるいはもっと極端にオンラインの面接によって採用され、同僚とは対面では一度も会っていない人にとって、この試みはとりわけ有益だった。最初の出会い（画面ではなく生身で会うことに不安を覚えた人もいる）が柱（興味、世界観、ユーモアのセンス）を共有する相手だったことで、互いに慣れるのがたやすかったようだ。おかげで、次に対面で人に会うことにあまり恐怖を感じなくなったという。

試みがかなり進んだところで、アンケートの答えを正反対に使って「友情の7本柱」を1本も共有しない「遠いいとこ」の小さなグループに分けた。たとえば、裁縫好きを熱心なランナーと、画家をコンピュータプログラマーと、楽天家を終末論者と同じグループに入れ、それぞれの共通点を見出すよう促した。一致点ではなく互いの相違点を出発点にしようというのだ。

意図的に彼らのホモフィリー的な傾向を排除することで、世界をいつもと違った目で見たときに感じる活気と価値を経験するよう勧めた。特別なトランプを何組か用意し、カードに自分や会社の価値観や未来にかんするアイデアにまつわる設問を書いておいた。構造化された小グループの中で、彼らは設問を相手に投げかけたり、相手の設問に答えたりすることで互いを知るようになった。おかげで共通点を見出せた。

デイビッド・ハリソンや同僚たちは異なる視点が発揮する力を次のように説明する。「知識、技能、能力の違いを最大化し、仕事にかかわる信条、姿勢、価値観の違いを最小化することで、非常に効果的なチームをつくれるだろう」[20]。種々雑多な会話が交わされるようにして、自然にできるサイロや縄張りの形成を防ぐのはリーダーの仕事である。同様に、私たちも発見したように、ストレスや恐怖がある場合には、友情の柱を共有する人々を集めるとよい結果につながる。職場でも、いや、とりわけ職場においてはそうだと言える。

組織を「トライブ」に変える

すでに述べたように、私たちが属しているトライブ（部族）は友人グループの最外層を形成する。小規模な社会では、トライブは1000人から2000人（典型的には図2-3の1500人の層）から成り、同じ言語を話し、世界観やコミュニティの絆に関連する儀式を共有する。100人から200人（ダンバー数）のコミュニティは日常的な支援を与えてくれる。一方で、トライブは飢饉や遠方からやって来た未知の人々による襲撃など、まれに起きる予測不能な非常事態に頼みの綱となってくれる。

そのような社会では、トライブが「所有する」土地は一般に広範囲におよぶ（典型的には1000平方マイル〔訳注　およそ2590平方キロメートル〕）。それほど広い土地なら、非常事態に際してもさほどひどい影響を受けないコミュニティが少なくとも1つはある。そのようなコミュニティが行き場を失った人々を一時的にゲストとして受け入れられる。

どうすればあなたが私のトライブの人だとわかる？

トライブは帰属を示す数種の目印を使う。

・アイデンティティ

特定のトライブのメンバーであることを示すのに目印やシンボルを使う。たとえば、イギリスではナショナル・トラストのメンバーは車に貼るバッジを交付される。本来このバッジはイギリス中の数千カ所にあるナショナル・トラストの駐車場に無料で駐車できることを示すものだが、あなたが大きなトライブに属していることを示すものでもある。メンバーが美しい歴史的建造物や地域の保存に賛同し、歴史の意義を認め、ナショナル・トラストの活動を高く評価するようなトライブだ。

・言語

「トライブ」という言葉は同一の言語を話す人々を指す。トライブに特有の言葉づかいを知っていれば（それがオンラインゲームのグループの言い回しであれ、ある組織だけで用いられる略語であれ）仲間と認められる。共有言語は帰属意識の中核を成す。

・起源の物語

アイデンティティの物語や起源を祝う儀式は、トライブの一員であるという共有された帰属意識を育むための基盤である。

・外部のグループ

トライブにはありとあらゆるシンボル、言語、起源の概念、共有経験があるので、外部のグループをたやすく「彼ら」と判断できる。「我ら」と「彼ら」の感覚は帰属意識を強化する。どれほど事態が切迫していようとも、近隣集団からの襲撃に対して内部の人々は団結する。もちろん負の側面は、外部のグループはとかく非難されがちで、最悪の場合には同じ人間ではないと見なされることにある。そんな相手に対してはみずからを守って然るべきというわけだ。

・共通の義務感

トライブのメンバーは互いに対する義務を負う。あなたが私と同じトライブの仲間だとわかったら、私はあなたを家族同様に扱い、必要ならば救いの手を差し伸べる。

小規模の社会においても、個々のトライブは規模が大きく、全員がみな顔見知りであるとも限らない。この問題を解決するため、トライブは全員がそのメンバーであることを示す特定の目印を身につけるか所有している。たとえば、方言、髪型、衣服、タトゥー、衣服につける飾り、武器、鍋などである（121～123ページ参照）。

多くの企業や組織では、帰属意識を育むためにロゴをつけた製品や、職場の特徴（たとえば、スターバックス特有の店舗デザインとメニューなどで世界のどこでも同じ）、独自の用語や略語、ブランド・ロイヤルティなどを用いる。企業や組織においては、やがて特有の「言い回し」が展開される。それはその企業や組織のアイデンティティを示すカギとなる。

「独自の言葉」を用いる

ある国際的なコンサルタント会社と仕事をしていたとき、トレイシーは次のように告げられたという。いくつ助言してもかまわないが、ある一点だけは譲れない、と。その一点とは、彼ら独自の言葉づかいだった。その言葉づかいが社員を社員たらしめる。だから譲れないのだ。ゴアの「ウォーターライン・ディシジョン」〔訳注 リスクの高い案件については経験豊富な社員に助言を求めるという行動指針〕やアマゾンの「ピザチーム」(チームのメンバー数は1枚のピザをシェアできる人数より多くてはいけない)はトライブの「方言」なのである。

トレイシーが仕事をともにしたある小売業者の従業員は、経営陣との社内会議を「尋問」と呼び習わしていた。従業員はおかしなことにこの言葉に慣れ切ってしまい、この企業では元の攻撃的な意味合いが失われていた。また、サマンサが仕事をともにした別の企業では、会議はかならず「A」で締めくくられた。Aは説明責任を意味するaccountabilityのAである。新入社員はこの謎の「A」は何かと聞かなくてはならない。それは新入社員を会社に招じ入れる方法になった。

このように粗野な言葉や不明瞭な言葉が用いられることもあるが、ビジネス界では外部の人間にはわかりにくい名詞や略語が好まれる。それはアイデンティティを伝える貴重な手段になるからだ。誤った言葉づかいをすれば、外部の人間であることが瞬時に知れるのだ。内輪だけで通じる言葉は秘密めいた意味合いを伝えるとともに帰属意識を育む。また、それは新参者にとって障壁にもなりうる。トライブの「真の」メンバーになるには、「社内用語」(辞書はない)の藪の中をさまよわなくてはならないこともあるからだ。

「起業の物語」を語る

言語が組織に与えられた唯一のツールではない。あらゆるトライブと同じく、起源の物語は自分たちが何者か、誰がどんな人物かを知るヒントをくれる。この遠い祖先の物語から家族の感覚と確固としたアイデンティティが生まれる。

アフリカ系アメリカ人作家の故ジェイムズ・ボールドウィンが、1960年代に大英博物館を訪れた際のできごとについて話している。[21] 博物館で働く西インド諸島出身の男性が、彼にどこの出身かと尋ねた。「ハーレムです」とボールドウィンは答えた。「いや」と男性はさらに聞いてくる。「そうではなくて、あなたのお母さまはどちらのご出身で?」「メリーランド州です」とボールドウィン。「では、お父さまは?」「ニューオーリンズ」。起源までさかのぼるよう問い詰められ、ボールドウィンは自分の起源がどこかわからないと答える羽目になった。ボールドウィンが自分の起源、アフリカの祖先のルーツを知らないことに男性は驚きの色を隠せなかった。ボールドウィンがこの話をしたのは、次のことを伝えたいがためだった。「何もないところから自分のアイデンティティを掘り起こすのは容易ではありません」。

パフォーマンスコーチのオーウェン・イーストウッドが自らの仕事の中で観察し、洗練させてきた、語り継がれるアイデンティティの物語や起源を伝える儀式は、彼がコーチをするスポーツチームにおける共有されたアイデンティティの土台となる。スポーツチームが「文化コーチ」を抱えていることを考えれば、パフォーマンスを上げるには帰属意識が大切だとわかる。物語や儀式も企業において重要な位置を占める。それらはアイデンティティを映し出すばかりか、過去、現在、未来を統合し、特別なレンズを通してアイデンティティをつくり上げる。

酒造会社ＳＡＢミラーは、最盛期に先人たちの創業物語あるいは創業譚を通じて一致団結していた。あえて遠く離れた場所に醸造所を設立したエピソード、大胆不敵な行為のエピソード、現地に自分たちのコミュニティを連れていったエピソード、みなで自社製品への情熱を共有したエピソード。幾度も繰り返して語られたこれらの物語は同社の文化の接着剤となり、社員の自己像を形成した。

昨今、メディアによって個人のアイデンティティばかりが強調され、帰属意識と共有された歴史の重要性は忘れられがちだ。オーウェン・イーストウッドが、ラグビーチームのオールブラックスのあるサモア人選手に目標は何ですかと尋ねたことがある。すると選手はその言葉は自分にとって何の意味もないと答えた。それはただの言葉にすぎないという。彼にとっては、チームとトライブがすべてなのだ。

「儀式」で迎え入れる

組織に有用なトライブのもう1つのツールは、トライブに加入させるプロセスである。どの会社でも共有されたアイデンティティを形成して維持するには、意図的な包摂《インクルージョン》と歓迎のプロセスが重要になる。入学式が一例だ。入学式は世界中の大学で執り行われ、この式典を経て若者は晴れて大学に入学を許可されたことになる。

オックスフォード大学の入学式には、いくつかの公式および非公式な儀式がある。その日は非公式には飲酒する日であり、ことによるとチャーウェル川を泳ぐ日になるかもしれない。10月半ばの天候を考えると、入学を祝う大事な習慣であるとはいえ無謀な行為と言えるだろう。公式な儀式としては、聴衆に向かって副総長がおごそかに入学許可をラテン語で告げる、新入生がアカデミックガウンとハットを身につけて参加する式典がある。

しかし企業の場合には、この部分は慌ただしく行われるか、省略されることも多い。今回取材したある大手テック企業のシニアリーダーは、産休後に復帰した折にこのプロセスがとても殺伐としていて、不本意だったと語った。戻ってみると、彼女の机は誰か別人が使っていた。彼女が使える場所はどこにもない。彼女がいなくても仕事は続けなくてはならないし、続かなくてはならないと覚悟してはいても、彼女を歓迎しようと誰も考えなかったことに困惑を覚えた。会議の出席要請リストに彼女の名前を戻しておこうと考えた人もいなかったらしい。短期契約の人、就労時間が決まっていないゼロ時間契約の人、外部コンサルタントなどが増加する昨今、共有されたアイデンティティと帰属意識を育むことは難しくなる一方だ。

「階層的な構造」による管理

伝統的な管理構造は階層的でトップダウンだ。トップレベルで意思決定がなされ、指示や方針が底辺の社員にまで順次伝わっていく。基本的には、個人的な関係性に依存できる人数を超えた社員を統制するには階層構造がいちばん容易ではある。

だが誰かに管理を託した場合、経営陣の意思が間違いなく実行されるためには執行者（中間管理職や監督者）が必要になる。組織が大規模になり敷地も広くなれば、監督者の監督者、監督者の監督者の監督者と層数が増える。これはコスト増につながり、層が加わるごとに距離が増え、リーダーと周縁や底辺との親密度が下がる。硬直した階層構造は、自然なひび割れや破損部のある脆弱な構造になり、わずかなストレスがかかっただけでも崩壊につながりかねない。

私たちが知る限りにおいて、階層構造のモデルが効果的に機能するケースはただ1つ、軍隊である。近代の軍隊が生まれてから（約300年前）、軍隊組織の立案者は膨大な数の互いに見ず知らずの人（手に負えない人もいる）を統括するメカニズムを進化させてきた。

現代の陸軍において、中心的存在と言えば約150名の中隊である。どれほど軍隊の日常がつらくても互いに対する忠誠心が強く、容易に音を上げないような深い絆を誇るユニットの形成は、家族や友人を中隊と入れ替えることを意味する。このユニットが「中隊（company）」と呼ばれるには、それ相応のわけがあるのだ〔訳注 companyには「中隊」のほかに「仲間」、「会社」、「一座」などさまざまな意味がある〕。陸軍の人間がよく口にするように、中隊は家族なのである。

この親密な関係は、兵士を兵舎に放り込んで家庭環境から切り離すことで構築される。

暇ができて友人が欲しくても、周りにはほぼ同じ歩兵中隊のメンバーしかいないのだ。新兵どうしの絆は全員がともに取り組む訓練によって強化される。練兵場での訓練によって、規律だけでなく同調性とリズムが兵士の身体に叩き込まれる。これが民間人の生活におけるダンスや宗教儀式の場合と同じエンドルフィンのボタンを押す（第4章参照）。

だが、この家族の感覚は中隊の規模でしか機能しない。歩兵大隊、連隊、旅団のレベルでは、行動を統制するには階層的な管理構造が必要になる。この管理構造が所期の目的を果たすためには、かならず厳しい規律と公式な規則が求められる（「上官の命令には何があってもしたがう」「上官にはかならず敬礼する」）。戦場で人命が危険にさらされている状況では、誰もが自身に与えられた任務を完璧にこなさねばならない。信頼が報われなかったり、規律が破られたりした場合には、悲惨な結果になる。多くの人命が無駄に失われることすらある。

しかし軍隊は非常に特殊な組織であり、民間の組織に同じことがそのまま当てはまるとも限らない。どちらかと言えば、民間組織にはより繊細な何かが必要であり、この繊細さが中隊レベルで感じられる家族の感覚にとても近い。それはトライブの一員であることから生じる責任《コミットメント》や義務の感覚である。トップダウンよりボトムアップの管理形態と言うことができるかもしれない。

「フラットな格子型構造」による管理

包摂《インクルージョン》を尊び、責任《コミットメント》の発露がボトムアップである平等主義の組織、つまり責任《コミットメント》が個人から生まれる組織のモデルとしては、比較的フラットな格子型構造を持つゴア社の管理モデルが思い浮かぶ。デブラ・フランスは、ゴアのこの構造を「低い階層制」と呼ぶ。

「中心となるのは、誰もが誰にでも直接アクセスできるべきであるという考えです。ゴアは１万１０００人の組織ですが、非常に少数の層しか存在しません。ゴアの初期の文書が『スポンサー』について触れていて、私たちはすでに60年以上にわたって管理職ではなくリーダーについて論じてきました。明白な違いは言葉にも表れています。たとえば『スポンサー』は、アソシエイト（社員）がゴアで成功するように支援するという非常に特殊な（自発的な）役割を担っています。リーダーとは別の存在なのです。アソシエイトにはリーダーと『スポンサー』の両方がいます。リーダーとは、チームが成功するためにある種のタスクを遂行することを組織（そして個人）から認められた人です。でも、アソシエイトには『スポンサー』もいます。その人は『学習仲間』であり、アソシエイトの成功請負人です。各アソシエイトが、その人独自の技能を必要とする責任を果たし、その人独自の関心事を全うするように支援するのです。『スポンサー』はアソシエイトのために代弁し、フィードバックを与えるなど、種々の教育的な役割を果たします」。

では、格子型の階層構造は実際にどのように機能するのだろうか。デブラがあるエピソードを披露してくれた。「我が社の最高経営責任者（CEO）と一緒にいたときのことです。彼女が社外の人から電子メールを受け取りました。リーダー開発のアイデアを書き送ってきたようでした。返信する際に、彼女は私に『そばに来て肩越しに返信を読んで』と言いました。リーダーシップの専門家としての私のアイデアを聞きたかったのです。彼女は私の考えを返信に盛り込みました。すると瞬時にそのアイデアが動きはじめ、私たち3人のあいだに上下関係のないつながりができたのです」。

それがどこからもたらされたかにかかわらず、知識にすばやくタイムリーにアクセスできて、階層構造による意思決定というボトルネックを減らせることは、柔軟な組織の主たる特徴となるだろう。人間関係の持つ力を存分に利用する優れた方法をデザインし、その方法が内向きになった場合や、過度に自己強化した場合に介入するには、リーダーはダンバー層の安全で揺るぎない安心感を理解していなくてはならない。

帰属意識にかんするまとめ

・私たちはみな家族の一員でありたいという自然な欲求に支配されている。家族間の結びつきはかならず他の関係をしのぐのだ。家族の圧力と求心力は、人間の動機について教えてくれる。

・ヒトは血縁や帰属の感覚を渇望する。これらの感覚は、リスクを負ったりイノベーションに挑んだりするときに心理的なセイフティネットを与えてくれる。それは長期にわたる繁栄と幸福《ウェルビーイング》の礎石でもある。

・共有された伝統、言語、儀式、物語など、トライブへの帰属意識を自然に育む要素をデザインすれば、生産性がいちばん上がる血縁の要素を職場においても人為的に再現することができるだろう。

・友情は「7本の柱」の上に成り立っている。より多くの柱を共有すれば絆は深まり、互いに寛容になる。職場における友情は、精神の健康と自発的なパフォーマンスをもたらす。

・私たちにはホモフィリーと呼ばれる傾向がある。自分に似た人に自然に引き寄せられるのだ。だが、ホモフィリーは諸刃の剣でもある。職場における友情は安心感と心地よい仕事上の関係を与えるかもしれないが、イノベーションと最良の意思決定には多様な視点が必要とされる。優秀なリーダーであるためには、職場の友情を促進する一方で、ときにはサイロから出るようにも強いなければならないことを認識すべきである。

・異なる視点を持つ人間が集まるよう工夫し、外部の人が新たに入ってくるのを歓迎することはリーダーの重要な仕事である。

第4章

絆づくり

転びそうな幼子に母親が叫ぶ。「気をつけて！」その子の腰に結びつけたロープを引っ張りながら。

——ワン・ピン[1]

絆がもたらす効果

第2章の主旨は、150人前後のコミュニティは安定していて、規模の大きいコミュニティより結束力と誠実さに優れるということだった。なぜなら、私たちはよく知っている人には利他的になり、援助の手を差し伸べるからだ。

この傾向は相手との絆から生まれる。つねに顔を合わせる小さなコミュニティでは、友人や家族のあいだに徐々に絆が形成される。絆は私たちの相互作用の性質と頻度によって築かれ、あいだにいる人々によって強化される。これらすべての人は、全員が共有するアイデンティティを維持するために良好な関係を保とうとする。互いに顔を合わせることの多い環境では、長年親しくしている人に親切にすることを拒絶するのはとても難しい。この効果はプライベートな社会生活と同じく職場でも強力である。個人的に親しい人の頼みを断るのは難しいのだ。

こうした効果が生まれるのは、絆を形成し、その絆を支える情動的な親近感を生み出す活動によって、一連の神経ホルモンが脳内に放出されるからだ。神経ホルモンが放出されると幸福《ウェルビーイング》の感情に包まれてストレスが軽減され、相手を信用するようになる。

私たちは通常神経ホルモンにさほど注意を向けない。神経ホルモンの放出は意識とは無関係に起きるからだ。また組織においては、些細で重要でないと考えられて一顧だにされない。それでも神経ホルモンはやはり存在しているのだから、これらのホルモンが組織の社会資本の形成にどう寄与するのかを理解することは重要だ。人は絆づくりの過程によって大きな社会集団の一員であると感じ、これによって組織に対する責任《コミットメント》と向社会的行動が促進されると思われるからだ。

見過ごされがちな人と人との絆の重要性

つねに時間に追われる現代社会では、チームメンバーどうしの絆はとかく見過ごされがちだ。チームが何らかの差し迫った理由で集められることがある。特殊技能が必要とされたり、欠員があったりすると、メンバーが次から次へと別のプロジェクトに駆り出される。コストをかけずに多くを達成しようと費用対効果に重きが置かれる現代では、チームメンバーどうしの信頼が生まれるような環境を最初から確立することは忘れられがちだ。途中から誰かがチームに合流すると、歓迎もそこそこに仕事が与えられる。

組織によっては（とくに行政機関では）、幅広い部署に異動させてからでないと職員を昇進させることができない。こうした制度を理解することはできる。部署異動には明らかなメリットがある。職員が異なる部署の仕事をみずから体験できるからだ。だが、そこにはデメリットもある。頻繁な組織再編はたとえチームレベルであっても混乱の元になる。何カ月もかけてようやく仕事に慣れてきたところで異動になったり、時間とエネルギーをたっぷり注いだあげくにプロジェクトが打ち切りになったりすると、関係者の喪失感は大きい。

問題は組織がとかく個人に焦点を当て、集団に焦点を当てるケースが少ないことにある。個人の能力開発がカギを握ると考えられているのだ。反面、集団の能力開発に対する注目度はかなり低い。このような傾向は意図せざる結果を招くことが多い。

たとえば、業績のよいチームのメンバーが将来のリーダーと見なされ、新たな地位に昇進する。ところが新たな地位につくと、元のグループの知識と支援を失って苦しい思いをする。対処を誤れば、個人の能力開発は既存の絆に影響する。他者とのつながりではなく、他者からの独立に注力するよう仕向けられるからだ。そして、絆で結ばれたチームがもたらす自発的な活動や文化資本、共有された責任《コミットメント》を弱めてしまうのだ。

本章では小規模な社会の自然な力学を見ていこうと思う。社会的な絆がどのようにして形成されるか、これらの絆を通してコミュニティがどのようにして成立するかを理解するならば、絆が組織の社会資本の形成にどう、なぜ貢献するかも理解できるだろう。

成績を向上させるのは「競争」よりも「協力」

絆の強いグループが形成された事例を求めて教育現場を見るのは、見当違いだと思うだろうか。しかし、明確に測定可能な試験結果が出るため、学校という場所は絆の効果を検証する格好の実験場になる。

20代のころ、トレイシーはロンドンにある学業成績の優秀な生徒のための女子校で英語教員として働いた。政府が試験結果をまとめたリーグ・テーブル（学校順位表）の公表を始めたばかりで、学校間の競争と保護者からの監視の目が厳しくなっていた。トレイシーの学校では生徒の試験結果は群を抜いて高かった。とはいえ、毎年、最終学年に実施する公開試験の結果には、少数ながら低い点数の生徒がいた。英語科の教員は校長室に呼び出され、成績の振るわない少数の生徒の底上げをする方法を考えるよう求められた。

過去数年間の試験結果を思い起こした教員たちは、グループが一体化したときに過去にないほど完璧に近い結果が得られたことに目を留めた。そのような年には、生徒のあいだに信頼と仲間意識が自然に芽生え、クラスのグループがアイデアを共有して絆を深めることに成功していた。生徒はじつに熱心だった。互いに競争するのではなく協力的で、その結果として成功を収めたのだった。このような状態を、すべてのグループで意図的につくることは可能だろうか。教員たちはそう考えずにはいられなかった。

生徒に絆を深める機会を持ってもらうため、教員たちはある実験に挑んだ。長い秋学期の前半、生徒全員が通常の授業の代わりに遊びに近い活動をした。正規の教科書はいったんお預けになった。ひとこと申し添えておくと、現在のイギリスで16歳から18歳の生徒が履修するシックス・フォームと呼ばれる課程ではこれはできない。

私たちの実験では、教科書に沿った学びに代えて、生徒は各種の隠喩のポスターを描き、レシピを切り抜いて詩歌に変え、エッセイの最初の段落を匿名で書き、でき上がった文章をシャッフルして全員で批評した。偉大なシェイクスピアの悲劇の場面をコメディ風に仕立てたり、逆にコメディを悲劇風に仕立てたりし、詩歌を大きく異なる視点からチームで教え合った。自分が余暇に読んでいる本を仲間の生徒に紹介した。学習中の他の科目で得た洞察を文学の鑑賞に応用した。

教員自身にも、みずから匿名で書いた文章を生徒に批評してもらうという冷や汗ものの課題が与えられた。こうして教員たちは、高い知性を持つ若い女性が互いに威圧されず、間違いを犯すことを恐れない環境をつくることを心がけた。生徒がグループの強み（そして弱み）を見出し、互いに協力し、楽しめる環境をつくろうとしたのだ。

実験中に支障が生じなかったわけではない。予定の半分ほど進んだところで、保護者たちがなぜ娘がいかにも楽しそうにしているのか不審に思ったのだ。校長は英語教員が他の科目の教員と違って授業に真面目に取り組んでいないのではないかと不安になった。生徒にしてもこの授業がAレベル〔訳注　イギリスその他の国々で大学入学資格を獲得するための統一試験〕の準備とは思えなかった。それに、英語教員がすべての文章について統一した見解を持っているわけではないらしいことに困惑を覚えた。

正直なところ、教員は教員で不安な思いをしていた。失敗すれば批判は必至という環境で1学期の半分を実験に費やすのは、大きなリスクであり、多くを失いかねなかった。それでも教員は実験を続け、徐々に生徒に大きな変化が起きていることに気づいた。トップクラスの生徒が、まだ彼女たちの背中を追っている生徒の質問を尊重するようになったのだ。歴史好きの生徒が「背後にある因果関係」を、科学好きが「方法」を、音楽好きが「リズム」を持ち寄った。上下関係と服従は（教員に対する服従も）忘れ去られた。11人から15人のクラスはともに笑い、互いの話に耳を傾け、劇場や美術館に一緒に出かけ、恐怖を乗り越え、互いを励まし、ピエロ役を演じ、一緒に失敗し、ともに称賛し合い、互いの価値を認めた。

何週間も過ぎて、ミルトンの『失楽園』の難解な冒頭部分を読むころには、クラスはトライブになっていた。ミルトンが突然やさしくなったわけではなく、この作品について学んでいる生徒が、自分たちならやってのけられるという集団としての自信を身につけたのだ。グループはその部分の和より大きくなったのである。

18カ月後に試験の結果が出ると、実験の成果を判断するときがやって来た。成績の振るわない生徒は1人もいなかった。実験に参加した生徒の成績はみな期待値を超えていた。

得られた実験結果は測定可能で明確そのものだった。実験は静かに始まり、遊びの要素を取り入れる時間と空間が確保され、全員が経験を共有することによって全員を知るようになったのだ。

では、実際には水面下で何が起きたのだろう？　活動は遊びで始まった。これによって、グループ内にあるかもしれない気づまりな上下関係の不安感が掘り起こせた。一緒に食事し、物語や思い出、笑いを共有する時間が設定された。授業の時間になると、経験の共有によって焦点を個人ではなくグループに合わせた。これらの経験が情動的な反応をもたらし、それが永続的なつながりの感覚を生み出した。

マイクロ・リスク（たとえば匿名で書いた文章を互いに批評する）が用意されたが、互いにつながっているという感覚、リスクを冒す経験の共有によって失敗に対する恐怖が消え去り、信頼にもとづくミニ・コミュニティが形成された。自分が信頼されていると感じると、限界を限界とは感じなくなるのだ。

健全で生産性の高い社会的な相互作用を促進する絆は、ヒトが持つ生得の性質である。それは他の類人猿やサルにも共通する。そこで、ここではまず社会的な結びつきとつながりがもっとも基本的なレベルで機能することを示すため、サルの社会生活に目を向けてみよう。

毛づくろいがもたらす親密さ

動物の世界の基準に照らすと、サルや類人猿は並外れて複雑な社会に生きている。ヒトと同じく、グループ内の特定のメンバーと絆を形成し、行動をともにし、社会的交流をし、可能な限り何度でも一緒に遊ぶことさえある。こうしたグループ内の個々の絆がつながって友情の輪は波のように広がっていき、一種の社会的な接着剤でくっついたネットワークを形成する。この接着剤こそ、サルや類人猿が動物の科として進化上の成功を収めたカギなのだ。

彼らが形成する関係はあらゆる側面においてヒトのそれに似通っていて、私たちはそれを友情と呼ぶことにためらうことはない。単純なペアボンディング〔訳注　雌雄間の強い社会的関係〕で結ばれたつがい（この関係に生殖以外の目的はない）を除けば、そのような濃密な関係は他の哺乳動物や鳥類にはほとんど見られない。濃密な関係のおかげで、サルや類人猿は他者とごく近くで過ごす日常生活のストレスや不測の事態から守られる。生きていればどんな目に遭うか知れたものではないが、それらを乗り越える力が養われるのだ。

サルや類人猿は、互いに毛づくろいすることで友情を生み出して育んでいく。とくに社会性の高い種では、この親密な習慣にじつに1日の5分の1という時間をかける。毛づくろいは他の個体の体毛から葉っぱの切れっ端やはがれ落ちた皮膚片などを取り除く行為だ(ノミを取っているという誤解もあるが、野生のサルにノミはいない。ノミがいる霊長類はヒトだけである)。体毛の手入れが有益なのは確かだが、毛づくろいの真に重要な部分はなでる行為にある。他の個体になでられると、エンドルフィンと呼ばれる化学物質が脳内に放出されるのだ(144~148ページ参照)。

エンドルフィン——脳内の麻酔性鎮痛薬《オピエート》

エンドルフィン(endorphins)は脳内で働く特殊な神経化学物質群であり、脳による疼痛管理系の重要な部分を占める。これらの物質は化学的にはモルヒネに近い。このため、エンドルフィンの語源は「内因性のモルヒネ」(end[ogenous m]orphin[e])、つまり「身体が生み出すモルヒネ」である。

あらゆる麻酔薬と同じく、エンドルフィンには鎮痛効果があり、リラックス感、鎮静感、多幸感、高揚感、信頼感を生み出す。毛づくろいは非常にリラックス効果が高く、毛づくろいされている側はつい眠ってしまうことも多い。同じ重さで比較すると、エンドルフィンはモルヒネの30倍強力な鎮痛剤として働く。[2] エンドルフィンとモルヒネはわずかながら化学的な差異があり、この差異のおかげでモルヒネその他のオピエートと違ってエンドルフィンの中毒になることはない。

　霊長類全般の例にもれず、ヒトも毛づくろいをする。だが、私たち自身はそれを毛づくろいとは考えていないだろう。私たちは綿密に異物を調べる必要のある体毛を持たないが（頭の上にある毛を除けば）、それでも種々の身体的接触（なでる、ハグする、愛撫する、肩や背中をポンと軽く叩くなど）によって互いに感情的に近いことをアピールする。ときには、見ず知らずの人でも悲しんでいたりすると、こうした行為によって慰めることがある。ヒトでも誰かになでられたり愛撫されたりすると、サルの毛づくろいと同様にエンドルフィンが放出されることが脳スキャンによって確かめられている。

　あなたも美容院に行くたびにこの感覚を経験するだろう。髪の毛を洗ってもらい、なでつけられ、梳《くしけず》られるのだから、リラックスして心が弾み、新たな自信が湧いてくるのも当然かもしれない。美容師があなたの髪を整えるとき、大切なのは新しい髪形ではない。それは身体的接触であり、今後もそうだろう。それは私たちのコミュニケーションの自然な部分であり、少なくとも感情的な結びつきのある人との関係にかんしてはそうだ。だが、私たちはかならずしもこのことに気づいていない。私たちのコミュニケーションはほぼ言語に頼っているからだ。しかし、身体的な接触が私たちの社会生活の自然で重要な部分を占めているのである。

あなたがランニングを日課にしているなら、別の活動で放出されるエンドルフィンについてよく知っていることだろう。走りはじめて10分ほどで経験する「セカンドウィンド」、いわゆる「ランナーズハイ」だ。突然、何の前触れもなく走ることが苦にならなくなり、永遠に走っていられるような気分になる。脳内に放出されたエンドルフィンが痛みの閾値を上げ、ランニングによる筋肉ストレスを軽減するからだ。

さらにエンドルフィンは免疫系にも劇的な効果を発揮するようだ。特筆すべきは、ウイルスやがん細胞を攻撃するナチュラル・キラー（NK）細胞をつくることで[3]、これによって心身の健康《ウェルビーイング》が維持される。あまり運動をしない人よりランナーが一般に健康である理由の1つはここにありそうだ。

私たちの祖先が150人という望ましい集団の大きさに達したとき、それほど大きな集団の絆を維持するためには、エンドルフィン系を効率よく働かせる新たな方法を見つけなくてはならなかった。社会的毛づくろいがもたらす親密さは霊長類（ヒトも）においては一対一の関係に限定されるため、絆づくりの効率を上げるには相手に触れることなくエンドルフィン系を働かせる必要があった。そうすることで数人の人をほ

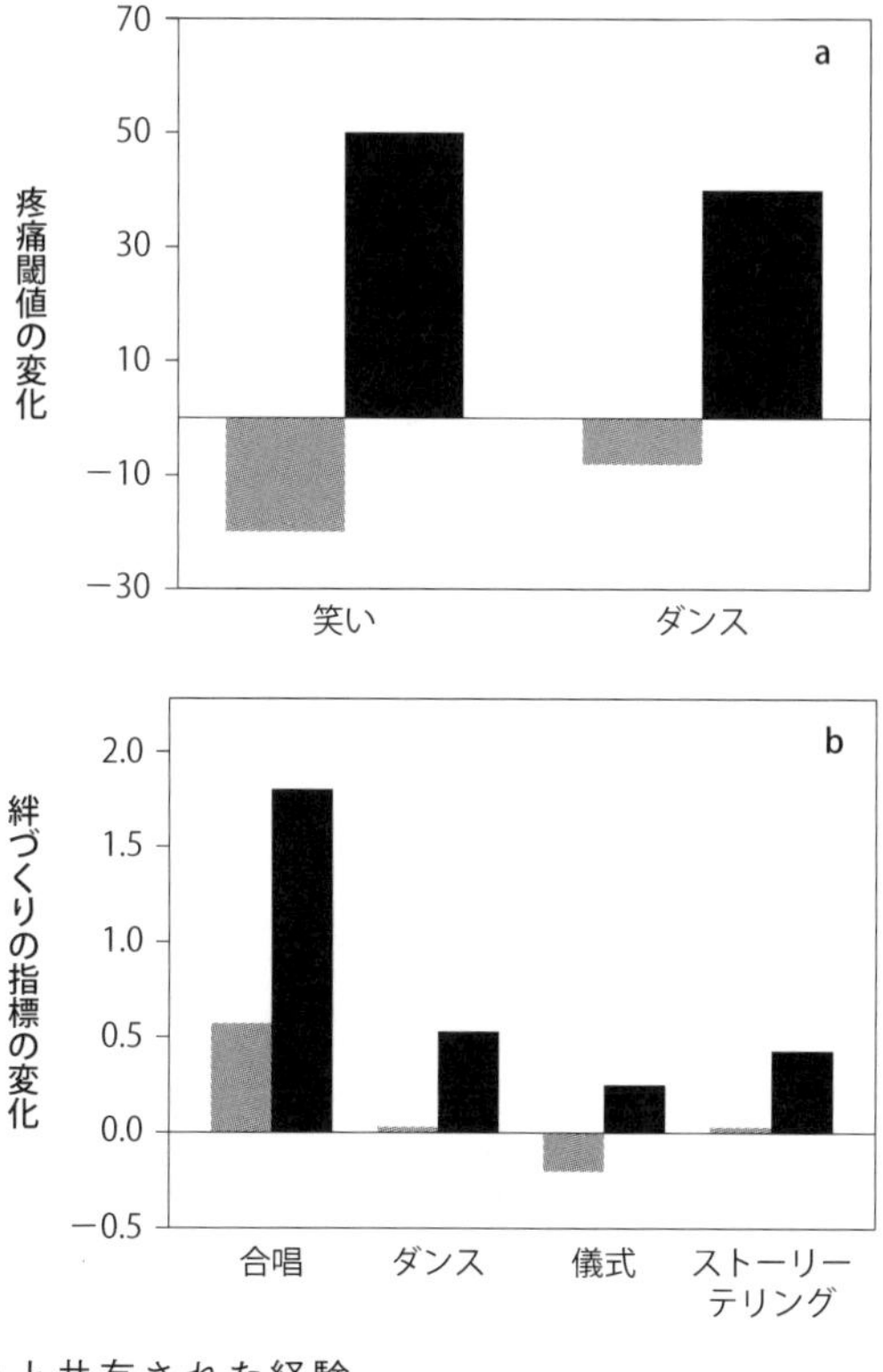

絆づくりと共有された経験

図4-1　社会生活において私たちが頻繁に行う社会的グルーミングによってエンドルフィン系が活性化され（a)、初対面の人々のグループ内で絆が形成される確率が高まる（b)。黒い棒：特定の活動（たとえば、笑いや激しいダンスに駆り立てるコメディ動画を観たとき)。灰色の棒：対照群の活動（たとえば、事実を扱うドキュメンタリーを観たとき。誰も笑わず、座った姿勢でダンスめいた腕の動きをする人もいなかった)。儀式は、宗教上の動機のある身体の動きと、そのような動機のない身体の動き（たとえばヨガ）の対比。ストーリーテリングは、悲痛な感情を呼び起こす悲劇の映画（黒い棒）と、事実を扱うドキュメンタリー（灰色の棒）の対比。エンドルフィン取り込みは、特定の活動の前後で見られる疼痛閾値の変化を指標として示した。絆づくりの指標の変化は、被験者グループの他のメンバー（全員が初対面）に対する変化。Dunbar et al.（2021)[4]

ぼ同時に「毛づくろい」することができて、大きなグループに絆が生まれる。

祖先の人々は、笑い、歌い、ダンスし、宴を催す（社交しながら飲食をする）、感情を込めてストーリーテリングするなどの行為がいずれもエンドルフィン系を働かせる非常に効果的な誘因であり、絆の感覚を活性化することを発見して問題を解決した（図4－1参照）。今日、これらの行為はグループ内の絆を深めるための社会的なツールキットの中心的な存在である。


サルと類人猿では、親密な毛づくろいとその結果として分泌されるエンドルフィンの効果によって友情が生まれる。その友情の固さ、片方に脅威が迫った場合にもう片方がどれほどためらうことなく助けにくるかは、そのペアがどれほどの時間を互いの毛づくろいに費やしたかによる。つまり、脳内を流れるエンドルフィンの量によるのだ。毛づくろいの時間が短いと、脳内のエンドルフィンが少なく、危険が迫ってもあまり熱心に互いを助けようとはしない。それは、単純にその行為につぎ込んだ時間の長さに依存する効果である。

ここに、このシステムの欠陥がある。一定の強さの友情を形成するには最低限の時間が必要であり（図2－4参照）、一個体が毎日グルーミングに費やすことのできる時間にも限界がある。また、このような方法で絆を深められる相手の数にも上限がある。したがって、サルが安定したグループを維持できるサイズも自ずから限られてくる。このグループサイズの限界はおよそ50個体であり、この数字がサルや類人猿のグループサイズの自然な上限となる（これより大きなグループも観察されているが、そうしたグループは小規模なグループよりまとまりに欠け、例外なく不安定である）。これが私たちが普段よく経験している時間の制約の問題なのである。

もちろんエンドルフィンは、私たちの行動を調整する多様なホルモンと神経伝達物質の一種にすぎない（150～153ページ参照）。これらの物質は数々の重要な役割を果たすものの、すべてが社会的な過程に直結しているわけではない。エンドルフィンとドーパミンは両方で促進／抑制効果を担っている。ドーパミンが高揚感を生み出す一方で、エンドルフィンは長期にわたって絆の感覚をもたらす役目を果たす。

巷ではオキシトシン（いわゆる「愛情ホルモン」）の話題でもちきりだ。たしかに、このホルモンが母子やカップルのあいだで重要な役割を果たしているのは事実だ。ところが、この物質のおもな働きは、あなたを相手に対して寛容で愛情に満ちた人にすることにあるようだ。それでも、エンドルフィンは、相手がこのホルモンを分泌するように仕向けることができるので、相手を自分に対して寛容で愛情に満ちた人にすることができるという明確な利点を持つ。エンドルフィンが、深い絆で結ばれた友情関係やコミュニティにおいて重要な役割を果たすのはこのためだ。

社会性にかかわるホルモン

私たちの社会行動は、脳や関連の腺が放出する各種ホルモンの精妙なバランスに依存する。たいていの場合、これらのホルモンは、あるホルモンが別のホルモンの放出を引き起こすというように連鎖して放出される。多くは神経伝達物質として働き、脳内神経ネットワークの発火を促進する。また、人が特定の行動を取るように仕向けるホルモンもある。一般に重要と考えられているホルモンには次の7種がある。

テストステロン――おもに攻撃的な行動や、目的に向かって一途に突き進む集中力にかかわる。男性と関連していると考えられがちだが、実際には女性の体内にも高濃度のテストステロンが存在する。とりわけ閉経後にエストロゲン濃度（通常はテストステロンの効果を相殺する方向に働く）が減少するとその傾向が強くなる。

オキシトシン――「愛情ホルモン」としても知られる。霊長類のメスに母性行動を生ぜしめ、恋愛対象との絆を維持するように働くからだ。身体的な接触によって分泌され、他人に対して寛容になる作用を持つものの、相手が自分に対してどれほど寛容になるかについては影響を与えない。効果は比較的短いあいだしか続かない(数時間ではなく数分程度)。

バソプレシン――生理学的にはオキシトシンと似ていて、男性のオキシトシンと見なされることも多い。実際には、社会行動を規制するこのホルモンの働きは当初考えられていたほど重要ではないようだ。

エンドルフィン――脳の疼痛管理系の一環として、エンドルフィンは身体的な接触あるいは社会的に重要なさまざまな行動によって分泌が誘発される(144~148ページ参照)。長期にわたる社会的関係を形成して維持し、私たちを社会的動物にするためのおもな薬理学上の基盤である。社会的な絆の形成にかかわる主要な神経ホルモンだが、それは絆を結びたい相手の身体でこのホルモンが産生されるように仕向け、その人物が自分を好ましく感じるようにすることが可能だからだ。このホルモンの効果は数時間にわたって持続する。エンドルフィンの分泌によって認知力が鋭敏になる。

ドーパミン――「幸せホルモン」としても知られ、社会的な相互作用がとてもうまくいったときに高揚感を与える。また、脳内の異なる領域間における情報伝達に重要な役目を果たし、私たちの集中力を高める。

セロトニン――おもな作用は気分の調整（このホルモンの濃度が低いとうつ病になる傾向がある）、さらに嘔吐や血管収縮などの生理学的過程にもかかわっている（小腸など身体の緊急度の低い部分に対する血液の供給を停止し、逃走するための筋肉など今その瞬間にそれを必要とする部分に送り込む）。

アドレナリン（エピネフリン）――「逃走・闘争」ホルモンとしても知られ、呼吸数を上げ、筋肉への血液供給を増やして身体が行動に移れるように準備する。どんな行動を取るかは、アドレナリンそのものではなく、そのときの状況によって決まる。

以上のホルモンに、コルチゾールを加えてもいいかもしれない。ただし、厳密に言えば、このホルモンは（たとえば、飢えを生き延びたり、危急の際に逃走・闘争反応のような行動をすばやく取るために）肝臓からのエネルギー放出を可能にする働きがあり、身体的および心理的ストレスの間接的な指標として用いられることが多い。

一緒に何かを経験すると起こること

ジグソーパズルにはめるべきもう1つのピースがある。これまで述べてきたような社会的活動の大半が、かなりの程度の行動の同調性を伴うということである。笑うとき、私たちは同時に笑う。歌を歌ったりダンスしたりするときも、周りの人に合わせて行う。食事のあいだも、コース料理を同時に味わったり乾杯をしたりして同調性を演出する。種々の行動がこのように同調して行われると、特別な努力をしなくてもエンドルフィンの分泌量が100%増える。[5]

同調性とエンドルフィンの関連性がはじめて確認されたのは、毎年テムズ川で催されるケンブリッジ大学との恒例のボートレースに参加するオックスフォード大学のボートクルーを対象に行われた研究だった。[6]実際に川にボートを浮かべてみなで一緒に漕ぐ前に、クルーはジムのローイングマシンで1時間かけて練習する。研究者たちはこのときのクルーを1週間にわたって観察した。次の週、クルーをふたたび観察したが、今度はローイ

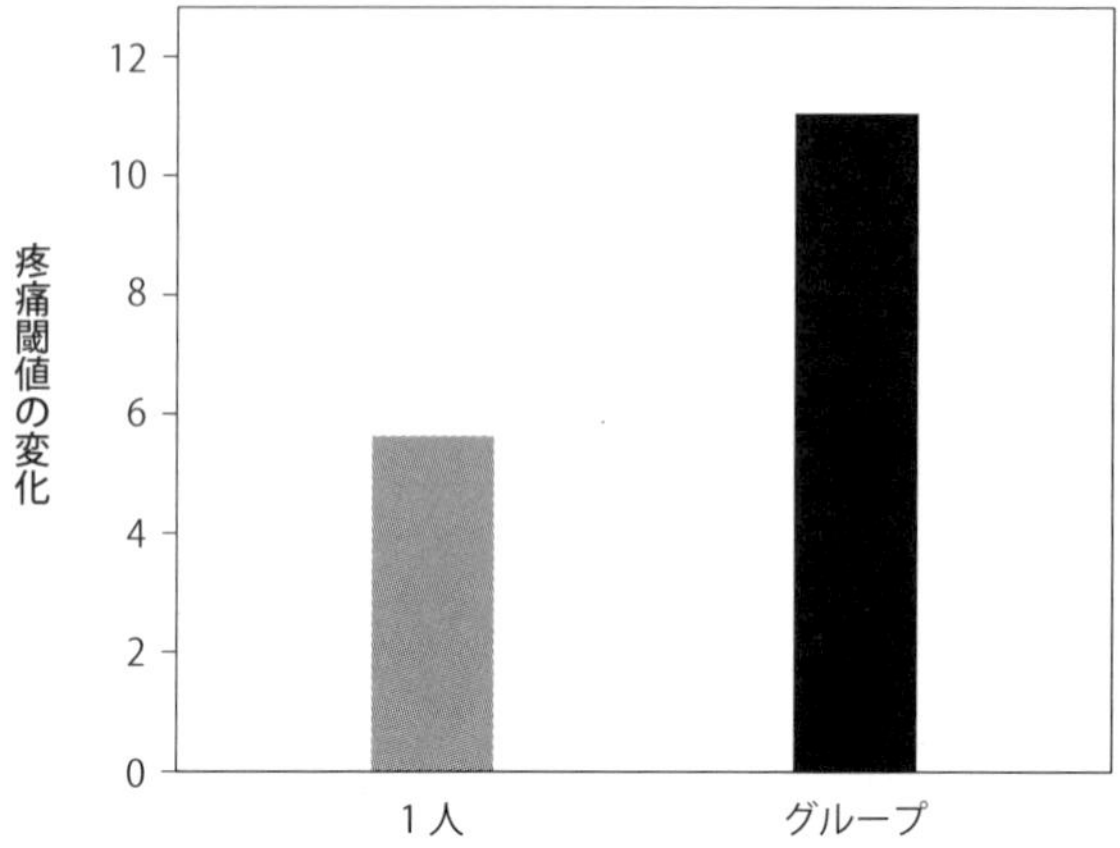

ボート漕ぎとエンドルフィン

図4-2　疼痛の変化を脳内のエンドルフィン取り込みの指標として示した。1人でボートを漕ぐ身体的な活動によって疼痛閾値が上がる一方で（灰色の棒）、グループ全員が同調してボートを漕ぐと特別に踏ん張ることもなく疼痛閾値の上昇が2倍になる（黒い棒）。Cohen et al. (2010)[7]

ングマシンをボートに見立てて、クルーが息を合わせて同時に漕ぐときの様子を調べた。

同時に漕いだ場合の結果は劇的だ。どちらの週もクルーは同じ力を込めていたが（ローイングマシンの計器はそのことを示していた）、2週目における疼痛の閾値（脳内のエンドルフィン分泌量を示す指標）が1週目より100％増えていた（図4－2参照）。互いに動きを同調させることは大きな変化をもたらすのだ。そうなる理由はまだわかっていないが、今ではさまざまな活動にかかわる実験でよく観察される現象だ。

仲間と定期的にジョギングしたら同

調性の力に気づくだろう。みなの足並みがそろっていると、リズムと同調性によって気分が高揚し、(少なくとも走りはじめて間もなくなら)永遠に走りつづけられるような気持ちになることに気づくかもしれない。この効果はとても快く、誰かが障害物を避けるために走りが乱れてもすぐに元に戻る。

経験を共有すると、同調性の感覚が得られることがある。たとえば、劇場でコメディを観て笑うとき、もしくは悲劇的な出来事が観客の心の琴線に触れたときなどだ。不幸な出来事はとくに強力だ。私たちは心理的な痛みを身体的な痛みとまったく同じ脳領域で処理するため、エンドルフィンに対する反応はどちらの場合も同じである。

このことはある実験によってその正しさが実証されている。実験では別々のボランティア群が、最近実際に起きた悲劇的な出来事のビデオと、通常のテレビドキュメンタリーを観賞した[8]。悲劇的な出来事のビデオを観た群の疼痛閾値は観賞後に上がった。ドキュメンタリーを観た群では上がらなかった。より重要なのは、疼痛閾値が上がった群のボランティアは、ドキュメンタリーを見たボランティアより他の人に対して強いつながりを感じたことだった。もちろん、ボランティアたちは実験前に会ったことはない(図4-1b参照、ストーリーテリングの場合を示すいちばん右のデータ)。

これは劇場のプロデューサーならよく知る現象だ。彼らによれば、観客はそれぞれ個人として劇場にやって来るが、上演が終わると1つのコミュニティになっているという。幕が下りたあとにロビーに向かって歩くときには、社会的な抑制が利いていない。見知らぬ人に話しかけ、観たばかりの作品について感想を述べ合ったり、普段ならもっと親しい友人にしか話さないようなことまで話す気になったりすることもある。これはエンドルフィンの作用だ。

では、ビジネス現場で同調性の力をどう利用することができるだろうか。

つながりをデザインする

グループの絆を組織運営という観点から考えれば、社員旅行、クリスマスパーティー、チームの絆を育む研修、プロのコーチや有名人のトークイベントなどが思い浮かぶ。私たちはこのような活動に参加しているときに潜在意識に何が起きているかを認識していないので、こうした体験が持つ驚くほど有益な影響力を過小評価しがちだ。つい、日常の仕事とは別物だと思ってしまう。それが日常の仕事の重要な部分であることに気づかないのだ。実際、社会生活における絆づくりのあらゆる側面は、組織においてもコミュニティのメンバーどうしの絆を深めるのに欠かせないものである。

経験の共有

軍隊における訓練は、相互作用によって強力なグループ意識が芽生えることを示す究極の例だろう。元英陸軍総司令官のタイロン・ウルチが、兵士を結束の固いユニットに育てることによって、実戦で「自分たちに求められること」、そしてその結果として起きる緊張、恐怖、衝撃、混乱について兵士に心の準備をさせることがどれほど重要であるかについて述べている。

「平常心」を養うための訓練は、どんな特殊能力や資格より重要だと考えられることが多い。訓練生は、たとえば慣れない環境の外国に連れて行かれるかもしれない。そこで道に迷ったり、恐怖に襲われたり、実弾をくぐり抜けたりする経験によって全面的に仲間に信頼を寄せるようになる。

あるいは、ロッククライミングや洞窟探検などの冒険訓練をするかもしれない。その場合にも、ロープを持ったり灯りをかざしたりしてくれる仲間に頼らざるを得ず、このような大きなストレスにさらされアドレナリンが放出される環境では、他者に対する信頼が生まれる。こうした経験から、一緒に行進するときの同調性と、テント、疲労、恐怖、ずぶ濡れと空腹の共有によって強化された忠誠心のある絆が形成されるのだ。

ウルチ元総司令官の言葉を借りれば、この絆は「国家の保険」だという。ビジネスの世界では、極端な経験——合併、急激な成長、崩壊、何らかの大きなプレッシャー——をくぐり抜けたチームは、互いに対する信頼感が増し、その経験が終わったあとでも長期にわたって交流を続ける傾向にある。

もちろん、成功する相互作用がかならずそうしたストレスの多い状況を必要とするわけではない。ウォーリック・ビジネススクールの准教授で元舞台演出家のピアーズ・イボットソンは、演劇作品の稽古に入る前に俳優の知名度にかんする不安感を払拭することの大切さを力説する。

たとえば、オスカーを受賞した俳優がハムレットを演じ、まだ演劇学校に通っている生徒が墓掘り人を演じるときなどにそんな不安感が生じる。「演出家は、みながリスクを負い、互いを信頼し、より大切なもののために自尊心を捨て去るような環境をつくらなくてはなりません」と彼は述べる。たとえば経験や知名度が大きく異なる15人の共演者がいた場合、ある種の心理的ならしをして、彼らが絆を形成し協力し合うように計らう。このためには、ゲームをしたり、地道な活動をしたり、一緒に笑う方法を見つけたりとかなりの時間をかけなくてはならない。だが、すべてが終わるころには、個人の集まりは立派な一座になっているだろう。

ピアーズはこの手法をウォーリック・ビジネススクールでも採用した。もちろん、ビジネススクールでは講義を聴きにくる学生は400人とかなり多い。そのような環境では、「一人ひとりを知ってその人と関係を築くのは無理です」とピアーズは言う。講義の一部では、学生を25人のグループに分けることができた。しかし、このアプローチでは部分的な効果を得られただけだった。学生たちは広く使われているタックマンモデル〔訳注　組織の成長を段階的に示したモデル〕により、「形成期、混乱期、統一期、機能期」を通して学ぶからだ。[9]

演劇の世界では、真に優秀な一座は「混乱期」を経る必要がない。彼らは争うということをしないからだ。方向修正するにもほとんど言葉を交わさなくてもいい。「絆で結ばれた一座にはすでに物語がありますから意見交換する必要もないわけです。一種の社会物理学ですね」。代わりに、彼は舞台演出家として使ったゲーム、儀式、ツールを用い、学生たちが信頼し合い、より効果的に協力するように指導した。

そのような「社会物理学」は、オックスフォード大学のカレッジ聖歌隊で高音部《トレブル》を歌う少年たちの日常でも観察される。夕方と週末に行われる礼拝のリハーサルでは、少年たちはもちろん練習するが、一緒に遊んだり笑ったりもする。その結果、いちばん幼い子で8歳と年少のグループであるにもかかわらず、互いをよく知り譜面もきちんと覚えている。

このため1人が間違っても、その子はただ手を上げて自分の間違いだと知らせ、合唱はそのまま続けられる。歌うのを途中で止める必要はない。指揮者が誤りを指摘することもない。より重要な目的に向かっているなら、些細な間違いにこだわらなくていいのだ。

遊びとビジネスでは文脈が違うと思うなら、レゴが2006年に始めた有名な取り組みがある。役員が集まってレゴブロックで「遊び」、同社の未来戦略をデザインするのだ。現在ではこの手法が多くの業種で無数の企業に取り入れられているのだから、その効果は実証されていると言っていいだろう。[10] それは、単に戦略や新しいアイデアについて話し合いの場を設けるという話ではない。人は同調性のある活動や真剣な遊びを通して絆を深めるものであり、その場にいることが重要なのだ。

プラトンは、「ある人について知るには、その人と1年会話するより1時間遊ぶほうがいい」と言った。だが、遊びは明確なビジネス上の成果ももたらしてくれる。「真剣な遊びの目的は位置エネルギーをつくることにある。このエネルギーはチームメンバーが動き始めたとき、つまり仕事を始めたときに運動エネルギーに変わる」[11]。

戦略学の教授であるクラウス・ジェイコブスは、スイスの自宅からオックスフォードに来るとき、レゴがいっぱい入ったスーツケースを持って税関を何度も通った。オックスフォード・シニア・リーダーシップ・プログラムで戦略学を教えるためだった。遊び心を忘れずに、未来の事業計画や戦略のモデルをレゴを使って3次元で試作し、（カラフルなレゴブロックでできている）モデルの周りを歩き回り、フィードバックを得て、リアルタイムで調整し、未来がどうなるのかを文字通り「見届ける」経験は強烈な印象を残す。

石油関連の事業で成功を収めた南米出身のある最高経営責任者（CEO）が、そのプログラムに参加していた。あるとき彼は、レゴで自分の企業の将来像ではなく、ミニサイズのビジネススクールをつくった。プログラムの別の参加者が、「このモデルであなたはどこにいるのですか？」と彼に尋ねた。自分でも驚いた様子のCEOは、ためらった末にレゴの人形をモデルの中央に置いた。3年後、彼はすでに石油関連の事業から手を引き、故郷の南米でビジネススクールを経営していた。あのときの真剣な遊びが自分にとって転機になったと彼は言う。

食事をともにする

結束の固いコミュニティをつくるため、私たちは古くから食事をともにする習慣を大切にしてきた。この習慣は、よそから来た人をコミュニティに迎え入れる手段でもあった。もちろん、滋養のある食べ物はそれ自体が安心感を与えてくれる。酒が振る舞われる場合には、よそよそしさが取れて互いに打ち解けやすくなる。しかし、一緒に飲食している人たちの絆を深める本当に重要な要因は、食べるという行為やアルコールの消費が脳のエンドルフィン系に与える影響にあるのだ。

消費者団体カムラ（本当のエール・ビールを守る会）との共同調査によれば、「地元の」居酒屋に通う常連は、店のスタッフや顧客をよく知っているだけではなかった。社会の中心になるもののないコミュニティの人々に比べて、彼らは友人が多く、満ち足りていて、暗い気持ちになることがあまりなく、生きがいを感じ、自分たちが暮らす地元のコミュニティと熱心にかかわって信頼してもいた。[12]

ここで受け取るべきメッセージは、村の居酒屋、カフェバー、あるいはレストランであっても、それは一種のコミュニティセンターとして機能するということだ。人々はここでくつろぎ、古い友人と会い、新たな友人をつくる。

これと非常に似通った結果が、ビッグランチ（イギリスのコーンウォールにある巨大な複合型環境施設である、有名なエデン・プロジェクトにちなんだイベント）と共同で行われた、社会的つながりを推進するための食事会にかんする別の調査でも得られた。

ビッグランチは1年に一度、自宅近くの路上などで催される地域の昼食会である。[13] 毎年、道路の交通が遮断され、簡易テーブルが並べられて、1000万人（イギリスの総人口の7分の1）という大勢の人が隣人や友人とこうした昼食会に参加する。ある調査によると、会社でビッグランチを催すと生産性が12％増加するという。[14] 食事をともにする、食事のために集まる（一度ならず何度でも）ことは重要であり、ビッグランチのためのボランティア数は、毎年のように最大人数を更新しているという。

エコノミクス・オブ・ミューチュアリティ財団のシニアフェローであるリンダ・チェンは、次のように述べる。「中国の家族にとって春節に集まることはとても重要です。お互いのつながりを再確認することによって、次の年にまた会えるまで家族の絆を維持するのです」。

歴史家のセオドア・ゼルディンは、人々が勇気と創造力を私生活や職場で発揮できるようにオックスフォード・ミューズ財団を設立した人物であり、彼は町の広場や教会で初対面の人と食事をともにするときに使う「ミューズ・メニュー」を考案した。メニューには食事の詳細ではなく質問が書かれている。それは初対面の人たちをつないで、楽しく互いを理解することによってコミュニティが生まれるように考えられている。参加者たちは食事をともにする。するとエンドルフィンが放出され、まるで魔法のように絆ができるのだ。

慈善団体のフェリックス・プロジェクトは、スーパーマーケットから他の慈善団体や学校に余剰の生鮮食料品を届けている。先の新型コロナウイルス感染症による危機では、国民保健サービス（ＮＨＳ）にも食料品を届けたという。届けられた食料品は食べるものに困った人々のために調理される。フェリックス・プロジェクトは、こうした活動には栄養を与えるという意義のみならず社会的な意義があると考えている。プロジェクトの共同設立者ジェーン・バイアム・ショーは、活動によって提供された食事は「心の食べ物」だと言う。

自動車部品製造会社ガブリエル・インディアの社長で副専務理事のアトゥール・ジャギは、さまざまな文化が共存するインドでは、食事をともにすることが寛容と敬意を生み出す手段になってきたと語る。「大切にされてきたどの祝祭でも、みな人々を食事に招きます。招かれた人はおいしいご馳走を楽しみ、互いにつながりを形成するのです。私たちはみなそうしてきたし、それは文化の重要な部分でもあるのです」。

ここで注意すべきは、人々がただ飲食しているだけでない点にある。彼らは会話し、笑い、昔を懐かしむ。[15]そのとき、絆や仲間意識が生まれて強化されるのだ。興味深いことに、日中のイベントより夕方のイベントのほうが効果は高いようだ。暮れゆく時間の交流イベントには何か正体の知れない、原始的なものがある。昼間のイベントより夕方の演劇やコンサートのほうが心が躍るし楽しめるのと同じで、夜の食事はランチより人を引きつける。オックスフォード・ストラテジック・リーダーシップ・プログラム（OSLP）では、最後の夜をかならず森の中で大きな焚き火を囲んで終える。たとえ、寒い11月であろうとも。

それは驚くほど深い、原初の絆につながる。

食事の効果は、食べ物の提供の仕方や食べ方によって高めることができる。OSLPでは、私たちはみなが打ち解けるために小さな丸いテーブルをかならず用意し、食事をどれくらいの時間で終えるかについても念入りに検討する。人々が親しくなるためのメニューまで考える。たとえば、最初の日の夕食はいつもカレーにする。カレーはたくさんの小皿で出すので、誰もが他の人に皿を回してもらったり、取り分けるのを手伝ってもらったりすることになる。つまり、会話することが必要になるのだ。同時に、カレーに入っている辛いスパイスがエンドルフィン系を活発にする。辛いスパイスは微弱な疼痛を引き起こすからだ。

2日目の夜はかならず世界各地の屋台料理を出すことに決まっている。外国からの参加者は自分の国の料理のフレーバーに気づき、自国の文化や代表的な料理、飲み物について話したがる。このとき、どのテーブルにつくかは決まっていないため、参加者は自由に動き回って食べたり飲んだりする。会話がスムーズに進むように5、6人用のテーブルが選ばれている。

一方で、オックスフォード大学のどのカレッジでも、朝、昼、夜の食事では儀式とテーブルセッティングが重視される。食前の祈りはラテン語で捧げられ、テーブルにはカレッジの銀食器が並べられ、きれいな花も生けられる。このような形式と伝統のおかげか、さまざまな会話が引き出されて人々の記憶に強く残る。訪問者は写真を撮って自国に帰るとその話をする。しかし、カレッジの食事は手短に終わるように考えられている。長く形式的な夕食は、とくに酒をたしなまない人にとってただ長いだけで、会話も途切れがちになり、よい結果は得られない。

南アフリカの投資会社ナインティー・ワンのキム・ハワードが、こんなことを言っている。「弊社では、いつでも食べ物が用意されています。誕生日、楽しみ、喜びが大切にされているのです」。ロンドンに拠点を置くスタートアップ企業インプロバブル・ワールズは、毎日およそ400人の従業員においしいランチを無償で提供する。重役たちは、いつもコンピュータに向かってコードを書いている若い「技術者《テッキー》」に、顧客とつながりのある古株の従業員と交流する機会を与えたいと考えている。このランチがなければ社内が二分され、いずれ危機に見舞われる可能性もあった。だが今では、従業員は多角的なものの見方と、他者の専門性を理解することを学んだ。何と言っても、「会社（company）」と「仲間（companion）」という言葉は、いずれも「食事をともにする人」を意味する、後期ラテン語の「コンパニオ（*companio*）」を語源とする。

サマンサは、かつて南アフリカの大手酒造会社SABミラーに長年にわたって在籍した。

彼女は、同社が成功した理由の1つに、社会的な活動を奨励し、社屋の中心に社員が集まることのできる場所をつくったことを挙げる。昼休みに一緒にランチを食べたり、1日の終わりにお酒を飲んだりする場所が社内にあるような文化が、同社の成功のカギを握っていたというのだ。

2016年に巨大複合企業ABインベブに買収されるまで、SABミラーは15年にわたってFTSEの酒造業種で断然トップの業績を上げていた。社員は、SABミラーが買収されるまで、匿名の企業レビューサイトのグラスドアで、同社を優良企業と評価しつづけた。2015年には、世界でもっとも共感力のある会社と認められてもいる。

ラジオ体操——初の絆づくり実験？

1980年代、日本の大手企業で社員全員が毎朝机のかたわらでラジオ体操をする習慣に、アメリカのビジネス界の専門家が興味を抱いた。実のところ日本人は朝のラジオ体操を1928年から各地で行っていた。毎朝決まった時間に、ラジオから約6分間の音楽が流れ、それに合わせて体操をするのである。なかには退職しても公園の桜の木にスピーカーを取りつけて、同じラジオ番組の音楽に合わせて体操をしつづけた人もいた。[16]

この集団で行うラジオ体操が、日本の労働者や経営者が会社に対して深い忠誠心を抱いた理由の1つだった、と一般に考えられている。そしてその忠誠心があったからこそ、戦後の日本は自動車産業や電機産業で快進撃を遂げたと言われた。日本の成功にあやかるべく、タイや中国などの国々の企業が、日本の朝のラジオ体操を取り入れた。

しかし新たな千年紀に入ると、日本の産業界が経験した一連の経済ショックのせいで、この習慣の価値に疑念が生じた。今度はこの習慣は強力なチーム意識を育むための儀式にすぎず、新世紀が求める独立思考の妨げになるとされた。2020年までには、大半の大企業は恒例になっていた朝のラジオ体操を取り止めた。ただし、退職者の中にはゆったりとした柔軟体操を続ける人もいる。

しかし、企業が朝のラジオ体操を取り止めたのは正しい選択だったのだろうか。個人に光を当てようとしたために、従業員のあいだに生まれたはずの絆や信頼を失ったということはないだろうか。この壮大な社会実験で、企業は未来を正しく予見したか、あるいはパニックに陥って誤った選択をしたのか。その審判が下されるのは今後のことになるのだろう。いずれにしても、みなで一緒に行う活動のプラス面はマイナス面を十分上回りはしないだろうか。

オックスフォード大学のＯＳＬＰでは、授業前の早朝に芝生の上で太極拳をするオプションを提供している。旅の疲れで時差ぼけの実業家たちは、集団の中の孤独を楽しんでいる様子だった。屋外に集まっているが互いに話さなくてもいいし、運動の穏やかなリズムを共有すると気持ちがいい。太極拳は動きこそゆったりしているが、その共有経験によってわずか1週間しか一緒にいられない参加者たちの絆づくりを早めてくれる。

一緒に歌ってダンスする

組織運営の観点からすれば、歌やダンスはやりすぎだという人もいるだろう。しかし、こうした行為は途方もないパワーを秘めている。ダンスは非常に同調性が高い。フリースタイルのダンスでさえ、人の動きは音楽のリズムに合わせられている。つまり、「ドラムのビート」に合わせると（合わせようとすれば）、動きは他の人と自然に同調される。エンドルフィンの分泌とそれに伴う高揚感、幸福感、絆の感覚（１４４〜１４８ページ参照）によって、グループの一部になったような気持ちになれる。ダンスはエンドルフィン系を二重に活性化させる。身体を動かすことによってエンドルフィンが分泌され、踊ることの同調性によってこのホルモンの放出が劇的に増える。互いに初対面でも、これによって疼痛閾値がかなり高くなり、絆の感覚が高まる（ボート漕ぎのような他の身体活動と同じだ［図4-2参照］）。

歌にも同じような同調の効果がある（図4-3参照）。歌の場合には、同調性の効果はハーモニーで得られるようだ。「天使の歌声」と呼ばれる5度のハーモニーについては、アカペラ四部合唱の歌い手ならその効果をよく知っているだろう。[17] 労働歌の一種シーシャンティ（コールアンドレスポンス、つまり掛け合いのスタイル）が英国海軍に根づいたのは、18世紀から19世紀に帆船の重い帆を揚げるとき、息を合わせて歌うと疼痛閾値が上がるため、水兵たちが強い力で長いあいだロープを引っ張ることができたからだった。

アリアン・ド・ロスチャイルド・レガシー・フェローズの依頼で、リスボンのグルベンキアン美術館でリーダーシップ・プログラムを開催したときのことだった。サマンサとトレイシーは、気づくとプログラムの最後にダンスをしていた。プログラムには、じつに才能豊かな人々が大勢駆けつけてくれた。彼らの仕事は、社会の片隅に追いやられた人々を勇気づけて支援することだった。移民や難民、居場所のない宗教グループ、ホームレス、恵まれない子どもたち……。美術館も少々豪華だが人目につかない場を提供してくれた。

最後の学習セッションで、ある参加者がスピーカーを部屋の真ん中に置き、「サタデー・ナイト・フィーバー」を再生した。彼女が、ある教員に向かっていたずらっぽく頷いた。

その教員は、彼女のディスコダンスの「最終筆記試験」がアラバマ州からやって来た10代の学生にしては満点だったよ、と夕食時に軽口をたたいたのだ。

どう考えても普通でないと思えるのだが（午後4時で疲れているし、自分と同じくすでに20歳でもない他の参加者にまぎれて美術館でダンスをしているのだ）、ダンスしないではいられなかった。美術館のカフェで後片付けをしていたシェフまで、まだ青いナイロンのキャップを頭にかぶったままカフェから出てきたかと思うと、さまざまな背景を持つリーダーたちと踊った。私たちを結びつけていたのは、学びを共有した長い1週間が終わったという喜び、解放感、共通のリズムだった。4日間のプログラムが終了し、グループが世界各地に散ってからほぼ3年が経った。だが、通話・メッセージングアプリのワッツアップで結ばれたグループの活動は今も盛況で、メンバーは成功話や近況を共有している。

ある矯正局の法心理学者が、歌が持つパワーについて次のように述べている。「私が胸を熱くしたのは、受刑者が誰からともなく自然に歌いはじめて、みなで合唱したときのことでした。法心理学者になって間もないころ、私のオフィスは大勢の女子受刑者を収容した大規模な棟の真上にありました。ときどき、仕事をしていると女性たちが歌いはじめるのです。全員が参加していて、誰かが刑期を終えたのだとわかりました。この習慣が計画的だったことは一度もなく、何事も始まりと終わりは重要だという本能から自然に生まれたようでした。収容されていた女性たちの大半は、幸運な始まりと終わりに縁がありませんでした。ですから、この習慣は大きな意味を持つのです。私はこの自然に湧き起こる歌声に心底感動しました。胸が熱くなって感情がたかぶるのですから、出所する女性にとってはとても大切な出来事だったでしょう。いつまでも忘れられないポジティブな記憶を残すと思います」。

人の心をとかす効果

この10年ほどで、エンドルフィンの分泌を促進させる歌の性質について実験による研究がなされるようになった。

ある研究は、アマチュアのポップクワイアというロンドンの合唱団に注目した。この合唱団は通常は20人ほどの小さなグループで活動するが、年末には正式な発表会のために200人ほどの大規模なグループになる。実験によると、歌ったあとには脳内のエンドルフィン分泌（疼痛閾値の変化を指数とした）が増え、メンバー相互の絆も強くなるという。興味深いことに、この効果は小規模な合唱団より大規模な合唱団のほうが大きいという（図4-3a参照）。初心者を対象とした別の研究では、趣味のクラスで受動的な練習を1時間したときよりも、人前で1時間歌ったときのほうが初対

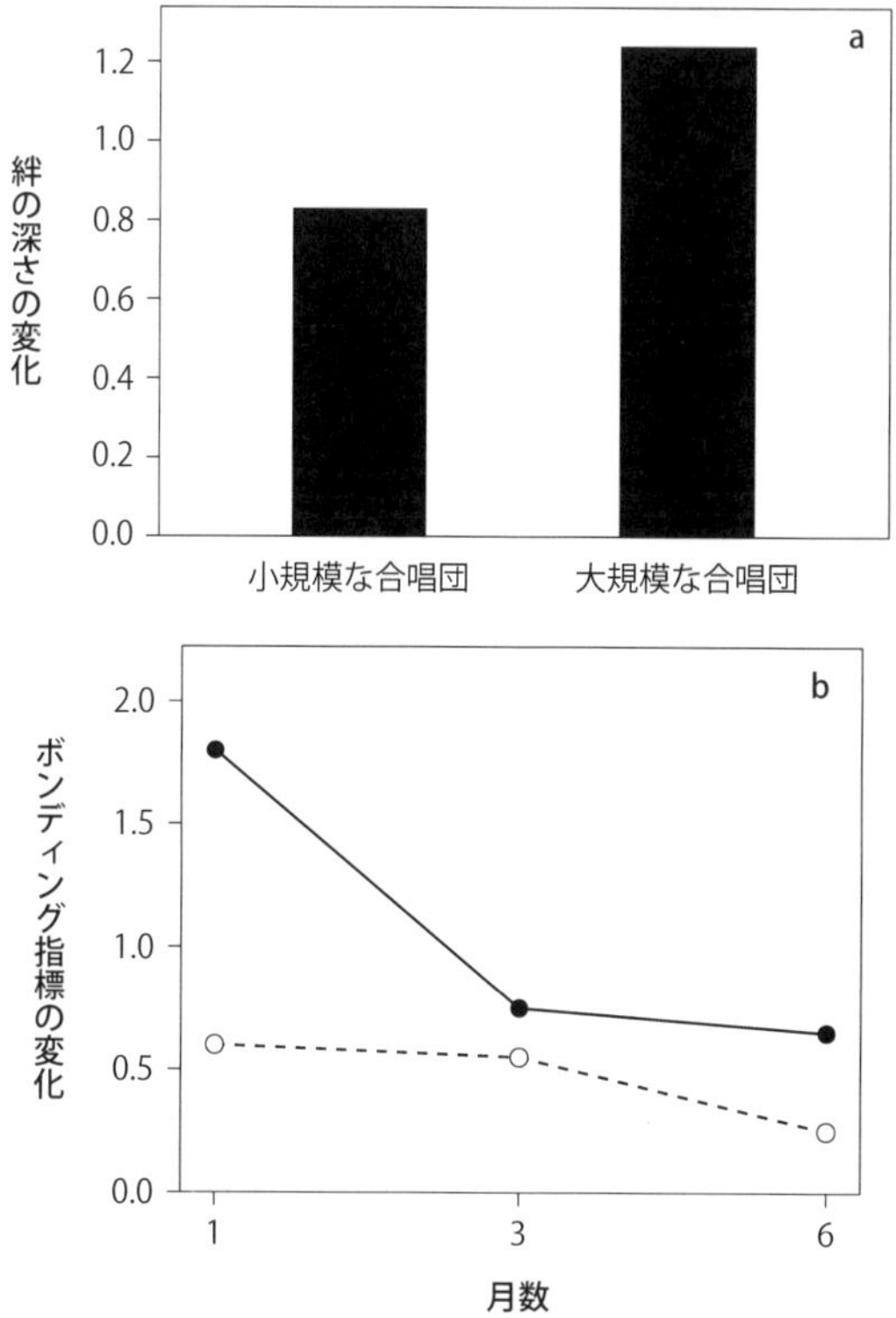

絆づくりのメカニズムとしての合唱

図4-3a：小規模な合唱団（20人のメンバー）と大規模な合唱団（200人のメンバー）が1時間歌ったあとに、絆の深さの評価がどう変化したかを示す。絆の深さは標準的な1から7のスケールで評価した。Weinstein et al. (2016)[18]

b：合唱の初心者クラス（黒丸と実線）と趣味のクラス（白丸と破線）において、グループの他のメンバーに対する絆の深さがどう変化したかを示す。Pearce et al. (2015)[19]

面の仲間との絆をより強く感じることが突き止められた。この効果は7カ月にわたって持続した（図4-3b参照）。

歌うという行為には魔法に近い何かがあり、非常に劇的な効果が認められる。合唱団で定期的に歌う人なら誰でもそう言うだろう。エンドルフィンの影響力は主として歌うための呼吸制御と関連しているようだ。呼気が長いため、身体に通常の会話より負荷がかかるのだ。


現在では、人のアイデンティティと健康《ウェルビーイング》を強化する合唱団の力は、少なくともイギリスでは、ミリタリーワイブズ・クワイア（合唱指揮者のギャレス・マローンと関係がある）、ホームレスのためのクワイア・ウィズ・ノー・ネーム（2008年に慈善活動家のマリー・ベントンによって設立された）、慈善団体テノバスが運営するがん患者のための合唱団、慈善団体ビーティング・タイム[20]（ソプラノ歌手のヘザー・フィリップスによって設立された）が運営する長期服役囚のための合唱団などのおかげで広く認知されている。

組織はこうしたアイデアをすぐには取り入れなかった。だが実際に試みた場合には、驚嘆すべき結果が得られた。たとえばノルウェーでは、2つの病院のスタッフによるサウンド・オブ・ウェルビーイング合唱団の活動によって、患者の健康に改善が見られ、参加した人の仕事に対する責任《コミットメント》と貢献意識が参加しなかった人に比べて高かった[21]。

1990年代の南アフリカで、サマンサは同国初の民主的な選挙によって選ばれたアフリカ民族会議（ANC）を中心とする新政権の下で働いた。そのとき、ある政府部門で合唱団が設立され、仕事効率の改善につながったばかりか、きわめて重大な局面において新旧の職員を結びつけてくれたのだった。

サマンサと同僚たちはある特殊な問題に直面していた。新政権は前政権で働いていた人々を一掃するのではなく、新政権に残りたい人々を継続して採用することを決定した。ただし、ANC出身の新たなスタッフを増員した。それまでの経緯を考えれば当然と言えるが、職員は2つの派閥に分かれた。片方はアフリカーンス語を話す白人の職員が大半で、最近までアパルトヘイト政策を支持してきた人々だった。彼らは、それまで40年にわたって守ってきたシステムを一夜のうちに解体するよう迫られた。もう一方は、それまでの法律やシステムが迫害の対象にしてきた人々だった。日常のやり取りは丁寧で仕事第一ではあった。しかし、やはり無理からぬ痛みと疑念が尾を引いていた。それは南アフリカと新政権にとって熱に浮かされたような時代だった。

そのとき、誰かが合唱団を立ち上げ、地元のコンテストに出場しようと提案した。反アパルトヘイト運動の忠実な支持者だった部門の長は熱心だった。合唱団が産声を上げた。

リハーサルがランチタイムや夕方に行われた。伝統的な歌、ゴスペル、モダンでアップビートなポップソングのレパートリーが準備された。ユニフォームがデザインされて購入された。全員がそれを身に着けて、部門全員を前に歌を披露した。

やがて職員が雪崩を打って合唱団に入り、メンバーの数が膨れ上がっていった。合唱団の活動が生み出す喜びと協力の精神に感動しないではいられなかった。聴衆とのつながりが人々を刺激したのだ。その年、その部門は傑出した成果を讃えられ、インベスターズ・イン・ピープル・ゴールドアワード受賞の栄誉に浴した。

この効果があるのは合唱だけではない。どんな種類の音楽でも、同じようなエンドルフィンの放出と、それに伴って心から湧き起こる喜びを与えてくれる。これまでもっとも記憶に残るコンサートについて話していたとき、指揮者のペーター・ハンケが音楽の持つ力についてこう語った。「音楽はみなで感じられる喜びや、ある瞬間の輝きをつくり出します。それはその瞬間における人々の一体感から得られる、感覚的で澄明な体験です。けっして忘れることはできません」。

世界有数の専門サービス企業であるアーンスト・アンド・ヤング（ＥＹ）のパートナー、デイビッド・ストーリーは、新型コロナウイルス感染症によって彼のチームの士気が下がったとき、チーム全員に共有プレイリストに好きな楽曲を1曲追加し、その楽曲が自分を幸せにする理由を述べた短い文章も添えるよう求めた。「みんなこのプレイリストが大好きで、その後の会議では何かと言うとこれらの楽曲のフレーズを口ずさんでいました。つらい時期に人々をつないでくれたのです」。音楽に当てはまることは、笑いや、感動的な物語を語ること《ストーリーテリング》、ときには宗教的な儀式（もちろん、儀式には歌がある）にも当てはまる。

日常生活の中で絆を深める

エンドルフィンの放出につながる活動は、何であれ人々を結びつけ、人々の最良の部分を引き出してくれる。あなたやあなたの周囲の人々が難しい決断を下さなくてはならないときには、昼食や夕食をともにしたり、ただ散歩に行ったりするだけでもよい結果につながるだろう。互いに歩調を合わせて歩くと、みなのエンドルフィン系が活発になる。このような同調した行動によって、決断をより早く、より友好的に、より深い信頼感を持って下せるはずだ。歩きながら会議をするウォークショップ（walkshop）はワークショップ（workshop）より効果的なのだ。一般に、共同参加の活動はより幸福感に満ち、健康的で、生産性が高い。

ポストコロナの世界では、以前より多くの人が在宅勤務かそれを他の勤務形態と組み合わせたハイブリッドな仕事の仕方をするだろう。リーダーは、どうすればチームが絆を形成して一致団結できるかを検討しなくてはならない。リーダーの決断は従業員の心の健康や、互いと会社に対する忠誠心に大きな影響を与えるからだ。どのような方針が決定されようとも、深い絆に支えられたチームなら安心できるし、生産性が高く、リスクを恐れず、向社会的かつ建設的で、仕事を楽しめる。第2章で見たように、そのようなチームは健康に相違ない。チームが健康で仕事を楽しむなら、生産性は上がる。それは好循環なのだ。

絆づくりにかんするまとめ

- 私たちは共通の活動や経験によって社会的絆を築く。たとえば、一緒に食べたり笑ったり、歌ってダンスをしたり、ストーリーテリングの機会を持ったり、思い出に浸ったりすることの効果は絶大だ。
- そのような行動を身体的な接触と組み合わせると、脳のエンドルフィン系がかかわる進化がもたらした絆づくりのメカニズム（あらゆるサルと類人猿に共通する）が活性化し、高揚感、帰属意識、信頼の感覚をつくり出す。意識の働かないところに原初の絆づくりのメカニズムがあり、このメカニズムが私たちを過去から受け継いだ生物学につなげる。

・こうした活動の有益なホルモン効果を測定することは可能だ。また、体内のコルチゾール濃度が不健康なレベルにあれば、そのようなネガティブなホルモン効果も測定できる。

・行動の同調性（一緒に動く、ビートに合わせて歌う、一緒にダンスし、行進し、ジョギングし、笑う）はエンドルフィンの効果を増幅し、固い絆の形成につながる。

・一緒に歌い、ダンスし、飲食し、そろって観劇するのは家庭生活の一部のように思えるかもしれない。だから、職場でも深い絆を築くことのできるこうした行動の持つ力はつい見逃されてしまう。困難が予想される会議や合同決議のあとではなく、あらかじめ食事をともにすることによって、ポジティブな結果を導き出す環境づくりができる。

・絆づくりには不健全な側面もある。絆づくりは「我ら」と「彼ら」の意識を生み、異分子の排除や内向きの派閥形成につながることがあるのだ。一部の人ではなく大勢の人に利するためには、こうした傾向は注意深く見守り、場合によっては好ましくない絆を断ち切るために介入する必要もある。

第5章

メディアとメッセージ

「私たちは甘く冷たい水とそれを注ぐ水差し」
——ルーミー[1]

情報はどのように伝えるべきか

コミュニケーションは組織に不可欠だが、その重要性と落とし穴はややもすると忘れられがちだ。どちらかと言えば、私たちはパワーポイントのプレゼンテーションや、図表、フォントの大きさ、数値の正確性などに注意を奪われる。人が実際にどのように意思を伝え合っているか、メッセージを伝える言葉の機微にどのように対応しているかについては、正確に理解していない。

情報は組織の階層構造に沿ってトップからボトムへ、あるいは中心から外縁へ「伝えられる」ので、事態はさらに混迷を深める。問題は、人はたいてい聞くより話すことに長けていて、地位が上がるにつれてその傾向に拍車がかかることにある。職場では、コミュニケーションはもっぱら聞くことより話すことに向けられているのだ。

だが、言語は私たちの社会生活になくてはならないツールであり、私たちを結びつける強力な力を持っている。歴史家のセオドア・ゼルディンは、自分の物語を人に話したり、他人の物語に耳を傾けたりする機会を誰かに与える以上のことを実現したいと考えている。

第4章で紹介した、彼が考案した「ミューズ・メニュー」についてゼルディンはこう語る。「心どうしが巡り合うように考えられています。そうすることで情報はただ交換されるのではなく、変形されて新たな意味合いが引き出されるのです。カードを切り直すのではなく、新たなカードを生み出したいのです」。

グループのレベルでは、言語が「友情の7本柱」の形成に重要な役割を果たす。私たちはコミュニティのメンバーを、言葉や軽口、特定の単語の発音によって認識する。誰かの話す方言が自分の話す方言と同じだとわかれば、それが手がかりとなってほぼ瞬時に同じトライブ（国や地域）のメンバーであるとわかるのだ。

どんなレベルであれ、変化を起こすにはメッセージを正しく伝えることが前提となる。ときには、媒体によって雑音が入ったり、注意力が削がれたりするかもしれない。だから、内容だけでなく伝える手段をも慎重に検討すべきなのだ。

２０２１年のクリスマス直前、オンライン住宅ローン融資会社のベターコム（皮肉な社名だ）の最高経営責任者（ＣＥＯ）が、ズームの短い電話連絡で９００人の従業員を解雇した。[2] 解雇を伝えるのに不適切な媒体であるのは明らかだ。この電話で解雇されなかった社員にも、心理的な悪影響を少なからず与えたことだろう。こうした落とし穴を避け、適切な言葉とその伝え方を選ぶことが、組織を率いる人が成功するための秘訣と言えよう。

本章では、情報のよりよい伝え方を理解すれば、職場などで固い社会的絆を形成することができて、真意が誤って伝わる事態も避けられることを示していこう。意図が誤って伝わると、不安や不和、争いが生じるなど、思わぬ結果をもたらす。伝えたい内容そのものではなく、それをどう伝えるかが与える影響に気づかないでいると、集団として機能する私たちの能力は大きく損なわれる。職場でも、その他の場所でも。

言葉の曖昧さ

まず、言葉から始めよう。言葉はもともと曖昧なコミュニケーションツールだが、英語が曖昧であるのはよく知られるところだ。英語の語彙数は膨大である。同じことを意味する単語がいくつかあることも珍しくない（別の言語からの借用語があるため）。したがって、どの単語を使うかによって意味に細かなニュアンスの違いを持たせることができる。

たとえば、何かが「非常にいい（very good）」と言いたいとき、greatやwonderful（good同様、どちらも古ドイツ語からアングロ・サクソン語を経て伝わった）、brilliant、excellent、admirable（いずれも古フランス語から）、superb（ラテン語から）、またpukka（「うまく料理された」を意味するヒンディー語）まで使える。もっとも混乱するのが同じ意味のnot at all badだ。寝るときには、pyjamas（ヒンディー語）、nightwear（古英語の2単語をつなげたもの）、sleepers（語根は古ドイツ語）、またはnegligee（フランス語から）を着る。

guaranteeとwarrantyは意味が少しだけ異なる（前者は握手の隠喩を元にした「約束」で、後者は「書面による保証」だ）。だが実は、これら2つの言葉は、1000年前にウィリアム征服王と配下のノルマン騎士（フランス北部）と南フランスの傭兵によって、イングランドに別々にもたらされた、同じ単語の北部および南部フランスの発音なのである。

これとは逆に、同じ単語が異なる文脈では異なる意味を持つ場合がある。たとえば、ビジネスの世界では、アメリカ英語の動詞tableが「延期する」を意味する一方で、イギリス英語では「審議する」を意味する。一般に、個々の単語は時を経て新たな意味を獲得したり、文脈に応じて意味の強弱に違いが生じたりする。ニンジンも人もlove（「好き」、「愛する」）の対象となるが、その意味は同じではない。カジュアルな言葉、とくにスラングは、本来とはかけ離れた意味になることがある。意味が逆になったり、新たな文脈で隠喩が意味することが広がったりするからだ。

awfulはもともとfull of aweあるいはwonder（「畏怖の念でいっぱい」あるいは「驚嘆」）を意味したが、現在では正反対の意味を持つ（very bad、すなわち「最悪」）。英語のnot bad（「悪くない」）は実際にはvery good（「とても良い」）を意味するので、他言語を母語とする人たちにはとても紛らわしい。こうした変化は世代ごとに起きる。だから、同じ言語を話すコミュニティの中でも、自分より年下か年上の世代が、ある単語を自分と同じ意味で使っていると考えてはいけない。

英語はとりわけ他言語からの借用語が多いが、どの言語もこうした柔軟性をある程度示す。それは多くの単語が隠喩によって意味を伝えるからだ。私たちは日々こうした微妙なニュアンスを使い分けているが、そのことを意識していないこともしばしばだ。曖昧さは私たちのコミュニケーションシステムの自然な一部だからだ。いや、わざと言葉の意味を曖昧にして誰かに真実を知られないようにしたり、親切心から明言を避けたりすることすらある。このことから、早口の会話では言葉の細かなニュアンスが失われてしまうことも多々ある。話し言葉の機微にかかわる問題は、書き言葉との違いを見れば歴然としている。電子メールを書くときに日常会話の抑揚や語調を再現することはとても難しい。誤解につながることもままある。

言葉は物について伝えるには十分だが、人の心理や意図を伝えるには驚くほど精度が低い。聞き手は話し手の真意を探るのに相当な努力を強いられる。したがって、話し手は自分の発言の趣旨を理解してもらえたかどうかをつねに確認し、必要なら同じ内容を別の表現で言ってみよう。つまり、会話とは双方向のプロセスであって、誤った解釈は起きるべくして起きると了解し、話し手と聞き手の双方が力を合わせて曖昧さと不確実性の地雷原をうまく通り抜ける必要があるのだ。

言葉以外のものが伝えること

給湯室でのちょっとした会話は、同僚が遠い太平洋上の島で休暇を過ごしたとか、経営陣がさきごろ要求した煩雑な手続きによって混乱が起きたとかいうものかもしれない。だが、すぐにはそれとわからない言外の含みがある可能性もある。それに、その同僚がどのような人物か、どんな考えの持ち主か、どれほど正直で信頼の置ける人物かについて手がかりがない場合もある。

この地雷原を無事に通り抜けるため、私たちは主として話し手の言語以外の手がかりに頼る。強調したり、皮肉や嘲りを込めたり、疑問や不満を示したりするために声の抑揚を変える。また、顔、両手、ときには全身を使って、言いたいことを強調する。

サマンサやトレイシーの仕事では、企業の取締役たちのボディランゲージや役員会議で観察される社会力学を分析して、チームがより効果的に動けるようにサポートする。発言の音量を下げて話し手の表情や身ぶりに注意を向ければ、本当は何について話されているのか、権力を持つ人がどこに座っているのかが手に取るようにわかることがある。

権力について言えば、テーブルの上座に座っている人がリーダーだ。長方形のテーブルは誰がトップかを示すようにデザインされている。私たちの経験によれば、テーブルの上座付近に誰がどの順番で座っているかによって、真の権力が誰の手にあるかがわかる。ちょっとした合図でも権力の序列を教えてくれるものだ。

誰がリーダーの右側に座っている（右腕）か、誰がいちばんリーダーから離れて座っているか。誰が会話の内容を逐一メモしているか、誰がメモを取っていないか。これらのことは会議のメンバーについて何を教えてくれるだろうか。誰が軽食を勧めているか、誰が勧められているか。どれほどの空間を、誰が占有しているのか。早い段階で周囲の注目を集める発言をするのは誰か。発言するときに、誰が身を乗り出すか、あるいはふんぞり返るか。誰が他の人の議論を踏まえて発言し、誰が断定的な口調で話すか。自分たちの仕事についてどのような発言をするか。集団（私たち）として話すか、あるいは個人（私）として話すか。

意見交換のときには、権力が役員室のテーブル周りを飛び交い、そこにいる全員のジェスチャーや細かな動きに見て取れる。真剣に注意を払っていれば、手がかりを見逃すことはないだろう。だが、そういった才能は誰にでもあるわけではなく、たいていの人はそのような手がかりに気づくことすらない。

一度に何人の心を推測できるか

言語を駆使する能力や人の真意を見抜く能力の根底にあるのは、メンタライジングあるいは読心術として知られる心理的な能力である。ひとことで言えば、それは言語学において人の意図を表す用語として知られる動詞群を使いこなし、理解する能力だ。たとえば、「like（好む）」「intend（意図する）」「believe（信じる）」「suppose（推測する）」「imagine（想像する）」「wonder（疑問に思う）」「think（考える）」「want（望む）」「expect（期待する）」など。これらの動詞はいずれも、自分の内的思考あるいは心的状態について内省する能力を示す。

他人についてこれらの動詞を使うとき、たとえば、「あなたが……と信じているだろうかと私は思う」と言うとき、その人は「心の理論」という用語で知られる能力を持つと考えられている。「心の理論」とは、ある特定の瞬間に誰が何を考えているかを推測する私たちの心の機能のことである。この高度なメタ認知能力——思考について考える能力——は、ヒトを他の動物と隔てる能力の1つだ。

自分の心の中身について考える能力は、1次の志向意識水準として知られる。別の人の

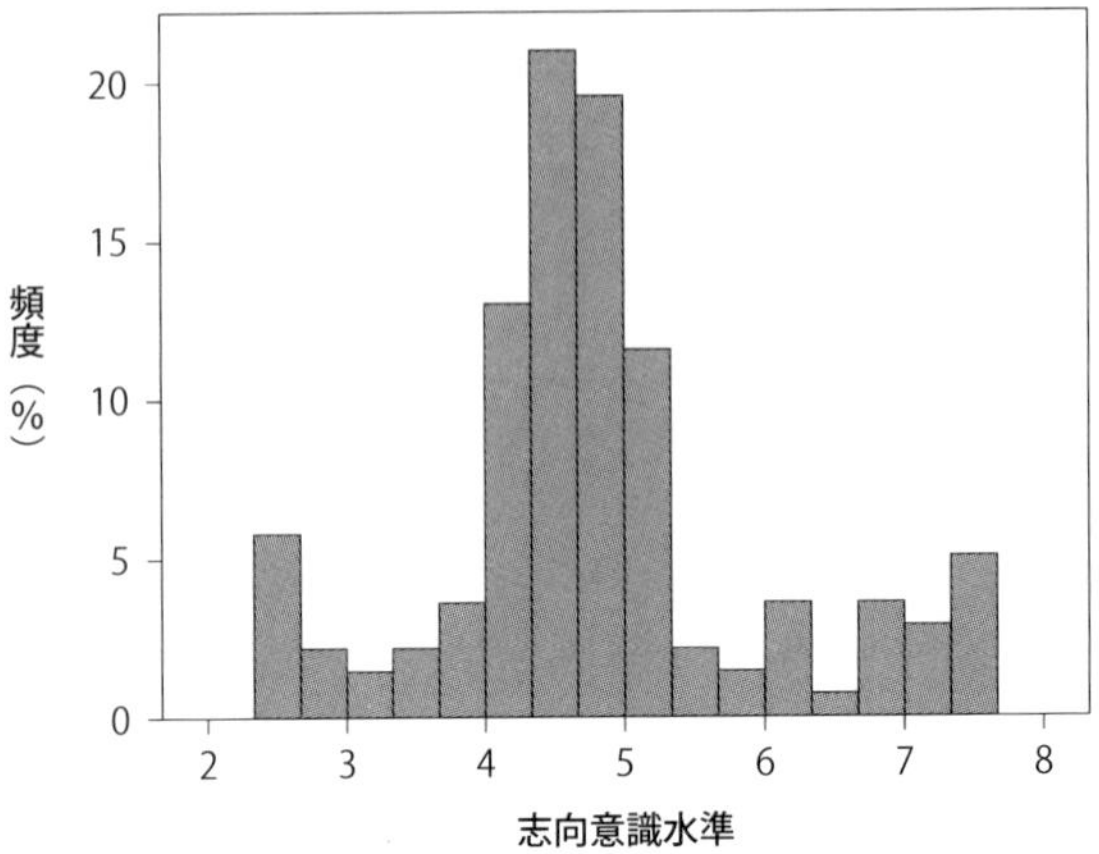

心を読む能力

図5-1　ある時点で何人の心的状態を理解できるかは人によって異なる。このグラフに示した数値は、メンタライジング能力の上限が2次から8次の志向意識水準に収まる成人の割合を％で示す。おおかたの人は5次の志向意識水準（自分自身の心的状態と他の4人の心的状態）を十分に把握できる。なかには、2次か3次の志向意識水準しか持たない人もいる。同様に、約20％の人は5次を超える志向意識水準を持つ。Lewis et al.（2011, 2017）[4]

心の中身について考える能力は、2次の志向意識水準（あるいは正式な心の理論）である。3人目の人が何を考えているかをあなたが正しく理解したならば、それは3次の志向意識水準となる。

成人では、次数の典型的な上限は5次である（図5－1参照）[3]。私たちは同時に5つの心まで（もちろん自分の心を含む）処理できる。つまり、マーサが何かをするつもりであるとラジェンドラが考えているとカディシャが推測しているとピーターが望んでいると私たちは信じているのだ（5つの心的状態を傍点で示した）。

言葉や行動の裏にある意図を汲み

取るこの能力は信頼の源泉である（あなたが何かをするつもりだと言うとき、私はあなたが本当のことを言っていると理解する——この文章自体が3次の志向意識水準だ）。あまりに簡単な言明でありながら、それはすでに私たちのメンタライジング能力の半分以上を要求している。

私たちは成人するまでにメンタライジングに慣れてしまい、それを特別なものとは考えない。ところが、同時に対処できる相手の数は人によって大きく異なる（図5-1参照）。おおかたの成人は、3次の志向意識水準（自分以外の2人まで対処できる）と6次の志向意識水準（自分以外の5人まで対処できる）のあいだに収まる。

能力の違いは、会話の場面で何人に対応できるか、何人の親友を持つか、どれほど複雑な文章を使うか（少なくとも、1つの文章にいくつの節を組み入れ、意味の通る文章にできるかが指標になる）、小説の醍醐味をどれだけ味わえるか、どのくらい複雑なジョークを楽しめるかに直接の影響を及ぼす。

メンタライジング能力は、複雑な議論を理解し、込み入った設計プロセスや管理構造、セールス文句、その他の日常的な事柄について考える能力にも影響するだろう。人前で話すとき、人は聴衆のメンタライジング能力が自分と同等であると考え、一部の聴衆を混乱に陥れることがままある。メッセージあるいはその伝え方があまりにニュアンスに富んでいたり、難解であったり、複雑であったり、あるいは逆にあまりに簡単すぎたりすると、信頼を築くことはできない。

グループにおけるメンタライジング能力とその限界

非常に深い絆を持つグループでは、各自のメンタライジング能力が高まるため、言葉に頼るまでもないことがある。整形外科の教授であるジャスティン・コブは、理想的な手術室では麻酔医は尋ねるまでもなく外科医の意図がわかると言う。看護師も外科医が求めるまでもなく必要な器具を渡せる。手術の途中で確認のために一瞬でも遅れが生じると、生死にかかわる深刻な結果を招く。それはサッカーやラグビーのノールックパスのようなものだ。選手はパスを出す相手を見るまでもなく相手がどこにいるかを予測することができる。相手が自分の意図を理解できることを知っているからだ。

どういう行動が求められているかを本能的に理解するには、一緒に練習するだけでなく、一緒に学び合うことが大切だ。つまり、先に述べたようなとっさの判断を下す社会的および技術的能力を養う必要がある。コブによれば、仮想現実（ＶＲ）を使用すれば、医師と手術室看護師は学習を速められるという。ＶＲを使った訓練を合同で４セッション行えば、別々に訓練した場合より間違いが減って学習速度が上昇するのだ。

　もちろん、ここで示したのは、高度な訓練を積んだ専門職の例ではあるが、私たちはこうした事例にならった訓練によって、驚くほど良好な結果を出すことができる。ただしその場合にも、関係する人数を絞ることが前提になる。人数が増えると、メンタライジングは疲労を招き、ついには不可能になる。

　ブルー・ベア・システムズ・リサーチのCEOヨゲ・パテルは、防衛、航空宇宙、民間市場におけるイノベーターである。自身の会社を立ち上げたとき、家族のような会社にしたいと心に決めていた。しかし、社員が11人になったあたりで、これほど多くの人についてメンタライジングするのはとても疲れることに気づいた。すでに自分の能力の限界を超えている。とうとう、会社をさらに成長させたいのであれば、もう1つのリーダー層を設けるなど、新しいシステムを導入する必要があると考えるようになった。彼女のメンタライジング能力はやはり限界に達していたのだ。

　このようなメンタライジングの問題は、必然的に大規模で複雑なグループにおいて顕著になる。チームのメンバーとの関係を処理する能力は、当然あなたのメンタライジング能力に依存する。メンタライジング能力が発達していればいるほど、大勢の人と仕事上の関係を維持することができる。

しかし、グループ内の他のメンバーのメンタライジング能力も考慮しなくてはならない。多くの場合、女性はこの側面において男性より優れている。[5] 反面、男女いずれかの性別のみで見ると、ナルシシストはとりわけこの能力が低い。また、数学の才のある人は、そうでない人に比べて総じてこの能力が低い。人によってメンタライジング能力が異なると、どうしても問題が起きる。だから、つい同じような傾向の人を同じグループにしたいと考える。そのほうがメンバーどうしの相性がいいだろうし、相互の意図や考えを自然に理解しやすいはずだからだ。この考えは間違いなく有益に思われる。ところが、そこには生産性を下げる安易な集団思考をしがちな環境をつくってしまうリスクが潜む。

文化の違いもメンタライジングにとって問題となる。相手が顔に笑みを浮かべているからと言って、その人があなたの発言に満足しているとは限らないのだ。また、あなたがどれほどそれを望んでいようとも、あなたの話にうなずいている人がかならずあなたに賛同しているわけでもない。

相手の話がニュアンスに富み解釈を必要とするような場合には、効果的なメンタライジングが不可欠だ。昨今のグローバルな環境では、ビジネスがより複雑化し、多様な利害関係者《ステークホルダー》と互いに競合するコンセプトに対処しなくてはならない。そんな環境では、リーダーのメンタライジング能力が大きくものを言う。測定や評価の対象にあまりならないメンタライジングだが、組織の未来を背負ったリーダーや経営者には必須の能力であると言えよう。

会話の自然史

自然な会話の時間の3分の2は人間関係にかんする話題に費やされる。これはイギリスの英語の話者でも、イランのペルシア語の話者でも同じだ。[6] 他の話題に比べて、私たちは圧倒的に人にかんして話す傾向にある。人が何をするか、どう振る舞うかについて話したがるのだ。技術や政治について話すのは精神的な負荷が大きいためか、これらの話題について話す時間は限られている。

唯一の例外は、男性（男性に限られる）はその場に女性がいると、突如として仕事や技術にかんする話題に異様なほど関心を示すことだ。異性に対して自分の知識をひけらかしたいのが理由のようだ（女性を会話から締め出したいわけではない[7]）。それはそれとして、私たちの関心事が社会関係にあるということは、技術にかんして話すのは時間の長短にかかわらず気が重いのだろう。

会話にかんするもう1つの問題は、参加者の数に非常に厳しい上限があって、その上限が4人ということである（図5-2参照）。会話に別の人が参加すると、元のグ

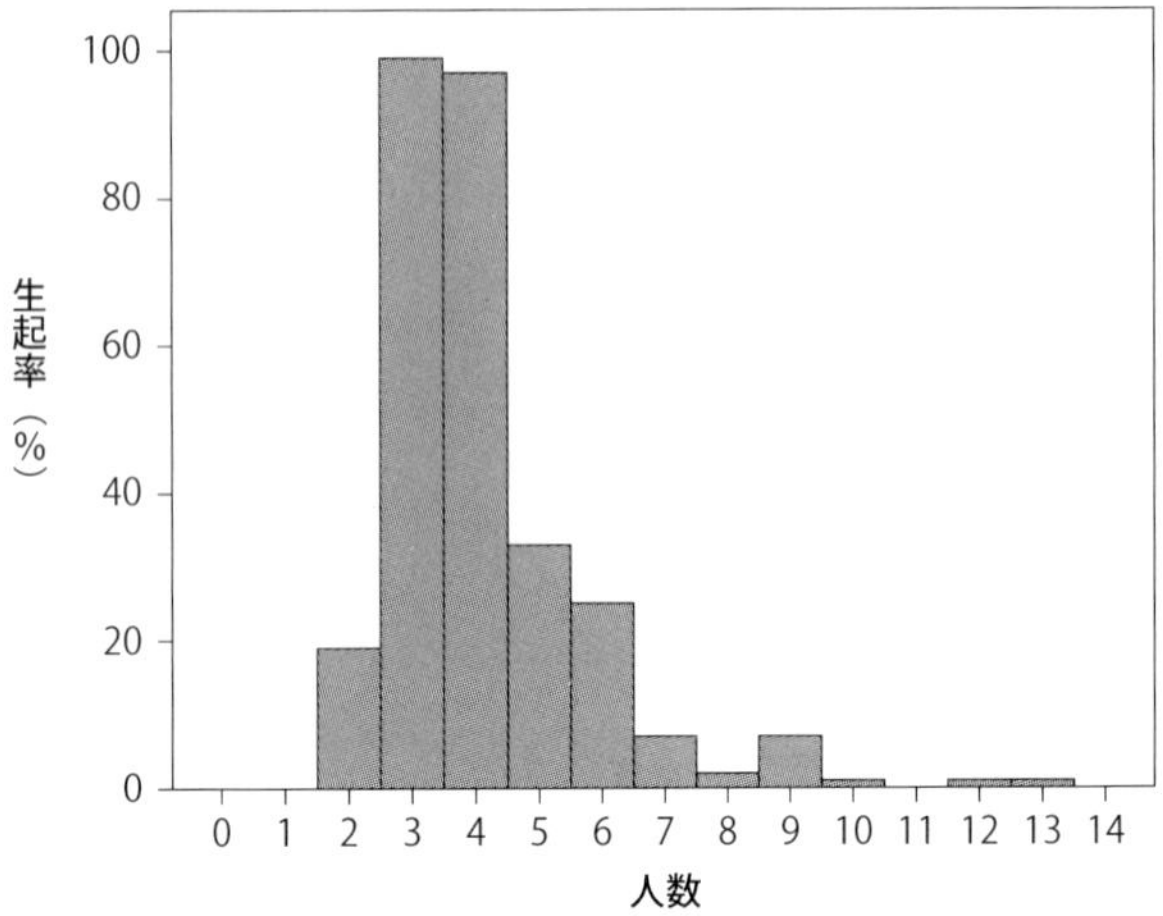

会話の自然な限界

図5-2　イギリスのサンプルにもとづいた、自然な会話グループのサイズ。Dunbar et al. (2017)[8]

ループがすぐに分裂してしまう。分裂は新たに誰かが参加した1分以内に起きることが多い。会話している人数が増えても分裂が起きないのは、会話が説教になったときだ。だが、これが起きるのはそこに強引な人物がいて、残りの人はその人物の発言に口をつぐんで耳を傾ける場合のみである。

会話が4人に限られる理由はいくつかある。まず、私たちのメンタライジング能力には限りがある。自分以外の4人を超える人の心理状態を同時に把握することができないのだ（図5-1参照）。この上限が、ダンバー・グラフの内側の同心円の5人よりわずかながら少ないことに注目していただきたい（図2-3参照）。そうなるのは、会話を維持するのは友人を持つより難しいからだ。会話は「現在進行中」の出来事である。５人の親友に同時に対処する状況はまれで、通常の状況では認知力にまだ余裕がある。もう1人増えても対処できるのだ。

２番目の理由は、会話に参加する人数が増えるにつれて、1人に与えられる発言時間が急速に減少することである。ずっと発言の機会がないと、参加者はいずれこの会話グループへの関心を失い、もっと頻繁に発言できる小規模な会話グループを探しはじめる。

３番目の理由は、他人のすぐそばに座ったり立っていたりするのはあまり心理的に快適ではないため、昨今急速に認知されたソーシャルディスタンスを互いのあいだに取ろうとすることだ。じつは、この行動パターンは新型コロナウイルス感染症が流行するずっと前から存在する。会話に４人を超える人が参加すると、各人の発言が聞こえにくくなるからだ。

互いのあいだに距離を取るのは、とくに女性にとって問題になる。女性の声はあまり遠くに届かないので、会話グループが大きくなると聞き取りづらくなるからだ。この理由から、女性は男性に比べて早い時点で会話から脱落し、会話に参加するというよりそばに控えて耳を傾けるだけの人になる。[9]
この傾向は、パーティー会場や、音響的にエコーがかかりやすい部屋など、背後に雑音がある場合に強くなる。そのような状況では、人は自然に互いに歩み寄って声を張り上げる。だが、そんな会話ではすぐに疲れてしまう。しばらくすると、聞くだけの人は懸命に笑みを顔に浮かべてうなずき返し、間違った反応になっていないようにと願う。発言している人が何を言っているのか聞き取れないからだ。やがて、会話に参加していた人は次々に消えて2人だけが残る。

会話に参加できる人数の上限

会話の流れが乱れないようにするには、参加者は効果的に機能しなくてはならない。当然、参加できる人数には上限がある（図5-2参照）。数人が同時に発言しようとすると、混乱が生じる。1人を超える話し手に同時に集中するのは難しい上に、別々の発言の流れが互いを妨げるからだ。

大規模な委員会が議長を必要とするのはこのためである。議長は、すべての人が発言の機会を与えられるように秩序を保つ役割を果たす。議長がいなければ、会議は速やかにいくつかの会話グループに分裂する。次の会議で何が起きるかを観察してみるといい。かならず背後の雑音レベルが増加する結果になる。すべての人が同時に発言しようと試みているからだ。

大規模な委員会が機能するのは、いちどきに話すことが許されるのはかならず1人の委員で、残りは全員黙ってその人の発言に耳を傾けるという規則に委員たちがしたがう場合のみだ。その場合には、聞き手がその場を1人の話し手に明け渡し、会話は説教に変わる。

この点について興味深いのは、会話に参加できる人数はメンタライジング能力の限界によって上限が定まると、シェイクスピアが本能的に理解していたことである。彼の戯曲では、1つの場面で4人を超える人物の台詞があることがない（登場人物たちが、その場にいない人物について話しているときには3人）（200～201ページ参照[10]）。シェイクスピアは、観客のメンタライジング能力を本能的に悟っていたらしいのだ。人が同時に把握できるのは最大で5人の心理状態であり、その人自身の心理状態も考慮しなくてはならないので、舞台上の登場人物の数が観客の認知力に負担をかけないようにしたかったと思われる。これは紛れもなく心理学の上級セミナー並みの知識である。

委員会や会議で交わされる会話はさらに別の問題にも直面する。グループが大きくなればなるほど、合意に至るのが難しくなるのだ。異なる意見が多すぎて、すべての人が発言するのにそれ相応の時間がかかるためである。小規模な委員会はよい決定を早く下せるようだ（図2-6参照）。大規模な委員会はつねにハンコを押すだけの機関になる恐れがある。いちばん声が大きく、もっとも押しの利く人の意見が通るのだ。

シェイクスピアの『ハムレット』におけるメンタライジング

『ハムレット』の冒頭で、3人の若者がハムレット王子の父親の恐ろしい亡霊を見てうろたえる。どうすべきか決めるには、互いの頭の中に入り込まねばならない。それは相手が常日頃どのように考えて行動しているかを知り、果たすべき役割を理解し、亡霊の考えさえも探る行為だ（「亡霊は話しかけてもらいたいようだぞ」）。

バーナードーは他の3人が何を考えているか推測する――「先王にそっくりだな?」。その場にいる者がみな先王の姿を知っていることを心得ているのだ。人を呼ぶ暇もなければ、頭を寄せて相談する暇もない。リーダーもまとめ役もいないのだから、どうにかみなで切り抜けるしかない。

そのようなメンタライジング、つまり他者の脳内に入り込む行為は、高い計算能力を要する。しかも、観客がもう1つの志向意識水準となる。これらの理由から、シェイクスピアは4人を超える人物が一度も舞台上で会話をしないように工夫した（次の場面では、亡霊が4番目の登場人物である）。

亡霊、登場。

マーセラス　しっ！　口をつぐめ。見ろ！　また姿を現したぞ！

バーナードー　亡くなった先王に生き写しではないか。

マーセラス　お前は何かと物知りだ。話しかけてみろ。ホレイショー。

バーナードー　先王にそっくりだな？　見てみろ、ホレイショー。

ホレイショー　そうだな、怖くて生きた心地もしない。

バーナードー　亡霊は話しかけてもらいたいようだぞ。

マーセラス　聞いてみろ、ホレイショー。

シェイクスピアは、観客の認知力に負荷をかけすぎないようにとくに気を配った。登場人物がそこにいない人の心理について話すときは、会話の人数を3人に絞った。[11]そうすれば、観客はかならずメンタライジングが可能な5人に含まれることになる。

大規模なグループは、適切な管理さえ怠らなければ効果的な意見交換の場となりうる。だが、創造的な議論や討論の場になることはまれだ。実際の議論が会議室の外でなされることが多いのはこのためである。優れた議長は広く意見を聞き、委員会が始まる前にすでに「総意」をまとめ上げているとよく言われる。意思決定の過程がこのように分散化されている場合には、グループの規模が大きくなると、事を非常に慎重に進めない限り、ガバナンス、透明性、説明責任にかかわる問題が出てくる。したがって、会議を招集し、秩序を維持し、討論を円滑に進行させることがきわめて重要になる。委員会の適切な規模を決定することもまた重要である。だが、こうした側面はリーダーシップの能力としてとかく過小評価されがちだ。

私たちは話を聞くのが苦手

すべての参加者が等しく発言するためのプラットフォームを提供しようとすると、グループの規模が問題になりかねない。参加者の聞く能力にとっても重大な問題となる。人は聞くことが得意ではない。話を聞く脳は口より早く機能するので、私たちは誰かがその意見を述べ終える前に気が散ってしまう。

たとえば、パワーポイントを使ってプレゼンテーションをしている人の背後に見えるスライドを、その人が話し終える前に読んでしまったときのことを考えてみよう。話し手が自分に追いつくまでに、あなたは別のことを考えはじめるかもしれない。プレゼンテーションに応えて発言するつもりなら、相手の話を聞くのを止めて発言内容を頭の中で組み立てるだろう。会話が速く進んでいないと感じたなら、そこで口を出して話を先に進めるかもしれない。

こうした反応はいずれも会話を台無しにしてしまう。それは話し手にとって不愉快であり、会話の自然な「流れ」を妨げる。異論もあろうが、在宅勤務によってこの傾向は悪化した。2021年末に『エコノミスト』誌に寄稿した記事で、同誌の副編集長サーシャ・ノータは「すべての人の声が等しく尊重されるズーム民主主義《ズーモクラシー》到来の気配はまったく見えてこない」と嘆いている。[12]

男女で異なる会話のスタイル

問題を複雑にする要因に、男性と女性で一般に会話のスタイルが大きく異なることがある。ここで問題になるのは専門的な能力や管理能力ではなく、社会的なスタイルだ。このパターンを30年以上も前にはじめて指摘したのは社会言語学者だった。[13] 女性は、肯定的な「相づち」(「そうね」「その通りよ」「うわっ、すごい!」「本当?」「面白いわね!」)を打つことが多い。また、発言を締めくくるにあたって、自分の結論を聴衆に復唱させる(コーラスさせる)ことも少なくない。

男性は概してこのような行動は取らない。女性の相づちをうっとうしく感じるし無作法に思うことさえある(男性が同じことをしても)。つまり、女性の発言はより肯定的で相手に寄り添おうとしている。一方で、男性の発言は女性にはやや攻撃的に聞こえる場合もある。ただ、男性自身は自分の発言が悪気のないひやかし程度だと考えている。

この男女の違いは会話の流れを乱す。男女が入り混じった集団では、男女の一方が会話のスタイルにこだわり、議論の内容を無視すると、会話はどちらにとっても思うように進行しない。参加者の多い会話では、女性はその集団を抜け出して、他の女性集団のより快適な会話に合流してしまう。2人などの小規模な集団では、女性が相手の男性の会話スタイルに合わせることが多い。[14] 女性のほうがメンタライジング能力に優れているからだが、[15] 男女それぞれにとって自らの会話のスタイルを変えるのは容易ではない。

こうした会話における男女のスタイルの違いは、友情の力学に見られる著しい性差に起因する(205~208ページ参照)。人生における多くの事柄と同様、これらの違いには費用と便益がつきものだ。だから、男女がそれぞれに利点を得るには、性差を理解することが肝要になる。性差を無視するならば、いずれ厄介な問題に見舞われるリスクを負うことになるだろう。

男女で社交スタイルは異なる

話し方はさておき、両性間には社会生活の構造と力学において大きな違いがある。第3章で見たように、社会的ネットワークは男女に分かれることが多い。私たちの友人や好きな家族はたいてい本人と同じ性だ。女性は、総じてネットワークの5人の層と15人の層に男性より多くの友人を持つ（高いメンタライジング能力と社交技能に起因する）[16]。

重要なのは、女性には恋愛関係にあるパートナーに加えて、「永遠の親友」（通常は女性）がかならずいることだ。ところが、男性にはそのどちらかがいても、両方がいることはまずない[17]。いずれにしても、親友との友情の性質は両性で大きく異なる。女性どうしの緊密な友情はきわめて友愛的で、親密さと信頼を互いに寄せ合い、男性どうしの友情にはほぼ見られない身体的な親密さがある。

この違いは、一般に女性どうしの友情がより個人的で互いの資質にもとづく一方で、

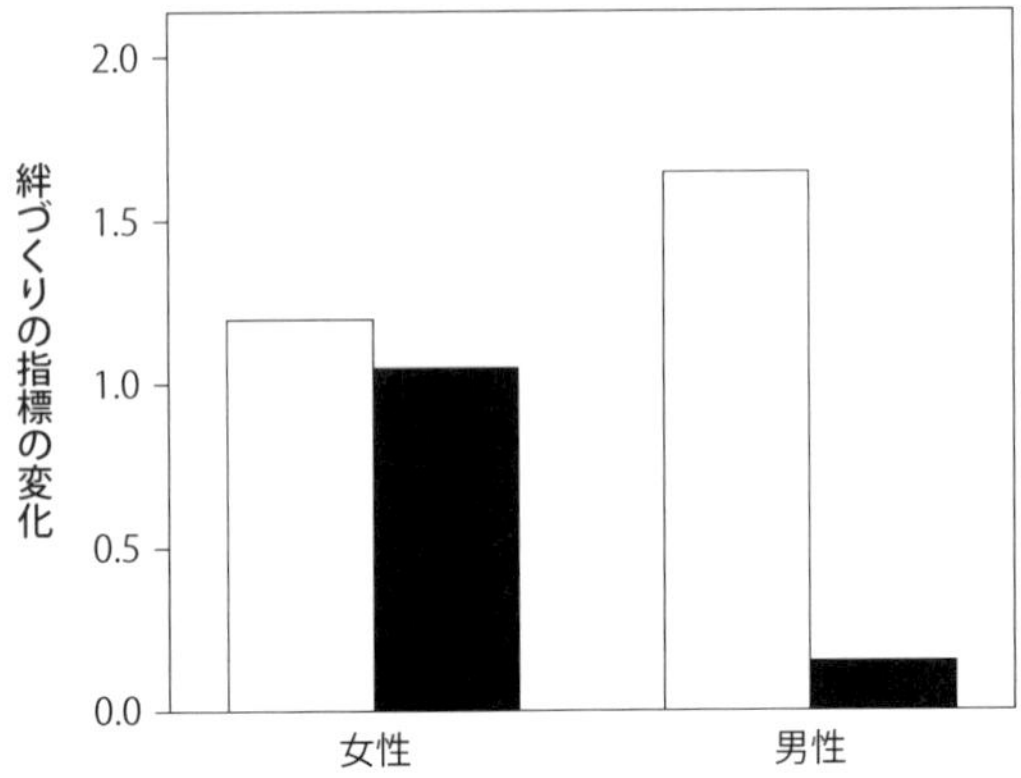

私たちはどのようにして友情を維持するのか

図5-3　友情の感情的な質を長く維持したいとき、活動による交流に頼るか（白い棒）、会話による交流に頼るか（黒い棒）は男女で異なる。女性どうしの関係において会話が重要であるのに対して、男性では活動がより重要な位置を占める。Roberts & Dunbar (2015)[20]

男性どうしの友情はさほど堅苦しくなく同じクラブの仲間のようになる（個人の資質よりクラブのメンバーどうしであることに重きが置かれる）[18]ことによる。この性差が、友情の維持あるいは消滅に反映されるのだ。

女性どうしの友情は主として会話によって成り立っている。これに対して、男性の場合は活動がおもな共通の関心事で、会話は互いの絆の強化にほんのわずかしか寄与しない（冗談を飛ばす言い訳ほどにしかならない）（図5-3参照）[19]。女性どうしの友情が男性のそれより感情的であるのはこのためと思われる。その結果、女性どうしの友情は男性の場合より破綻する可能性が高い。一方で男性どうしの友情は、たとえ緊密なものであっても、接触の機会がなくなると自然消滅しがちだ。[21]男性は直接会えなくなったら友情を維持しようと努力しないが、女性は電話やソーシャルメディアで接触を試みる。

こうした性差は、社会的認知の構成の仕方が、男女で異なることを反映するようだ。女性の場合は、3つの主要な構成部分（社会的関係の広範囲にわたる構成、恋愛関係、そしてこれらの関係を処理する認知過程）が密接に統合されているが、男性の場合はこれらが独立して作用する。おかげで女性は、関係の短期的または長期的結果について、広い社会的ネットワークによってバランスを取ることに長けているが（行動する前に考える）、男性は衝動的に行動しやすい（行動してから考える）。[22]

重要なのは、どちらかのスタイルが他方のスタイルに勝るとか劣るとかいう話ではない点だ。どちらも、人間関係のネットワークを構築するという、同じ社会的な目的を達成するための異なる方法というだけのことである。

より重要なのは、これらの違いが多くの人が思うよりずっと根深い点にある。同様の違いがサルや類人猿にも見られるのだ。ヒトでは、性差は初期の社会的な条件づけに帰せられることが多い。だが実際には、初期の社会的な条件づけはこれらの性差を決定するというより、もともとあった性差を強化するのみである。男女のどちらかに他方の社会的なスタイルを強制しようとすれば、現実に著しい害をなすことになる。むしろ、社会的なスタイルに順応し、それを考慮して社会的な関係を調整することを学ぶべきである。

女性が陥るジレンマ

社会的スタイルの性差は、女性が職場で経験する困難を一部なりとも説明してくれるかもしれない。女性は威厳と思いやりを兼ね備えるというパラドックスに悩むからだ。また外見が話題になることも珍しくないが（女性が何を着ているかについてメディアは異常なほどの関心を示す）、男性はそのような経験をすることがめったにない。

職業心理士にしてジェンダー平等の専門家シャロン・ピークは、こうした傾向が女性のリーダーシップにどう影響するかについて次のように述べる。「女性を悩ませるもう1つの事柄にリーダーシップのスタイルがあります。発達初期において、女の子は断定的あるいは支配的にならないように社会的に条件づけられるのです。さらに生涯を通じて周囲から与えられるプレッシャーによって、協力的で、思いやりがあり、その場を丸く収めるような行動が強化されます。ところが、これらの行動は組織の上層部にありがちな男らしいリーダーシップ像とかけ離れているのです。研究によれば、職場での争いごとに対処するとき、女性は直接その争いにかかわるより、他者との協調に焦点を合わせた戦略を取ります。でも、この戦略は女性のキャリアにネガティブな影響を与え、その人の活躍の場は『舞台裏のままに[23]』終わることもあるのです」。

決断力に秀で、難しい判断も果敢に下す能力は、リーダーシップに対する女性らしいアプローチとは相容れないと一般に受け止められている。争いを避けたいという願望は、このことによって説明できるかもしれない。それは女性にとってジレンマなのだ。研究が示すように、好ましい男性像は成功と正の相関があるが、女性が有能でかつ好ましいと見なされることはあまりない[24]。要するに、女性は伝統的に男性向きと考えられる役割においては「好ましさのペナルティ」を科せられるのだ。

長身の男性は昇進しやすい？

公平を期して、性差別はかならずしも女性だけに不利ではないことを指摘しておこう。

たとえば、男性の給与は身長と強い相関があるにもかかわらず、身長は女性の給与にはまったく影響を与えない。[25] 男性の場合、身長がその人のコミュニティの平均を超えていれば、多くの職業において昇進の公算は大だ。[26] 度を超して高くなければ、長身は男性の成功に劇的な影響を及ぼす――結婚や子をもうけることも例外ではない。[27]

場合によっては、この明らかなバイアスは、関連する重要な形質が性選択により固定されたことを反映しているのかもしれない。たとえば、あるイギリスの調査によれば、両性ともに身体的な魅力には給与の上で5%から10%のプレミアムがつくが、男性の長身が及ぼす効果は、完全な差別や無意識なバイアスによるものというより、実際には優れた認知力を間接的に選択した結果かもしれないという。[28]

身長と認知力のような2つの変数間の相関は厳密とは言えないかもしれないが、これらの2次的な形質の選択は過去には十分有効だったため、私たちのバイアスになったのかもしれない。ここで忘れてならない教訓は、無意識なバイアスは最小限度にとどめておくべきであり、単純で皮相なアプローチは厳に慎むべきだということだろう。

みなが平等に話を聞く環境づくり

ともあれ、人の話を平等に聞く環境をつくるには意識的な努力が必要だ。リーダーシップの専門家ジェニファー・ガーベイ・バーガーが指摘するように、参加者がグループあるいは会議をまとめている人に一目置かれていると感じられることが大切だ。優秀な議長は、全員に意見を述べるように促し、発言に我慢強く耳を傾け、全員のコメントから総意を引き出して決定につなげる。自分の意見を全員に押しつけるような真似はしない。両性間における発言機会のバランスにかんしては、アメリカ連邦最高裁判所を見習うといい。

2017年のある調査によれば、アメリカ最高裁判所の女性判事は男性判事に発言を遮られるケースが目立つという。そこで女性判事たちはこれまでの発言スタイルを変え、男性優位に事が運ぶ現状に一矢報いることにした[29]。その後、最高裁判所における発言の規則が変更になり、すべての人に見解を述べる一定の時間が設定された。各自が発言したあとに質問をする機会も設けられた（年長者から優先的に機会を与えられる）。

ソニア・ソトマイヨール判事は、これらの変更は女性判事に「大きな影響」を与えたのみならず、それまでは質問をしなかった年長の判事にも刺激を与えたと報告した。つまり、職場に多様性を持ち込むだけでは十分でないのだ。多様な人が意見を述べられ、各自が発言の機会を与えられると確信している雰囲気をつくるための規則や手続きを整備することが大事だ。

オックスフォード・ストラテジック・リーダーシップ・プログラム（OSLP）では、プログラム参加者の指導グループを5人ほどに制限して発言しやすい環境をつくった。すべての人の意見を尊重するため、「ゴシップ」フォーマットを導入し、各人がおもな戦略の問題についてグループ内で発言する機会を最長で10分与えられた。発言を終えた人は部屋の片隅に座って自分の発言に対する他の参加者の応答に耳を傾けた（そのあいだ、応答している人の発言を遮ることは許されない）。

これで各自が自分の考えを述べられ（最高裁判所の例と同じ）、それを聞いていた残りの人は戦略を発表した人がそこにいないかのように、発言者の見解にかんして互いに自由に話す機会を与えられる。発言者の主張について考えることで、彼らは発言者の心の中に入り込み、その人の気持ちになり、自分がその人であればどうするかを想像する。彼らはこれまで経験した同様の状況について話すが、部屋の片隅にいる発言者に話を遮られるリスクはない。発言者に、「いや……だめだ」「それは無理だ」「そんなことできるわけがない」などのような普通なら質疑応答で出てくるようなことを言われることがないのだ。このアプローチであれば、アイデアを発展させ、「もし、こうならどうだろうか」という選択肢を探ることが可能になる。真剣に耳を傾けてくれた人からの直接的なフィードバックはきわめて貴重だ。

何を言うかより、どう言うか

1970年代に、心理学者のアルバート・メラビアン[30]が、言語は話された文章が持つ意味のわずか約7%しか伝えないと指摘したのは有名だ。彼によれば、38%が声にかかわる手がかり（どう話されたか）によって伝えられ、55%が顔の表情その他の身ぶり手ぶりによって伝えられるという。真の割合は彼が主張したほど正確ではないかもしれない。だが、私たちは誰かの発言の意味を言語以外の信号から推測しがちだ。たとえば、声の調子、音高や音量、笑みやしかめ面、身ぶり手ぶり、発言者があなたを見る様子（あるいは見ないこと）などだ（215～217ページ参照）。

OSLPのコースで、誰かに手で指揮をさせてみると、指揮者のペーター・ハンケはたった一度の動作でその人のリーダーシップスタイルがどういうものか見当がつくという。何の説明もなくとも、彼はただ手の動きを見ただけで、その人物がマイクロマネジャー、コントロールフリーク（何でも自分の思い通りにしようとする人）、自由放任主義者、机の上が整然と片づいている人のいずれかがわかる。媒体《メディア》はいつでもメッセージなのだ。

私たちは、自分では気づかぬうちに非言語信号を使って多くの情報を発信している。会話中に相手に自分を好ましいと思ってもらいたいときには、たいていは無意識に、相手の話し方の癖、スラングの使い方、抑揚や言葉選び、姿勢まで真似る。話し手が脚を組めば、自分も脚を組む。話し手が笑ったり顔に笑みを浮かべたりしたら、自分も笑ったり顔に笑みを浮かべたりする。言語学者のあいだではこれはアコモデーション理論の収束過程として知られ、人は自分では意識しないでそうすることが多々あるという。

地位が高くなると他者の気持ちを理解できなくなる

しかし、組織の階層を上がっていくにつれて、この双方向の模倣はしだいに姿を消していく。「エピソード回想のタスク」によってアダム・ガリンスキーらは、「社会的地位が高くなると他者の視点でものを見なくなる」と報告する。[31] サフビンダー・オブヒとカール・マイケル・ギャラン（カナダ・オンタリオ州にあるマクマスター大学の神経科学者）は、「社会的権力は認知と行動に大きな影響を与える」[32] と述べる。なぜなら上級職員は、自分たちを模倣し、自分たちの発言に異を唱える自信がなく、その立場にもいない下級職員に囲まれているからだ。その結果、上司は自分たちを今の地位に押し上げた「他者の立場に立つ」という模倣行動をしなくなる。他人がどう感じているかを理解できなくなるのだ。

口調は多くを伝える

何かが本当に素敵だと思ったときの「それってすばらしい！」、相手の発言に飽きているときの平板な「それって……すばら……しい」、本当は逆の意味か皮肉を込めた「それって……すば……らしい」の違いは、どうすればわかるのか。もちろん、答えは言葉選びと声の調子にある。この場合には、最初の発言では「すばら」の部分でやや抑揚が上がり、2番目の発言は平板で、3番目の発言では予期しない音節が強調されている。

英語とスペイン語の話者を対象とした最近の研究によって、意味の理解に声の調子と抑揚が重要な役目を果たすことが正確に証明された[33]。研究では、ボランティアは視覚的な手がかりを与えられず、録音された短い自然な会話を聞いて、話し手たちの関係性を推測するよう求められた。

このように映像を見ないで音声のみを聞いても、彼らは話し手どうしの関係性が良

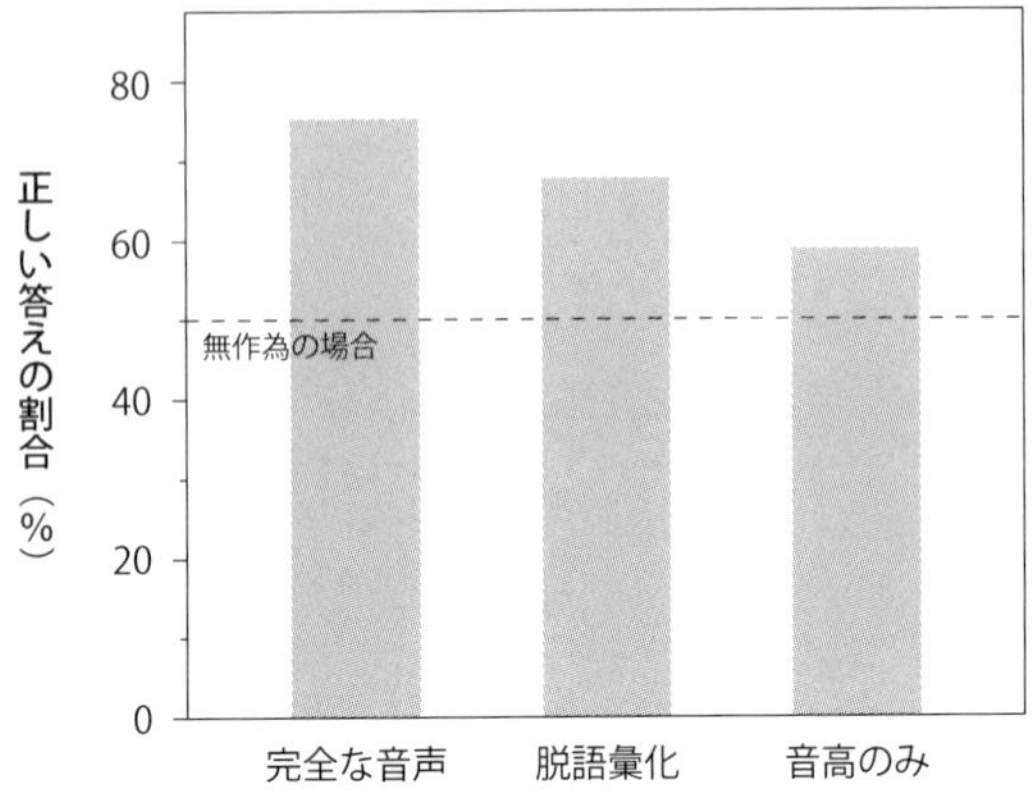

会話の口調によって関係を判断する

図5-4　被験者が2人の話者の自然な会話の一部を聞いて、彼らの関係がポジティブかネガティブかを正しく聞き分けた割合を％で示す。被験者は同じ会話部分を完全な音声バージョン、または言葉をデジタル処理で曖昧にした（脱語彙化した）か、純粋な音（音高）のみにしたバージョンを聞いた。でたらめに回答しているのであれば、被験者の答えが正しい割合は50％のみになるはずである（破線で示す）。Dunbar et al.（2022）[34]

好であるかどうかを75％の確率で正しく判断した（図5-4参照）。会話をデジタル処理によって不明瞭にし、ボランティアに聞こえるのは声の調子と抑揚のみにしても（「脱語彙化した状態」）、正解率はわずか5％下がっただけだった。音声トラックを純粋な音に変換し、ボランティアに聞こえるのは声の音高変化のみにして、強勢や音量変化などの音響的な手がかりを与えない場合でも、彼らの正解率はまだ60％だった（まぐれ当たりよりかなり高い）。

声の調子、テンポ、表情、強調はいずれも意味の伝達に欠かすことができない。文書化された会議の議事録が参加者の記憶と異なるのは、これが1つの理由である。私たちはスピーチの内容を磨くことに長い時間をかけるが、話し方のリハーサルにはさほど時間をかけないのだから、話し言葉の意味がどう伝わるかを知ることは有意義と言えるだろう。

言葉以外の信号の重要性

非言語信号を調整するには、さまざまなアプローチが必要となる。まず、平板な声あるいは乏しい表情は何としても避けるべきだ。あなたの表情が読みづらいなら、たぶんあなたは信用しがたいと思われている。手のジェスチャーは大事な部分を強調するのに役立つ。だが、多用すると煩わしい。顔の表情を適宜変えれば、伝えたいメッセージを際立たせることも抑制することも可能だ。声の調子や音高の変化についても同じことが言える。

ただ立っていたり歩いていたりする姿も多くを語る。ドイツのアンゲラ・メルケル前首相は、この地雷原を難なく走破した。体の前で両手を使ってひし形をつくるのが彼女のトレードマークで、それは信頼性の証しになった。また、女性の政治家やビジネスリーダーは服装を含めた外見についてとやかく言われるものだが、彼女のパンツスーツはブランドや価格、トレンドについてさほど詮索されなかった。

これらの信号の重要性については、インプロビゼーション（即興。予期せぬ状況にも瞬時に対応する能力）の教師で、ファシリテーター（目標達成のための計画立案を支援する専門家）でもある同僚のロブ・ポイントンが指摘している。彼は、かつてあるビジネスリーダーと1時間ほど仕事をしたことがあった。その人に部屋の中にさまざまなやり方で入ってきてもらい、そのつど彼女がどのような信号を出していたかを説明した。彼女は、顔の表情、ボディランゲージ、部屋に入ってくる速さ、ドアの閉め方が多くを語ることに気づいていなかった。

ポイントンは、OSLPの参加者グループに彼女が部屋に入ってきたときに毎回どんな印象を持ったかを尋ねた（もちろん、彼女はこの試みに興味津々で同意してくれた）。ただ部屋に入っていくだけで、苛立っていたり何か考え事をしていたりする様子が相手にははっきりわかることに彼女は驚いた。それほどたやすく自分の考えが「読まれている」とは想像もしていなかったのだ。ロブは彼女に演技したり自分を偽ったりすることを勧めたわけではない。ただ口を開く前から自分が何を「言わんとしているか」を意識し、姿を現したときに周囲の人がどのような経験をするかを理解するよう指導した。

パキスタンからやって来たあるCEOに取材をさせてもらったところ、彼は「娘と息子を職場に連れていく日」に10代の娘さんを職場に招待したという。建物に入って自分のオフィスまで行ってから、娘さんに感想を聞いた。きっと建物や会社の大きさについて話すだろうと予想していた。ところが、娘さんはこう言ったのだ。「仕事場に入っていったとき、父さんはとても偉そうで無愛想な感じだったわ」。彼は驚いた。建物の中を歩くとき、自分では親しみやすく気のおけない感じで全員に挨拶したと思い込んでいたのだ。以降、職場に入るときに娘さんの言葉を思い出さない日はない。

物語《ストーリーテリング》を語ることの力

第3章で述べたように、物語とりわけ起源の物語は、コミュニティが成功するための基盤となる。組織も例外ではない。しかし、物語がどのように語られるかは物語そのものと同じくらい重要である。起源の物語は、さしずめ村の中央にあるトーテムポールだ。みなが集まることのできる場所、私たちの信念と参加《コミットメント》の象徴なのである。適切な物語は組織の人々がどれほど固い絆で結ばれるかに大きくかかわる。起源の物語がなければコミュニティは育たない。

昨今の会議では、冒頭の講演で生産工程や販売実績をパワーポイントによってプレゼンテーションすることが多い。しかし、講演やブリーフィングは一方向のコミュニケーションでしかない。これに対して、ストーリーテリングは包摂《インクルージョン》の趣旨にかなった過程である。聞き手が耳に届いた物語を解釈する必要があるのだ。

物語に感情をかき立てるものがあれば、聞き手は何かを付け加えることができる。優れた物語は聞き手の耳の中で再生され、次の語り手の口の中で新しく生まれ変わる。物語はメッセージを相手に伝える強力な手段だ。私たちは物語によって自分がどう物事を理解し、どう互いとかかわり合うかを知るからだ。パワーポイント、戦略を記した文書、組織図にその力はない。

准教授のピアーズ・イボットソンが、次のように述べている。「ナラティブと比喩はこの2次元の世界とは異なります。物事を3次元に変えるのです。隠喩《メタファー》と直喩《シミリ》は解釈を必要とします。どちらも物事の関係性を示すからです。たとえば、『彼はナイフの刃先のように鋭い』『彼は風のように速く走る』と言いますね。ナラティブと比喩はアイデアどうしをつなぐように、語り手と聞き手双方をつなぐのです」。

パフォーマンスコーチで『帰属意識――仲間にかかわる古代の掟（*Belonging: The Ancient Code of Togetherness*』の著者オーウェン・イーストウッドは、アイデンティティを確立し強化する手段として物語を使う。たとえば、イギリスのオリンピックチームの全貌を伝えるために、彼は多様な背景や人生経験を有する過去の選手の物語を披露した。

例を挙げると、シャーロット・クーパーの物語がある。彼女は1900年のオリンピック大会でテニス競技に出場し、2個の金メダルを獲得した。クーパーはテニス競技で金メダルを受賞した初の女性であり、耳が不自由でもあった。また1920年に、アフリカ系イギリス人としてはじめてオリンピックに出場した、ハリー・エドワードの物語もある。

オーウェンは、次のように語る。「強いチームをつくるには、すべての人が同じ集団に属しているという認識を持っている必要があります。一緒に成し遂げようとしている物事のイメージを有し、物語の一部となり、自分と同じ道を歩いた『先人』を知ることが欠かせません」。

問題解決のフレームワークを提供するクネビン・カンパニー（旧コグニティブ・エッジ）の創業者、デイブ・スノーデンは、物語を少し異なる目的に使う。未来について考えるきっかけにしようというのだ。「人や文脈から切り離された数字に依存することには危険が伴います。ビッグデータばかり見ていると、相関関係が因果関係に見えてくるのです。行動にかかわる大きなデータセットに頼っていると、偏見に囚われる恐れがあります。それらのデータが特定の説を実証する証拠のように見えるクラスターを形成していることがあるためです」。

　多くの組織は個人の洞察を一般的な原則に変えて調査結果に組み入れる。しかしクネビン・カンパニーでは、逐語的なインタビューをマイクロ・ナラティブに変える。「私たちは社員に、まず現在の状況を把握し、自分の物語を解釈することで、直後に何が『起きるかもしれない』かを考えるように促します。つまり、何が『起きそう』か、『起きるかもしれない』か、『起きるのが妥当である』かを考えてもらうのです」。

　それは子どもが自然に行っていることだ（興味深いことに、スノーデンも南アフリカの大手金融グループであるファーストランドグループのキム・ハワードも、民族誌学者として子どもを対象とした研究をしたことがある）。キム・ハワードは子どもがそのように考える理由を次のように述べている。「脳が最大の可塑性を持つのは思春期の前です。たとえば、その年齢では人種差別は存在しません。子どもは実際に見聞きしたことをもっとも詳細に記憶します」。

　子どもは、事象が起きた順番を記憶に刻む（したがって、テレビのリモコンのボタンをどの順番で押したかを正しく覚えている）。だが、成人は自分が見たことや行ったことを一般的な原則に変える（あとになって何が実際に起きたかをこれらの原則にしたがって再現する。法廷で証人の陳述が実際の出来事と食い違うことが多いのはこのためである）[35]。

つまり、子どもの世界観を取り戻すことはきわめて有益なのだ。反対に年長の人が持つ強みと言えば豊富な経験と過去の出来事の記憶だろう。狩猟採集社会で年長の人が領袖《りょうしゅう》になるのはこのためだ。彼らは、過去の経験と記憶にもとづく知恵と識見ゆえに人々の崇敬を集める。

メディアとメッセージにかんするまとめ

・会話は効果的な意思決定に欠かせないが、私たちはともするとどうすれば最高の会話ができるかに頓着しない。

・言語はつねに私たちを取り巻いていて、この世界をつくり上げている。それは社会的な絆を形成し維持するのに必要不可欠なツールである。だが、本質的に曖昧なツールでもあり、誤解される可能性があることを知る必要がある。もちろん、私たちが相手を誤解する可能性があることも知るべきだ。発せられたメッセージより、受け取られたメッセージが重要なのである。

・私たちのメンタライジング能力は限られていて、会話が成り立つグループの大きさには上限がある。グループが大きすぎると、すぐに会話の複雑さとニュアンスについていけなくなるか、全員の意図や考えを追えなくなる。

・男女それぞれの会話スタイルには、無視できない、誤解につながりかねないような重要な違いがある。

・私たちの発言は、そのほとんどが言葉自体でなく、言葉以外の信号（声の調子、表情、強調など）によって伝えられる。したがって、言葉そのものと同じくらい、メッセージがどのようにして伝えられるかに注意すべきだ。

・聞く人とのつながりを重視するのであれば、物語が非常に強力なツールだと知っておこう。物語は情動的なつながりを可能にし、語り手と聞き手を同調させる。

・聞くという行為は軽視され、かつ練習されることもないリーダーシップのスキルである。

第6章

信頼の深さ

「よいことを言うのはよい行いをするようなものだ。しかし言葉は行いとは違う」

——ウィリアム・シェイクスピアとジョン・フレッチャー[1]

互いに信頼し合える組織

エアビーアンドビーの創業者ジョー・ゲビアが、TEDトークでライブ実験を行った。[2]「携帯を出して。ロックを解除して左隣の人にわたしてください。その人を知っていても知らなくても、ですよ!」。一瞬、観客から不安げな笑い声が漏れる。押し殺したパニックだ。

どうしよう。ぼくの携帯をわたそうか。いや、誰かがそうするのを待つか。ゲビアはこの不安とパニックの瞬間を使って信頼が何を意味し、それが人にとってどのような感覚なのかを探ろうとした。

信頼は、約束は果たされるものという簡単な前提にもとづいている。約束が果たされないと、人は他人の言うことを信じなくなる。個人的な関係が損なわれ、グループは散り散りになって、全体をまとめていた糊を失うリスクを負う。

信頼関係を図で示すとしたら、ダンバー・グラフにとてもよく似たものになるだろう（図2-3参照）。その気持ちは約1500人のトライブ内でもっとも自然に働く。トライブのメンバーは共通の価値観や世界観を有する。義務感も同様だ。一般に、誰かがそのトライブのメンバーであれば、それがその人を信頼できる理由となる。むろん、自分のために死んでくれるとは思わないが……。少なくとも、その人が助けを必要としているなら手を差し伸べるし、必要なら避難できる場所を提供する。第3章で見てきたように、誰かがトライブのメンバーで信頼できるかどうかの判断は、その人がトライブのメンバーであることを示す手がかりにかかっている。共有された価値観、ものの見方、歴史などである。

アムステルダムのダイヤモンド市場――世界でも飛び抜けて古く重要な取引所――は、信頼によって成り立っているコミュニティの完璧な事例だ。ここでは、売り手は握手をしただけで買付けに来た客に数百万ドル相当のダイヤモンドを預ける。ところが、この市場は驚くほど小規模で、取引相手の選択にかんしてはことのほか厳しい基準を保っている。数千人どころか数十人の買い手と売り手しかいない。買い手と売り手はみな互いを熟知していて、売買を始めてからほぼずっと同じ世界で生きてきた。買い手は息をするのを忘れても代金の支払いは忘れない。そう言われるほどみな義理堅い（預かったダイヤモンドを買わないと決めた場合には、元の売り手に返却する）。そこは売り手の言葉だけが頼りという古い体質の世界で、規則を守れない人間は誰であれ二度と歓迎されない。

たいていの大規模なグループや組織は、これほどの固い絆を形成することはできない。仕事の形態が変わってしまったポストコロナの世界では、この傾向がさらに増した。コロナ前には、日々顔を合わせ、社内でチームを組んでプロジェクトに取り組むことによって絆は自然に形成された。偶然のたまものであるとはいえ、この「偶発的な」絆が信頼関係の構築につながった。だが仲間どうしが物理的に離れていることの多い在宅勤務では、このような絆ができるはずもなく、互いに対する信頼が生まれることもない。

人間の尊重という理念に欠けるグループや組織は、信用危機につながる事態に陥りやすい。信用危機は自然に起きることもある。いったんコミュニティがある規模に成長すると、人々はコミュニティのメンバー全員を知ることがなくなり、それらの人々に対する義務感を失うからだ。ドアに鍵をかける必要のない小さな村と、つねに強盗や空き巣を警戒しながら暮らす物騒な大都市の違いを思い起こすといいだろう。ひたすら効率を優先する試みは、たとえ善意の試みであっても信用の失墜につながる。そうした試みは人よりプロセスに焦点を合わせる。これに対して、絆を尊ぶ組織は信頼を獲得したあらゆる恩恵に浴する。社員は協力し合い、知識を共有し、問題解決に勤しむ。互いを信頼する社員は以前にも増してさらに組織に責任感を持つようになり、その組織に長く在籍する。[3]

効率化を追い求めたイギリスの医療制度が招いた信頼の低下

ここでイギリスの医療制度について考えてみよう。かつてイギリスでは、地域に密着した家庭医（family doctor）〔訳注　一般医つまりGP（general practitioner）に同じで、日本におけるかかりつけ医に相当する〕は文字通りの意味で家庭医だった。家族の医療を何世代にもわたって一手に引き受けてきたのだ。揺りかごから墓場までとはいかないまでも、家族のメンバーそれぞれの健康を数十年にわたって見守ってきた。家庭医は人々の弱点や健康上の問題を理解していた。言い換えれば、患者を個人として知っていた。彼らの医療行為はその知識に裏打ちされていたのだ。医師と患者の関係は深く、互いに対する信頼もまた厚かった。

近年、イギリスの一般医（GP）制度は合併、合理化、新たな政策やプロセスを経てきている。多くは政府主導の措置で、いずれも医療スタッフの時間を柔軟に運用して、GPサービスを効率化することをねらっていた。その結果、現状ではどの医師にかかっても結果は変わらない。医師は患者の病気と対応する医療行為（状況に応じて薬局や病院で受ける）のあいだの半自動的な橋渡し役にすぎないからだ。

ポール・ギルバートが著書『思いやる心（*The Compassionate Mind*）』でこの変化について次のように述べている。「医師が誰であろうと事足りるような機械的な医療の普及に伴って、『家庭医による』（患者との関係を重んじる）医療が廃れていく風潮を、一般医は悲しみをもって受け止めている。患者の訴えに耳を貸すことで、患者との関係を築く時間は切り詰められつつある」[4]。

これらの変化は患者が医療に対して抱く信頼の低下につながった。医師があなたを個人的に知らないという感覚、あなたの診察に充てられた10分のうち、最初の5分をコンピュータ画面であなたの病歴確認に使う診察は、医師への信頼を損なうのみということだ。効率重視の人にとって、以上の経緯は最悪で残念ではあっても必要悪なのだ。しかし研究によれば、このような信頼の低下は人々の健康に直接的な悪影響を及ぼす。2018年に9カ国のデータを解析する研究がサー・デニス・ペレイラ・グレイにより行われ、その結果をまとめた論文が『ブリティッシュ・メディカル・ジャーナル』誌に掲載された。論文によれば、医療行為に連続性があれば、患者は医師の助言にしたがい、医師に推奨された治療を受ける傾向にある。[5]そのような体制によって生まれる信頼は心理的にも有益だ。

ブリストル大学のクリス・ソールズベリー教授は、次のように説明する。「病気になると、心配事が増える。病気について話せる、信頼の置ける人が身近にいることがとても重要なのだ」。『ブリティッシュ・メディカル・ジャーナル』誌掲載の論文は、そうした人間関係があることで実際に患者の命が救われることがあると結論づけた。

本章では、なぜ信頼はかくもたやすく失われるのか、再び取り戻すにはどうすればいいのかについて述べていこう。

組織を破滅させるダークトライアド
——ナルシシズム、マキャベリズム、サイコパシー

信頼を獲得するのは難しいけれども、失うのは一瞬だとよく言われる。それは本当だ。

パフォーマンスコーチのオーウェン・イーストウッドがこんなことを言っている。「信頼とは、ある人がどれほど信頼に値するかにかかわる打算です。それはけっして永遠ではなく、不変でもなく、瞬時に消え去るものです」。ミスをした若い運動選手は両手で頭を抱えて嘆くコーチを見たら、自分は二度とこのコーチを信頼しないだろうと思う。一般に、不適切な行動、不満げな素ぶり、不用意な発言などによって、せっかくそれまで手にしていた信頼を一瞬にして失うことがある。

誰でも不用意な発言や行動によって信頼を失うことがあるが、そうした行為が日常茶飯事という人々がいる。彼らは、ダークトライアドとして知られる3つの人格タイプに分けられる。ナルシシズム、マキャベリズム、サイコパシーである。信頼の喪失につながる行動の目立つ人々だ。3種のタイプはある程度重なる部分がある。どのタイプも自分の利益のみ追求し、場合によっては悪意もあるからだ。これらの人格特性のスコアが高い人は他人に苦しみを与えがちで、組織という環境では問題になり、犯罪に走りやすい。いずれのタイプの人もきわめて破壊的である。

3種の人格タイプの中では、ナルシシズムがもっとも無害と思われる。この人格特性は誇大妄想、自己中心性、自負心、共感の欠如に特徴づけられる。彼らは自分の世界にどっぷり浸かっていて、永遠の泡の中に生きている。そこにいる限りにおいて、さほど大きな問題にはならない。しかし、自負心ゆえに組織のトップにまで上り詰めることがある。これには、私たちが自負心をカリスマ性と見なしがちであることも手伝っている。カリスマ性のある人は人を引きつけるのだ。なぜカリスマ性のある人がそれほど人たらしになるのかはわからないが、少なくとも宗教の世界では、これらの人々は何か新しい普遍的な真実を発見したと豪語する。その自信ゆえに、他人を触発するらしい。[6]

マキャベリスト的な人格の持ち主はまったく違う。その呼称が示す通り、マキャベリストは権謀術数に長けている。この人格特性は、ルネサンス期イタリアの政治哲学者ニッコロ・マキャベリによって、大望を抱く王子にふさわしいと認められたという。彼らはある種の不道徳、自身の行動が引き起こす結果に対する興味の欠如に特徴づけられる。皮肉っぽく、無節操で、冷酷であることが多い。「結果よければすべてよし」なのだ。自己中心的で、近視眼的で、「先のことなどどうでもいい」という生き方をしている。マキャベリストは、自分の目的を果たすためなら綿密に戦略を練り、それに沿って行動する。

サイコパスは、反社会的人間の最たるものである。衝動的で、冷淡で、無情だ。これらの特徴は幼少期から見られる（幼いころから違法な行為に及ぶことが多い）。気に食わぬことがあれば暴力も辞さない。自分自身も怪我を負うことを恐れないからだ。たいていの場合、野放図な行動を抑制する能力に欠け、誰が迷惑を被ろうとかまわず自分の利益のみ追求する。また、他人に同情はしないが他人の感情を理解することには長けているので、自分の行動が相手にどんな恐怖を与えるかを知っている。だから、サイコパスは弱い者いじめをする。

ダークトライアドは有害なリーダーであることも多いが、組織のどのレベルにもいる。自身の目的を果たすために相手を操ろうとする人（ナルシシスト）、柔軟であると同時に綿密な策略を企図する人（マキャベリスト）、情け容赦なく凶行に及ぶ人（サイコパス）、そんな人々に思い当たらない人はいないだろう。

著書『人格と組織の命運（*Personality and the Fate of Organizations*）[7]』でロバート・ホーガンは、これら3つのタイプの人格の持ち主は自分さえよければ無慈悲になれるし、仲間とうまくやることは眼中にないと言う。彼らには物事を軽々とやってのける能力がある。なかには少なくとも周りとうまくやるだけの魅力を持つ者もいる。ときにはその無慈悲さが効率のよさと誤解されることもある。

より有害な者は自らが起こす争いのためにいずれ不興を買い、その悪影響はとりわけ大規模な組織においては長期にわたる。彼らが大規模な組織のトップに上り詰めても、破壊的な影響はなかなか表に出ない。むしろ辣腕家として持てはやされる。ナルシシズム、マキャベリズム、サイコパシーの人格特性を持つ人がいても、人数が多すぎなければ組織は生き延びる。しかし、あまりに大きな痛手を被れば、組織は崩壊して消滅の道をたどる。

私たちは説得力のある人間をつい信頼してしまうので、困った状況に追い込まれがちだと一般に考えられている。腕のいい策士はそんな弱みにつけ込み、耳に心地いい言葉や無意味な心理学用語でくるむことで真のメッセージを見えづらくする。

心理学の教授であるセシリア・ヘイズは、人が嘘つきのリーダーにうまうまと騙される理由について次のように述べる。「彼らはとても単純な物語を聞かせる……私たちの大半は単純でわかりやすい話に引かれる。わかりやすい話を聞かされると、おおかたの人はその話が本当に違いないと思う」。カリスマ性のある人や信仰療法師が支持を得るのは、その人がいかにも本物らしく、常人の理解を超えた深遠な知識を持っているように思えるからだ。[8] 同じ理由で、ある製品に謎のオーラをまとわせたり、科学的に聞こえる用語をいくつか振りまいたりすれば、人は納得して製品を購入する。

信頼を失う3つの簡単な方法

恋愛、友情、組織のいずれであろうと、信頼の喪失は決まってその関係の終わりにつながる。信頼を勝ち取るには長い時間がかかるが、ただ一度の思いやりのない行動によってあっという間に失われる。だが、信頼の喪失にはじつはある程度の時間がかかっていて、あるとき誰かがとうとう我慢できなくなり関係を終わらせることが多い。

これはある部分、信頼が社会生活の基盤を成しているからだ。人は他者が信ずるに足ると考えなくては生きていけないのだ。さもなければ、社会生活もビジネスも成り立たない。オックスフォード大学サイード・ビジネススクールのトラストフェロー、レイチェル・ボッツマンも言うように、信頼とは「未知との自信に満ちた関係である」。しかし、いったん信頼が失われると、それは一巻の終わりを意味する。関係が深く、失われた信頼が厚いほど、回復は難しくなる。

一般に、信頼の喪失には次の3つの要因がかかわっている。

・個人間または個人と組織間の義務感の喪失。義務感もつながりもなければ、信頼できる人のように振る舞う理由はないからだ。このことは、人間関係が希薄で帰属意識も共有された目的もない巨大組織にありがちだ。

・フリーライダー。自分の役割を十分果たさない人が少数いてもコミュニティはなんとかやっていける。だが、組織を濫用する人が多いとコミュニティの存続は危うくなる。その場合、組織は互いに信頼できるメンバーから成る小規模グループに分裂する傾向にある。

・規則違反と社会規範の軽視。一般に認められた社会規範や慣例を守らない個人や組織は信頼できないと見なされ、そのような組織や規範そのものに対する信頼は損なわれる。

フリーライダーがもたらす機能不全

フリーライダー（たかり屋などとも呼ばれる）について少々付記しておこう。このタイプの人は、社会集団や組織に属した場合の便益（組織の場合には「給与」を含む）については喜んで楽しむ。しかし、応分の費用を払わなかったり、契約に定められた事項を守らなかったりする。マキャベリストなどと違って、フリーライダーという人格は不変ではないため、ときには心理的な理由から世間的には好ましくない行為を思いとどまることもある。

たとえば、2006年にイングランドのニューカッスル大学の研究者らが発表した研究

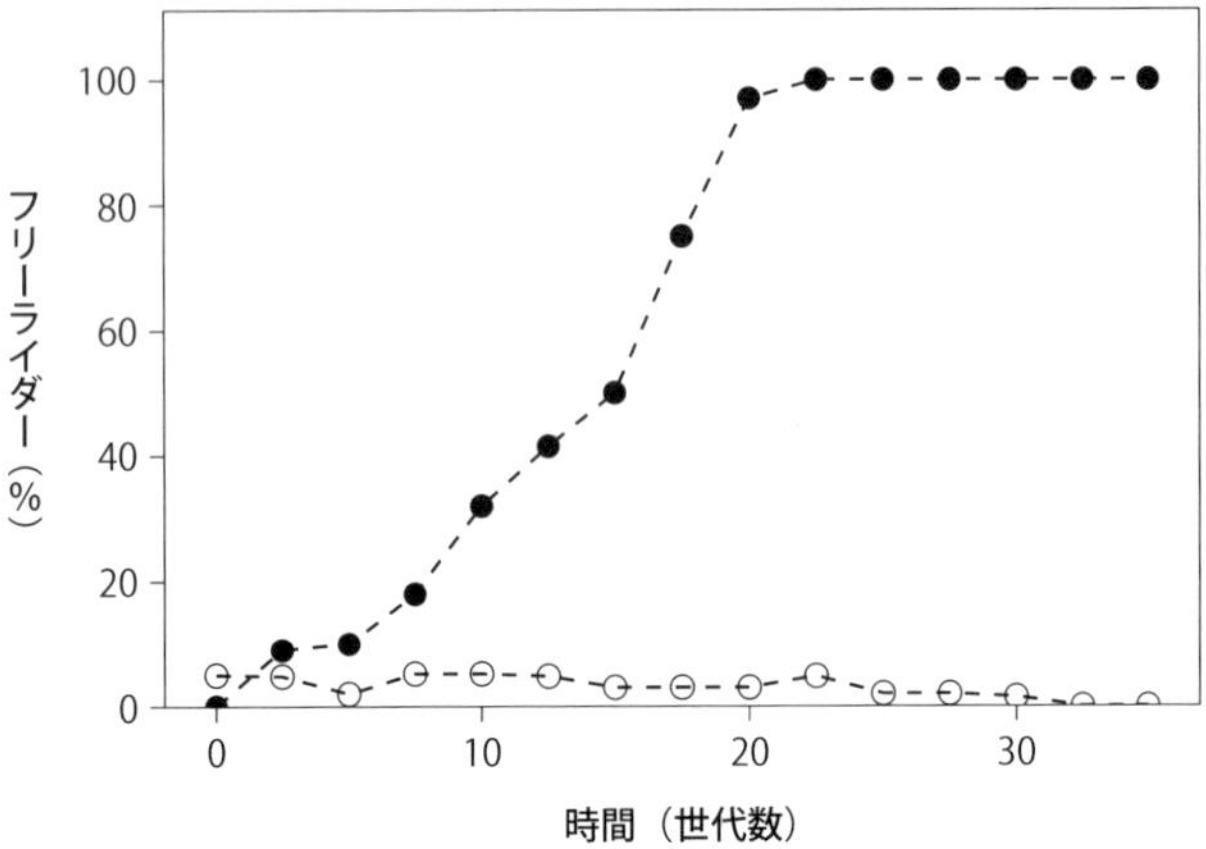

コミュニティにおけるフリーライダーの増加傾向

図6-1　コミュニティのメンバー間で社会的に合意された規則を守らない、非常に少数のフリーライダーが、世代0に侵入したコミュニティの進化を調べるコンピュータシミュレーションの結果。メンバーが簡単に食い物になるような人々で、フリーライダーを発見して管理するメカニズムを持たない場合には（黒丸）、フリーライダーが非常に早く主導権を握る。元のメンバーは不利な立場にあり、コミュニティから追い出される。わずか20世代で、コミュニティはフリーライダーのみになる。だが、メンバーがフリーライダーを発見して対処する戦略を持っていれば（白丸）、フリーライダーは足がかりを得られず、非常に低い割合でしか存在できない。Nettle & Dunbar（1997）[10]

結果によれば、ずるいことをすれば見つかるかもしれないと思っただけで、フリーライダーはそのような行為をしないという。[9] 彼らが行った実験では、実物大の人の目の写真をコーヒーメーカーのそばに置かれた集金箱に貼り、1週間おきに花の写真と入れ替えた。すると驚いたことに、人に見られていると無意識に感じただけで、そうでないときに比べてコーヒー代を支払う割合が3倍に増えた。現在、警察署の多くが盗難防止のために繁華街にある駐輪場の上

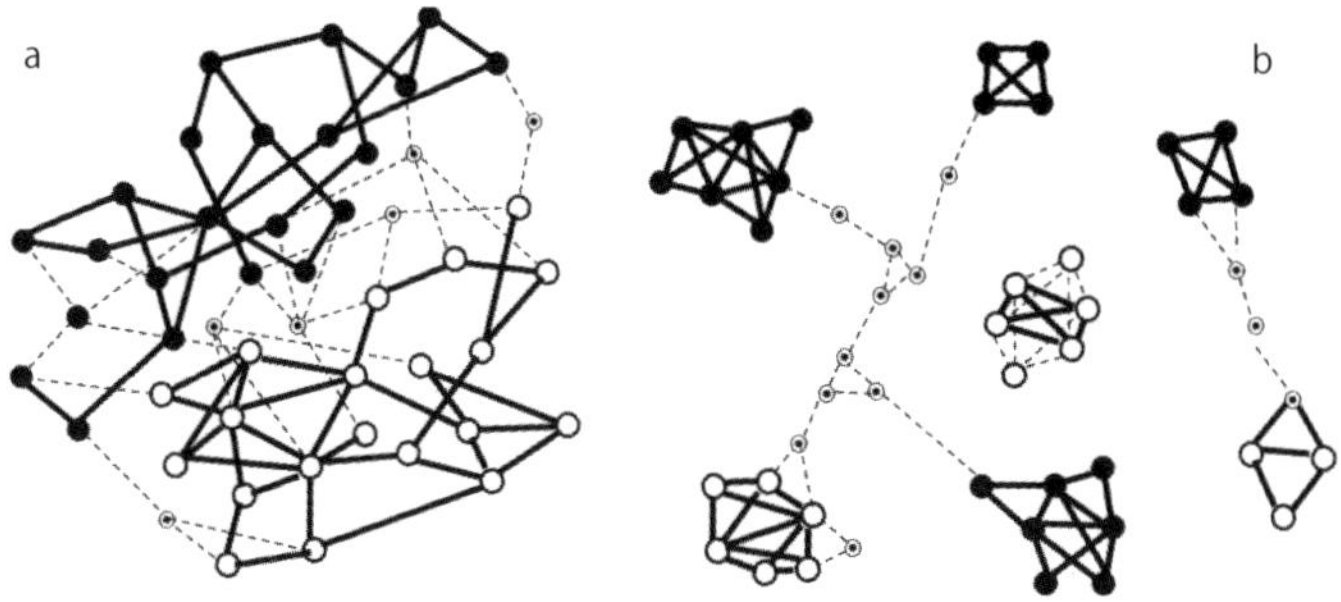

縮小するネットワーク

図6-2　常習的な嘘つきがネットワークの構造に与える影響。人工的なコミュニティのコンピュータシミュレーション結果。丸は個人を示し、線が個人間の社会的な接触を示す。(a) すべてのメンバーが正直なコミュニティのネットワーク構造。明らかに2つのサブコミュニティ（白丸と黒丸）が存在するが、どちらとも決めかねている個人（中心に点のある小さな円）によって十分に相互につながっていて、これらの個人が2つのコミュニティ間で情報を伝えるための橋渡し役になっている。(b) 自分の利益しか頭にない常習的な嘘つきがいると、コミュニティは小さなクラスターに分裂し、クラスター間の連絡は大きく減少する。Iñiguez et al. (2014)[11]から転載

に目のポスターを貼るのはそういうわけだ。

だが、匿名性の高い大きな組織では、破壊的なフリーライディングが常態となって組織文化を乗っ取ってしまうことがある（図6-1参照）。一度そうなってしまえば、人々は注意深くなり、安全だと感じる場所に引きこもるため、相互のネットワークが分断されてしまう（図6-2参照）。すると、サイロができる（「またXX部のやつらだよ。あいつらはいつも昼休みが長い。こっちは期限に間に合わせようとヘトヘトになるまで働いてるっていうのにさ」）。フリーライダーに手を貸してくれるように頼んでも断られる（そっちの非効率的な仕事を何とかし

たら?)。部署間の協力はないも同然になる(こっちも仕事を抱えてるんだ。君たちの手助けをする余裕はないね!)。これこそまさに、ウィルバート・ゴアが新会社を設立するときに避けたいと考えた機能不全だ。

コンピュータ・モデリングによれば、協力体制の整ったコミュニティが崩壊するのに、さほど多くのフリーライダーは必要ないことが突き止められた(図6-2参照)。どれほどの人が生来のフリーライダーであるかはわかっていないが、虚言癖のある人が嘘をつく頻度にかんするデータを見ればある程度の想像はつく。虚言癖は日常生活に潜む一種のフリーライダーによる行動の一例なのだ。

アメリカで行われた調査によれば、あらゆる嘘の4分の1は人口のたった1%の人にたどれるという。[12] 虚言癖のある人の割合がそれほど低いのであれば、おそらく問題ないだろうと思うかもしれない。しかし、図6-1が示すように、たった1%でも、うまく対処しないとその影響はあっという間に全体に広がってしまう。

信頼が失われたときに起きるネットワークの分断は、組織のレベルでも個人のレベルでも見られる。金融ショックの影響が銀行に及ぶと、デフォルトの連鎖が銀行のネットワーク全体に広がり、以前から信頼関係にあった取引相手を除いて貸付が行われなくなる。[13] 取引にかんする決定は慎重になり、貸付のネットワークは社会的ネットワークで信頼が失われたときのように縮小する。[14]

規則や規定の有効性

信頼や正直さの問題にかんする一般的な対処法は、トップダウンで規則や規定を定めるというものだ。この対処法の望ましさや効果は疑問だ。不正直な1~2%の人の統制は、残りの98%の人の行動も制限する。規則にしたがわない人はいずれにしても規則を無視するので、けっきょく正直な人に二重の罰を与える結果になる。自分のために定められたわけでもない制限を受け入れなくてはならず、その制限はうんざりするようなものかもしれないからだ。

人は正直さ、常識、能力に欠けていて、隣の仕事仲間の問題を解決することもできない——この人間観は、すでに廃れた管理手法、とりわけ1960年代に主流だった管理手法を思わせる。1950年代に、当時マサチューセッツ工科大学(MIT)スローン経営大学院の教授だったダグラス・マクレガーが、「経営者の管理行動はその人の人間観をそのまま写す」と主張した。彼は2つの異なる管理スタイルを示す「XY理論」という用語を造語した。[15]

「X理論」は、人は自己利益にのみ動機づけられ、経営者の期待に沿わせるにはアメとムチが必要だとする。この前提の下では、人を統制するにはあらゆる行動の責任主体を明確にしなくてはならない。このモデルに暗に組み込まれているのは責任追及の文化であり、イニシアティブや創造性は育たない。ミスを犯せばそれは失職を意味するからだ。これに対して「Y理論」は、人には総じて動機、責任感、目的があり、自信に満ちた直感的な意思決定は人生経験によって培われるとする。

X理論では、組織はせいぜいミドルギアでガタガタ走っている程度でしかない。最悪の場合には、小役人のような狭小な思考に凝り固まり、イノベーションが妨げられる。Y理論では98％の人が特定の問題に対して自分なりの解決策を見つけるが、組織は2％のフリーライダーに濫用される可能性がある。ゴアは、Y理論が現実のものとなった企業である。

かつてゴアで学習・開発グローバルリーダーを務めたデブラ・フランスは、次のように述べる。「ゴアでは、人は生まれつき動機を持っていると考えられています。働くのは、給与と意義の両方のためということです。おおかたの人は、企業がそれを阻まない限り、何か価値のあることをするために働きます。ゴアも、社員がその本領を発揮できるよう全力で支援します。なかには他の動機を持つ人もいますが、そういう人は全力を尽くしたり、他者に寄与・協力したりするつもりはさらさらありません。ゴアは、こうした2％の自己中心的な人のために組織の内規を決めてはいません。ゴアの内規は、何か価値のあることを達成し、熱意と誠実さを持って他者と協力するために出社する大多数の人のためにつくられているのです」。

じつのところ、人はフリーライダーの破壊的な影響を最小限度に抑えるような行動をとる傾向がある（図6-1参照）。たとえば、私たちは規則を破ったり、相手の信頼を利用したりする個人に対して強い反応を示す[16]。2015年、フォルクスワーゲンの排ガス試験にかかわる不正が発覚した。これに対して激しい抗議の声が上がったのは、同社が公明正大な行動をしているようには見えなかったからだ。同社は同業者、顧客、監査機関を裏切っていたことになる。フォルクスワーゲンは自社製の自動車が排ガスにかかわるアメリカの基準を満たしていると主張したが、実際には「無効化装置（defeat device）」と呼ばれる不正なソフトウェアを自社製の自動車に搭載していた。そもそもこの件が起きた遠因が、同社の最高経営責任者（CEO）ハンス・ディーター・ペッチュ自身の言葉を借りれば、「会社が長きにわたり規則違反を許容してきたことにある」ということは、看過できない。ペッチュは、不正が発覚した企業がすべきことは「信頼の回復」であるとした[17]。

ゴシップの知られざる役割

日常の社会生活において、破壊的な不正を働く人が出るのを防ぐための武器はゴシップだ。これは南アフリカの狩猟採集民クンサン人（世界でいちばん平等を尊ぶ人々）が用いる特別な効果を持つ手法である。彼らは社会がうまく機能するためには平等が欠かせないという意識が強く、尊大な人や、狩りの獲物を習慣にしたがって他に分け与えない人を強く非難する。とは言っても、非難の大半は（とくに軽い違反の場合には）冗談、ゴシップ、パントマイム、雑言だ。

より深刻な不正に対しては、今後はお前と協力しないという脅し、よりあからさまな非難、村八分などに発展する場合もあるが、掟を破った者に対する最高の対処はユーモアだ。笑い声がめったに聞こえない組織、軽い冗談に目くじらを立てる組織、給湯室でゴシップに花を咲かせる時間的な余裕のない組織は、謙虚であるための自己修正の習慣に欠けている。

もちろん、こうした社会的戦略がいちばんうまくいくのはコミュニティが小さく、人々が互いをよく知る場合だろう。そのような環境では、人々は未知の人や別グループのメンバーにひとこと言われた場合より批判をすんなり受け入れやすい。親しいグループ以外の人から批判されたときには、私たちは怒ったり言い訳したりする。将来の問題を回避するための苦言は望ましいとはいえ、それが見知らぬ人からのものであればよい結果にはならないかもしれない。

実際、ミシガン大学ビジネススクールの故マーシャル・ロサダとエミリー・ヒーフィーが60の戦略的事業ユニットの習慣を調べたところ、業績が最高のユニットでは批判と賞賛の比率は1対5、中間のユニットでは1対2、最低のユニットでは3対1だった。[18] ギャラップの調査によれば、従業員が離職する最大の理由は評価や賞賛の欠如であることから、この結果はユニットに対する公式なフィードバックの枠組みに重要な示唆を与えてくれる。社会集団において緊張が生まれた場合、それを和らげるための行動規制策として、からかいやゴシップが果たす非公式な役割を教えてくれるのだ。

なお、ここでも集団の規模がかかわってくる。ある程度の信頼がすでに成立している小さなグループでは軽いからかいに思える行動も、大規模なグループで匿名の状況ではいじめやもっとひどい仕打ちに思えることがあるからだ。

フリーライダーへの対処としては、今述べたような人間を重視する介入が、トップダウンのX理論の手法よりはるかに望ましい。また、X理論の手法はそもそも個人を信用していないので、残りの大多数の人がどれほど正直であろうとあるまいと生産性を下げる可能性があることは注目に値する。

官僚主義的な管理ではなく、人間を重視するシステムを

ここで、イギリスの国民保健サービス（ＮＨＳ）の直近の歴史が思い出される。ここ数年、ＮＨＳには多くの圧力がかかった。急増する人口による需要の増加、人口の高齢化に伴う医療や介護ニーズの増加から生じるコスト増、予算削減、医療過誤の増大（それ自体が信頼の低下の証し）など。

こうした圧力に対する中央の統括本部の対応は、判で押したような測定、達成目標、競争というX理論文化の展開だった。医療スタッフは、自己規制し、医療行為にかかわる判断を下し、病棟や病床の管理について決定する権限を奪われ、規則や診療計画、官僚主義に縛られた。

組織の刷新に携わった人々は、自分たちがＮＨＳの効率を改善したと言うに違いない。しかし、ネガティブな影響は大きかった。[19] 市民に親しまれている地元の病院は、改革以前

なら経営方針を自由に決定できる独立機関だったが、現在では巨大な官僚機構の一歯車になってしまった。改革の主導者は病院の経営部や、雲の上の存在のような委員会や評議会の陰に隠れて見えない。

医療スタッフは医学的判断の裁量権を取り上げられた。彼らは、日々第一線で患者と向き合って働いてはいない人々が遠くのオフィスで考え出した診療計画と臨床プロトコルにしたがわなくてはならないのだ。その結果、上級の医療スタッフですら疎外感や不満を経験した。個々の患者の症状に合わせて診療計画を調節できない欲求不満は言うまでもない。

清掃担当者からコンサルタントまで多くのスタッフが、高い信頼を得ている組織のために働いているという誇りを失ってしまった。以前なら「自分たちの」病院が、働くことの意味を与えてくれたというのに。いまや彼らは、非効率、検討不足の契約、不満足な労使関係だらけで、信頼の薄い組織のために働いていると感じている。信頼が損なわれてしまったのだ。

それに、これはスタッフだけの話ではなかった。ヘルスケアへの官僚的な介入によって、医師と患者のあいだにあった親近感も失われた。両者間に親近感があれば、普通ならどちらも幸福で、人生に手応えを感じ、しかも患者の免疫系は強化されて回復が早まるはずだった。効率改善、コスト削減、経営管理の大規模化を目指して行われた改革だったが、組織本来の目的に反する結果となった。これこそまさに、もっとも人間を尊重すべき状況における「意図せざる結果」と言えよう。

こうなる必要はなかったのだ。医療分野でまったく異なるシステムを導入し、高い信頼を勝ち得ている組織は存在する。オランダの在宅ケア企業ビュートゾルフの創業者でCEOのヨス・デ・ブロークが、オランダの在宅ケアシステムでは看護師が日々作成する書類があまりに予測可能で、その大半が合理化できることに気づいた経緯を、CEOにして作家のマーガレット・ヘファーナンが教えてくれた[20]。

注意しなくてはならないのは、患者は一人ひとり異なるので、人としてのニーズは予測不可能であるということだ。そこで彼は、強力な支援体制の下で看護師が患者への対処法を決められるようにするという実験に着手した。たとえば、看護師は訪問の日時や、何が起きたか、どのような決定がなされたかを記した記録を保存・共有した。その看護師が不在あるいは病気の場合に、チームの誰でも仕事を引き継げるようにするためだ。

これによってシステムが監査されるようになり、さらに自動化も可能となった。看護師は10名でチームを編成した。患者を訪問する日時や、訪問の長さと頻度、適切な処置の決定について、すべての看護師に裁量権が与えられた。そしてチームを形成しているので、相談や議論をしたり知識や経験を共有したりできる仲間がいた。このような体制――支援と信頼の組み合わせ——で看護を行った結果、患者は従来の2分の1の時間で回復し、コストは3分の1も減少した。途方もない成果がごく簡単に得られたのだ。

信頼を勝ち取る

信頼を損ねかねない人を正常な道に戻す戦略がある一方で、そうなる前に信頼を得るための戦略もある。

一貫性

信頼を獲得して強化する性質として、一貫性は過小評価されている。それは退屈に思えるかもしれない。しかし優秀な両親が子どもに対して一貫した対応をするように、優秀なリーダーは部下に対して一貫して信頼の置ける行動をする。ときおり才気走った面を見せるが、合間に怒りを爆発させるよりはるかに効果的だ。

指揮者で音楽家のペーター・ハンケは、音楽家集団を率いることを目指す若い指揮者の訓練において、一貫性がどれほど重要であるかを語って聞かせる。指揮者に一貫性が備わっていれば、演奏家たちはその枠組みの中で自身の才能を表現することができるのだ。

パフォーマンスコーチのオーウェン・イーストウッドが、次のように述べている。「リーダーが一貫していれば、人々がそれぞれの輝きを見せる空間ができます。各人の才気は感受性、つながり、信頼性から生まれるもので、そしてここが重要なのですが、その才気の輝きは誰にでもわかるのです」。

開放性と謙虚さ

「リーダーにとって弱さを見せることが非常に難しい場合があります。たいていのリーダーは、信頼を得るというより要求するようです」。そう言ったのは、ニュージーランドの地域公共サービス局長のエズラ・シュスターだった。「私はこの風潮を改めるべきだと思っています」と彼は付け加えた。エズラは、集団の力は集団の脆弱性から生まれると考えている。人々が知っていることだけでなく、知らないことについても話せる組織が最高にうまくいくというのである。リーダーシップの領域では、このギブ・アンド・テイクの関係が、真実を明かす、共有する、助力を求める、聞くという形態を取ることがわかっている。

ある企業でCEOを務めるパオロ・ランザロッティは「CEOの真の仕事は導き、尋ね、人の話に耳を傾けること」だと語る。リーダーシップのレッスン？　最高のリーダーとは自分の弱さをさらけだせる人なのだ。誠実にかつ積極的に誰か適切な人を見つけて助力を乞い……それから相手の話を真摯に聞く。

ノーベル賞を受賞した物理学者のリチャード・ファインマンのエピソードがこのことを例証している。1979年、スリーマイル島原子力発電所が一部メルトダウンを起こし、深刻な放射性物質の漏出が起きた。ファインマンは発電所の修理を監督する委員会の一員だった。彼はエンジニアたちが作成した、複雑なフェイルセーフ機構やコントロールループ満載の回路図にすっかり混乱した。それは彼に何の意味もなさなかった。そこで何食わぬ顔をして回路図のでたらめな箇所を指差して聞いた。「これが作動しないと、何が起きますか?」。エンジニアたちは部屋の隅に行き、長いあいだ激しく議論を戦わせた。やがて戻ってくると、「おそらく発電所全体が吹っ飛びます」と残念そうに認めた。[21] 欠陥はとどこおりなく修正された。

ファインマンがことあるごとに述べたように、間抜けな質問などというものは存在しないのだ。ただ質問をするだけで、周りの人が答えを出してくれる。もちろん、質問をされた人は言い訳がましく対応するのではなく、真剣に答える謙虚さを持たなくてはならない。同じように、先に述べたクンサン人が社会的な規則を破る人に使う冗談めかした忠告の効果は、その人が忠告を謙虚にそして誠意を持って受け止めるかどうかにかかっている。これは私たち全員が養うべき資質である。

証明された誠実さ、共有された気風

共有された価値観は信頼の主たる源泉である。言行一致、率直な対応、原則と公平さにもとづく規範。これらはすべて大きな信頼につながる。『ハーバード・ビジネス・レビュー』誌に掲載されたある報告書によれば、信頼度の低い企業に比べて、信頼度の高い企業の人々はストレスが74％少なく、職場でのエネルギーが106％高く、生産性が50％高く、病欠が13％少なく、熱意が76％高く、人生に対する満足度が29％高く、燃え尽き症候群が40％少ない。尋常でない生産性の高さだ。[22]

マース（2020年に『フォーチュン』誌が同社を優良企業のランキングで6位と評価した）の歴史を振り返って、ジェイ・ジャクブは共有された社風の重要性について次のように述べた。「1930年代に、フォレスト・マース・シニアがイギリスに行ってマースUKを設立したとき、世界にあったチョコレート会社10社のうち7社がイギリスの会社でした。これらの企業の多くはクエーカー教徒に所有・経営されていました。彼らの成功のカギは、以前のチョコレート製造業者と違って利益のためにチョコレートに混ぜ物をしないと信頼されていたことです。フォレスト・シニアはチョコレート製造に携わるクエーカー教徒にいたく感銘を受けたと思われ、マースが掲げた5原則のうち最初の原則は『品質』で、残りの4原則は責任、相互関係、効率、自由でした」。

ホストとゲストが早い段階で互いを信頼できるようにするため、エアビーアンドビーは隠し事をしない「開放性」の方針を貫いてきた。他人の部屋や家に宿泊する人なら当然感じるであろう「未知の人は危険だ」という感覚を克服しない限り、自社のビジネスモデルがうまくいかないことを知っていたからだった。ホストが開放的な姿勢を見せれば、ビジターは信頼することも知っていた。そこで、ウェブサイトで自分たちにかんする情報をビジターとある程度共有しましょう、とホストに提案した（「私はモダンアートが好きです」）。ただし、行き過ぎた共有にならないよう注意を促した（「では私の義理の親についてお話ししましょう……」）。

「未知の人は危険だ」という恐怖心を軽減するこの提案によって信頼が生まれ、それがビジネスの成功につながった。ある研究論文が次のように指摘している。「他の伝統的な宿泊施設と違って、エアビーアンドビーは予約やどの顧客を受け入れるかについて、ホストに選択権を与えた。ゲストを自分の家や部屋に迎え入れるホストの決定には、信頼という根拠があったのだ[23]」。

リスクと互恵性

誰かを信頼するという行為には、どうしてもリスクがつきまとう。私はあなたのためにこれをする。そうすれば、あなたがその信頼に応えてくれると期待している。だが、あなたは私の信頼に応えるのを忘れるかもしれないし、私の信頼を利用しようと考えるかもしれない。ところが、一部のブランドはこうしたリスクをあえて負う。かならずしも信頼に応えてもらえるとは限らないという覚悟が、消費者の高い信頼につながることがままあるからだ。

イギリスの小売業マークス＆スペンサーは、かつてレシートがなくとも顧客を信用して返品や交換を受け付けた。明らかに使用された製品であっても、理由をしつこく尋ねなかったのは有名な話だ。もちろん、このような善意は悪用されがちだ。しかし、会社の信頼を悪用しようという少数の事例を超えるリピーターを呼び寄せた。購入後１００日以内なら品質に満足できなければ返品を受け付けるマットレス製造企業も、信頼は双方向のものだと知っている。高額商品の購入を検討している顧客に、この企業を信頼しても大丈夫という安心感を与えるのだ。そうすれば、企業側も自社の製品を改良する手間やコストを上回る販売実績を得ることができる。

信頼のパラメータ

信頼は、以下のような側面または特徴を有する。

行動の一貫性——個人、グループ、組織、あるいは機関の過去における行動が一貫していれば、私たちはこれらの人や集団が信頼に値すると信じる。

義務と互恵性——信頼のいちばん重要な側面は義務と互恵性だ。「私があなたに対して義務を果たすように、あなたも私に対する義務を果たすことを私は知っている。私たちはどちらも相手を裏切らない」。

共通の基盤と共有された気風——「友情の7本柱」の少なくとも何本かを共有する人々のあいだでは、信頼が生まれやすい（102〜104ページ参照）。誰かと多くの柱を共有しているとすれば、その人と互いに信頼を寄せ合う可能性は高い。実際、7本柱やその他の形態のホモフィリーは、信頼してもよいかどうかを即座に教えてくれる。何週間や何カ月にもわたって相手の行動を確かめる必要がないのだ。

言葉と行動を一致させる――信頼にかんする限り、言葉はなまくらなツールである。言葉と行動が一致しない場合にはとりわけそうだ。信頼が生まれるのは、ときを経てあなたの発言がその通りの意味を持っていたという証拠が見つかる場合だ。あなたが正しかったと判明する場合も、信用が生まれる。未来への予測がしっかりしたものだったり、実際に未来がその人の予測通りになったりすると、かならず信頼が生まれる。

謙虚さと親しみやすさ――情報を気がねなく伝えたり、秘密を教えたりするとより大きな信頼が生まれる。この自ら進んで胸襟を開くアプローチは、言葉の上でも象徴的な意味でも効果的だ。いつ、どのように助言を求めるべきかを知っていると信頼が生まれ、その結果として帰属意識も育まれる。

自信――穏やかな自信はかならず信頼を生み出す。過信や無遠慮はこれとは反対の効果を持つことが多い。

信頼をゼロから獲得するための工夫

オックスフォード・ストラテジック・リーダーシップ・プログラム（OSLP）は、オックスフォード市郊外にある、サイード・ビジネススクールのイーグロー ブパークで開催される。建物はモダニズム風のコンクリート製で、伝統的な尖塔のあるオックスフォード大学の学舎とは少々趣を異にする。

プログラムが始まるころには（いつも日曜の午後）、参加者たちは大事な仕事を1週間離れるために無理を重ねたあとの移動で、時差ぼけと疲労でぐったりしている。地球上の遠い場所に残してきた家族との週末が恋しい。部屋の中では彼らの不安が手に取るように伝わってくる。大切な日曜をもっと有効に使えたのにとつい思うのだろう。みな腕と脚を組んで、視線を床に落とし、互いを見ようとはしない。一見したところ、それは不運な出来事の始まりのようだ。

チームとして、私たちはなるべく早く彼らの信頼を獲得しなくてはならない。オックスフォード大学をはじめて訪れる人は、ここがエリート主義でよそよそしい場所だと思っているかもしれない。だが私たちはその正反対だったと思ってもらえるよう全力を尽くすつもりだ。

プログラム参加者が来訪する前に、彼らの名前を頭に叩き込む（プログラム開始の1週間前に、すべての講師は全員の写真リスト、プロフィール、面接時のメモを受け取る）。参加者とは彼らが到着する前からコンタクトを取る。トレイシーが、ビジネスパーソン向けSNSのリンクトインで歓迎のメッセージを伝え、各講師は担当する小グループのメンバーに自己紹介の電子メールを送る。サイード・ビジネススクールの受付の係員たちにも写真のリストを送ってあるので、参加者がプログラムの責任者に会うべくキャンパスの入り口にやって来ると名前で挨拶される。

プログラムは、その開始当初から私たちの意図に沿った形で運営される。まず、シェフやメンテナンスチームを含む、キャンパス内にいるプログラム開催にかかわるすべての人たちに、参加者とこの1週間の目的について説明する。この知識があれば、彼らが面白くなさそうにしている人、あるいは私たちが気づかなかったちょっとした問題まで発見してくれる。

ケータリングスタッフの1人はベルトを忘れた参加者に自分のベルトを貸し与え、クリーニングの担当者はまた別の参加者のために服にアイロンをあてた。この参加者はこの1カ月国際線で飛び回っていて自宅に戻れなかったのだという。ソムリエはできるだけ多くの参加者の出身国からワインを取り寄せ、メニューを考案した。庭師はウェブカメラを設置して、カフェ近くの巣でかえったばかりのヒナに親鳥が餌をやる様子をみんなが見られるようにした。誰もが学校というより我が家のような雰囲気をつくろうと努力していた。

プログラムが始まると、私たちは厳格さと親しみのあいだでバランスを取るように努める。1週間のためにきわめて明確な限界や原則を定めるが、それぞれの小グループはその中で守りたい「規則」を決めることができる（たとえば、個別指導のタイミングを重視する、指導中の電話は控えるなど）。プログラムでは専門用語を避ける。プログラムの精神は協力であって競争ではない。基本は相互関係であって、1人対複数の人の関係ではないのだ。教員の私たちは、ここに集結した一人ひとりから学ぶことがたくさんあると知っているし、そう公言してもいる。だから、その学びの発見に取りかかる。

私たちは各参加者が話をする機会を早期につくるよう努める。プログラム初日、参加者は「文化博物館」に何かを出品する。各自が出身国の産物などを持ち寄るが、それには短い手書きの説明が付されている。これらの品々は通常の博物館と同じくテーブルの上に美しく展示される。下に敷かれるのは赤のフェルト生地だ。

その日の夕刻、私たちは博物館に展示された品々を一杯飲みながら鑑賞する。各参加者が持参した品について語り、自分の出身国、その文化の価値、その文化が自分にとって何を意味するかを紹介する。こうすることで、各自が他の参加者の話を聞く機会もできる。私たちは、この経験を通して信頼が早期に芽生えることを知っている。つまり、相互のつながりができて、7本の柱を見つけて確立するのだ。

私たちは、プログラムの進行に沿って集団の大きさを変えることで、参加者のリスクを下げる。最初は、参加者をダンバー・グラフの小グループに分ける。各グループのメンバーは、あらかじめ行った面接にもとづいて慎重に選ばれる。経験や背景の多様性だけでなく、各人の個性を考慮してグループを構成するのだ。これらのグループのメンバーどうしは初日に会うので、全員が最初から少なくとも5人を知っていることになり、この5人と話すことができる。

私たちは、プログラムの最初の24時間ほどのためにトリアージ制を採用した。何か意に沿わないことのある人や、グループになじめない人がいないか目を光らせるのだ。職員は定期的に会って、何らかの問題、孤立、不信の初期の兆候がないか話し合う。問題や不安を抱えている人がいれば、ランチやコーヒーブレークなどのくだけた雰囲気の場所で、適切な同僚に話をしてもらう。たとえば、自分に自信が持てない若いリーダー、あるいはストレスのかかる瞬間に職場を離れたと心配している人がいるときなどだ。こうした問題を早めに洗い出しておけば、信頼が自然に生まれ、学習に専念できるようになる。

最後に、教員は世界でも指折りの専門家であるというだけでなく、プログラムに対する熱心さも考慮して選ばれている。彼らは教師であるとともに学習者でもあり、相互学習に力を入れていて、ビジネス現場のリーダーたちから学ぶために問題意識や責任感を持っている。このようにして私たちは、参加者が共有された「友情の7本柱」を確立し、プログラムが終わっても持続する信頼を築くお手伝いをする。

プログラムで学んだ教訓は、委員会やチームの日常的な運営や、新人の受け入れなど、私たちのプログラムの学習環境以外の場面にも適用できる。それが、参加者がプログラムから持ち帰る何よりも重要なメッセージとなる。そしてこのプログラムで得られた教訓こそが、信頼の基盤なのである。

信頼にかんするまとめ

- 信頼は社会的関係の潤滑剤であり、これがあることによって社会的レベルおよびビジネスレベルの双方で統合されたネットワークが形成される。

・友情やビジネスのネットワークおよび組織は、信頼によって成立した社会契約である。つまり、私たちはその関係の暗黙の規則を守り、誠意と思いやりを持って行動することに同意しているのだ。

・信頼とそれから生じる信望はゆっくり時間をかけて得られるが、一瞬にして失われることがある。

・お互いをよく知らない大きな集団でも、集団としての強力な目的意識と帰属意識があれば早期に信頼を築くことができる。

・いかなる社会契約においても、一部の人にはフリーライダーになりたいという強い願望がある。コミュニティの恩恵は利用するが、すべてのコストを払いたくはない人々である。

・規則を守る人が、フリーライダーの存在によってダブル・ジョパディー〔訳注　法律用語で「同じ罪について重ねて刑事上の責任を問われない」という意味。ここでは、自分は規則を守っているのに、守らない人が罰せられないという二重に損をしたような気持ち〕を味わうと信頼が損なわれる。そうなれば、個人（または事業体）は避難できる場所と、信頼する人の下での安全を求めて動くのでネットワークが分断される。

・同様に、安易に信頼するのも考えものだ。私たちはとかく各種の機関、ブランド、テクノロジー、データを信用しがちだが、そのどれも簡単に評価したりチェックしたりできない。私たちは単純な話に引かれるが、そのせいで判断力が鈍ってしまう。

第7章

社会的空間、社会的時間

「生命は丸いのかもしれない」
——フィンセント・ファン・ゴッホ[1]

職場の環境が与える影響

建設家ユニットのヘルツォーク&ド・ムーロンが、ブラバトニック公共政策大学院のためにデザインした非凡な円形の建物は、大学院の目的に合わせて建てられた。王立英国建築家協会（ＲＩＢＡ）が「学習の大聖堂」と呼んだこの建物は、公共政策大学院の価値観

（透明性、開放性、協調性）をそのままデザイン原則に取り入れた。「民主主義を支持するので円形であり、政治的な透明性があるのでガラス張りであり、オックスフォードにあるので石造りである」（ＲＩＢＡの説明）[2]。

とてもモダンな建造物でありながら、中世の都市という周辺の環境とすっかりなじんでいる。石を使っているので周辺の建造物と調和しており、それらの建物に敬意を表してもいる。建物の中心部にある稲盛フォーラムは、世界各地からやって来る学生たちが集い、知り合うための場所である。

一般に、自分たちの目的や価値観に合った建物を一棟そっくり借りられることは少ない。既存のオフィスビルに１つのフロアが見つかっても、間取りは以前の入居者が残したままかもしれない。あるいはパンデミックの最中であれば、キッチンテーブルや余っているベッドルームなど、自宅にすでにあるもので間に合わせることもあっただろう。

どこで仕事をしようと、環境は私たちの能力を伸ばすこともあれば、損なうこともある。棒状の蛍光灯による照明や、換気や緑の多い場所へのアクセスの少なさ、絶え間ない機械音、言い争う声、階層的なフロアレイアウト、味気ない環境デザインの見苦しさなどが重なると、人は気力を失い、エネルギーを奪われ、孤立感が増す。反対に、よいデザインであれば、つながり、帰属意識、学習が優先され、グループの目的や文化、価値観が具体化されて、私たちの社会脳が活性化する。

これまでの章では、職場は社会的な世界だと論じてきた。本章では、職場の環境に焦点を合わせよう。職場の環境はそこで働く人々の心理や健康に劇的な影響を与える。人を幸せにする職場は健康な職場でもある。なぜなら、第3章で見たように、心の状態は身体と精神の双方の健康に影響を与えるからだ。また、現実問題としてすぐに欠勤日数が減る。さらなる利点や効率の改善にもつながる。幸福で健康な人は、自分がなすべき仕事に集中している。仕事が速い。必要なら頼まれなくても仕事をする。めったに病欠せず、離職も少ない。

疎外感を感じさせる現代の建物

サマンサは、あるプロジェクトのためにロンドンの中心部にある有名なビルで働いたことがある。外から見ると、ビルの正面に記されている有名な建築会社の名称から権力と権威が伝わってくる。ところが、内部に入ると印象ががらりと変わる。外観と内部のあまりの違いに、まるでわなにはめられたかのように感じるのだ。

どうあるべきか（ガラス、スチール、クロームめっきで表された近代性）と、実際はどうか（閉塞感、堅苦しさ、退屈さ）の隔たりは明白だった。環境は敵愾心《てきがいしん》と疎外感を漂わせていて、それを感じるのはサマンサだけではなかった。そこで働く他の大勢の人にとっても同じだった。その感覚はとりわけ女性の場合に強かった。

町や都市は、概して平均的な住人（おもに男性）を想定する男性によって計画されて建築される。地理学者のジェーン・ダークは、「私たちの都市には、父権社会の刻印が石、レンガ、ガラス、コンクリートに記されている」と語った。[3] 例外はある。たとえば北欧諸国では、多くの都市が、女性や子どもを含めたあらゆる市民のニーズに応えるようにデザインされている。夜間には、バスに乗った女性客は決まった停車場ではなくルート上ならどこでも降ろしてもらえる。安全な家まで長く歩かなくてもよいようにとの配慮からだ。プント6と呼ばれるアーバンデザイナー（都市デザイナー）グループによれば、スペインのバルセロナでは、周りに中央を向いたベンチのある伝統的な町の広場が、一つの支配的な活動（普通はサッカー）に専有されているという。彼らはその場所のあり方について考え直した。その結果、もしこの空間を分割してベンチを異なる位置関係で置いたら、性別や年齢などに関係なくさまざまな人が交流できそうだとわかった。[4]

一般に建築家や計画者は、当然ながら市民の心身の安全を重視し、包摂《インクルージョン》の考えにも少なくとも応えようとする。車椅子用スロープやトイレのマット交換のしやすさにかんする法的要求事項にしたがうのだ。だが、「そのようにして建築された建物の環境は、すべての人が使用可能であるだけでなく、すべての人を喜ばせられるだろうか」と問う人はあまりいない。

　大半のオフィスは、従業員が圧倒的に男性だった１９６０年代の基準に沿って設計されている。したがって、女性スタッフの利便性については考慮されていない。ボリス・キングマとウーター・ファン・マルケン・リヒテンベルトによる２０１５年の研究は、平均的な男性がオフィスの温度として約21℃を好むのに対して、女性は24℃で快適と感じることを突き止めた。[5] 勤務時間が柔軟になった現代では、女性は1日を通して安全なビルの入り口があると知っておきたい。多くの国では法律が定めた産休期間が比較的短いので、授乳するスペースも必要になる（トイレで授乳しなくてはならない場合があまりに多い）。これらの必要性を無視すれば、現実的な問題が起きるばかりか、オフィスはさまざまな人のニーズや気持ち、願望を考慮した環境を提供できなくなる。

　一般に、近代のオフィスはそこで働く人のニーズを満たしていない。１９３０年代に鉄骨とコンクリートの梁が発明される以前には、ビルは人間のサイズにしたがってつくられた。足の大きさ（フィート）で測定し、人の手でつくられたのだ。「目と鼻の先（a stone's throw away)」や「声が聞こえる距離（within earshot)」などの表現はまだ英語に残るものの、新しいテクノロジーのおかげで、建設業者とビルの関係、あるいは種々の物事を測定する方法は、どんどん人間中心的なものではなくなってきている。

近代のオフィスビルに、人間がどのように使用するのかについて考慮した形跡が残されていることはめったにない。人に対する思いやりが形状や材質にほとんど感じられないのだ。漆喰に残る指紋や木の梁に刻まれた署名など、その建物に人がかかわったと思い起こさせるものも見つからない。

現代のビルの多くは没個性的で、できあいのレイアウトとパーツの組み合わせで、空港の待合室ほどにも人の快適さは考えられていない。機能が美観に優先する。無秩序な人間に秩序を押しつけたいという願望によって設計が決まるからだろう。結果として、個人のアイデンティティと関係性が失われる。

高くそびえ立ち、権力と権威を誇示する立派なビルで働いている人々は、ビルに負けないエネルギーと影響力を持つと考えられがちだ。しかし、実際はその逆のようだ。こうしたビル内で働く人々には、自分たちが弱々しく抑圧された存在に思われる。画一的な高層ビルの光り輝く外観についていけないためだ。

グローバルな建造物——没個性的な平面にガラスとクロームめっきと同一性を配したレシピでつくられる——は、ある都市と別の都市、あるビルと別のビルを融合させ、個性豊かなオフィスをありふれたオフィスに変える。おそらく、それらのビルはみな、自分のものとは異なる文化の土地を旅するときに覚える新鮮な感覚を経験することのない、想像上の「万人」のために設計されたのだ。

大都市のダウンタウンにあるオフィス街では、都市特有の一種の均質性が見られる。どのコーヒーショップも同じように見え、どの受付も別の受付と変わらない。作家で歴史家のカイル・チャイカは、これらの独創性のない環境を「エアスペース」と呼んだ。[6]アメリカの社会学者ハーバート・サイモンは、「管理人《かんりじん》は、自分の目に映るものが活気に満ちて混沌とした現実世界の、大幅に簡素化されたモデルだと認識する」と指摘している。[7]

都市計画者がそのような単純で繰り返しの多い街路の景観を好むのは驚くに当たらない。彼らは管理と制御が容易になるように都市を建設するからだ。だが、それを使う人は魂の抜けた建造物の囚われ人となる。その建造物はまるで人々の人間性や仕事の意味を表現することを恐れているのではないかとすら思える。2022年の大量離職時代のはじめに、多くの人が仕事に復帰しなかったのも無理はない。引き寄せられるものも、感情的なつながりも、ここが自分の居場所であるという感覚も、まったくなかったのだ。

組織と組織のためにビルを建築する人々は、人が自尊心と幸福《ウェルビーイング》を仕事の内容のみならず、その場所からも得るという基本的な事実を忘れている。2月初旬のシカゴで、3日間の長期戦略立案《シナリオ・プランニング》訓練をホテルの地下で行ってみてほしい（私たちは一度体験した）。太陽の光を拝めなければ、未来について考えるのは難しい。

また環境は、私たちが成し遂げようとすることを反映し、そこで暮らす人々が共有する目的を表現していなくてはならない。もし役員専用フロアのカーペットが建物の他の部分と色が違うなら、企業内の平等についてタウンホールミーティング〔訳注　経営陣と従業員が直接対話する会議〕で述べることはできないだろう。

職場の環境は、自宅の心理的安全性を一部なりとも再現し、人々が仕事に最善を尽くせるように整える必要がある。また外部の人を喜んで迎え入れるものでなくてはならない。外部から派遣されたセキュリティスタッフの存在や、身元確認のための面倒な手続きのこともあって、今日の受付エリアの多くは正反対の効果を生み出すようにデザインされているかのようだ。人をなるべく中へ入れないようにしているとしか思えない。企業は封鎖されたコミュニティのようになり、取引相手のいる世界からあえて身を引く格好になっている。

オックスフォードで見られる学習のための環境

本章は、オックスフォードにあるブラバトニック公共政策大学院の説明から話を始めた。この町が何によって有名か（各カレッジの学舎）を知るために、もう少しオックスフォードにとどまってみよう。8世紀ほどにわたって教育と研究の中心地でありつづけているこれらのカレッジは、いまだに健在でイノベーションの最先端にいる。これほど長い期間にわたって存続して種々の変化に適応してきた事実を見れば、オックスフォード大学のカレッジは何か正しいことをしてきたに相違ない。

オックスフォードとケンブリッジ両大学のカレッジは、ただの学生寮ではない。各々のカレッジは独自の教育機関であって、法律、財政、機能において大学とは分離している。数世紀を超えて独立を堅持してきたのだ。各カレッジは互いに固く結ばれた学生と教授（形式的にカレッジを所有する「フェロー」）から成る家族とも言える。教授のおもな責任の範囲は学生である。大学（公式には学生はいない）は名目上の組織であり、試験を課して学位を授けるだけだ（今日では中央実験室や図書館の資金を提供してもいる）。

実際、わずか20年前には、カレッジの学長が順番に大学の副総長や最高経営責任者

（CEO）の職についた。この場合のCEOは、*primus inter pares*（「同輩中の首席」を意味し、ローマ教皇はつねに枢機卿たちから自らの立場がそのようなものであることを忘れないように注意を促される）の世俗的な形態だ。

各カレッジは学生の教育について全責任を負う。カレッジ共通の方式にはしたがうものの、それぞれに特有の手法を貫く。したがって、同じ学位の課程を修める2人の学生でも、カレッジが異なればきわめて異なる教育経験を経るかもしれない。卒業生は生涯を通じてカレッジと交流があり、定期的にカレッジディナーに参加して旧交を温めて記憶を共有する。

オックスフォードとケンブリッジ両大学の伝統的なカレッジでは、フェローと学生の数は約100人だった。これくらいの数なら、学習のコミュニティに家族の感覚が生まれて相互に親密になる。現在のカレッジは規模が大きくなった（400人から500人の学部生と大学院生、40人から50人のフェロー）が、学生と教授はいまだにダイニングホールの細長いテーブルで食事をともにしている。

このテーブルは両隣の人だけでなく、向かい合わせの人とも話せるように意図的に考えられたものだ。言語学者が医師と、古典学者が物理学者と並んで座るなど、専門分野の異なる人々が入り混じっている。このために、偶発的なゼネラリスト教育とエンドルフィンに満ちた社会的つながりが生まれ、この強力なターボチャージャーによって教育機関としての知的生産性が上がる。

同じカレッジの学生はスポーツも一緒にする。他のカレッジとの対抗戦では、自分のカレッジの代表選手として出場する。それは身体を動かす没入型の体験であり、少なくとも互いに顔見知りの選手のあいだに共有されたアイデンティティと信頼が生まれる。

どのカレッジにも、内省的な活動のために礼拝堂、図書館、庭園がある。建物、回廊、図書館は中庭を囲むように分散して配置されている。階段室に教師と学生の両方が住んでいるおかげで、正式なクラスや個別指導以外でもたまたま出くわせば会話に発展することがある。

オックスフォード大学の39を数えるカレッジは、いずれも大学の一部であることから共通の目的を有するが、個々のカレッジには独自の儀式、伝統、創立物語、特異性がある。たとえば、クライスト・チャーチ・カレッジの中心にあるトムタワー（鐘楼）の時計は、グリニッジ標準時からきっかり5分2秒遅れてセットされている。オール・ソウルズ・カレッジには、「マガモの歌（Mallard song）」という儀式が伝わるが、この儀式は1世紀にたった一度しか行われない（次回は2101年）。カレッジの創立を祝うもので、教授たちが赤々と燃える松明を掲げて行進し、マラード卿（Lord Mallard）に扮した人物が椅子に座って運ばれる。「マラード卿」の前を歩く男性が持つ棒の先には木彫りのマガモが結びつけられている。

このような伝統は風変わりに聞こえるかもしれないが、それは帰属意識を育む学習環境の枠組みとなる。個々のカレッジにアイデンティティを与え、他のカレッジや大学の管理部門に、どのカレッジも独立機関であることを思い出させる。一見すると無秩序で複雑に思えるかもしれないが、カレッジと大学は互いに協調して教育事業に専念することで、すべての機関が複雑な相互関係から恩恵を得る。この関係を可能にするのが共有されたアイデンティティ、目的、戦略的目標なのである。

何世紀にもわたって、各カレッジ（各々が1249年から2019年までの異なる時期に創立され、財政状況が相互に大きく異なる）は、変化する世相と経済事情に徐々に適応してきた。だが、これらの適応は慎重に検討された上で決定され、個々のコミュニティの利益が重視された。

何より大切にされたのは今後入学する学生世代だった。これらのコミュニティに属すのは、厳しい入学要件を満たした少数の者に限られるものの、カレッジが成功してきた2つ目の秘密は、最初期の創立以来保たれてきた教授や学生の国籍あるいは社会的背景の多様性である。このことは、どんな組織においても、異なる文化的視点が重要であることを思い起こさせる。大勢の著名な卒業生（個々の部屋や建物の名前、功労者の肖像画、そして最近ではダイニングホールに掲げられた写真などで顕彰されている）の存在が示すカレッジの未来展望は、その長期にわたる存続の秘密であり、パフォーマンスコーチのオーウェン・イーストウッドによるコーチング手法の典型例と言えるだろう。

画期的なアイデアが生まれる環境とは

企業の環境について言えば、オックスフォードのカレッジ群ほどゆったりした空間を所有する余裕はなくとも、イノベーションと学習の条件を整える方法はある。多くの部屋や大きな予算をかならずしも必要とはしない。一例を挙げれば、くつろげる共有空間の提供がある。

ある事例がそうした空間の重要性を教えてくれる。ＢＢＣの教育番組部門のプロデューサーがロビン・ダンバーに話したところによると、彼女がその部門に入った数年後、彼女のチームは今にも倒壊しそうな古いビルから新しく建てられたビルに移されたという。[8]そのとき、これまで積み上げてきたもののすべてが壊滅しそうになった。堅く団結したユニットにヒビが入ったかのようになったのだ。新鮮なアイデアが生まれることはもうなさそうに思えたほどだった。

彼女によると、問題の正体が判明するには少々ときを要した。古いビルには、使い古した家具がたくさんある共有部屋があった。そこにみながランチを持っていって一緒に食べたものだった。たわいのない会話の中で、誰かの問題――番組の表看板にふさわしい人を探していたり、いいアイデアを思いついたが視聴者を夢中にさせる何かが足りなかったり――を別部門の人が偶然解決してくれることが再三起きたのだ。

ところが、新しいビルには中央部に会合をする場所がなかった。1980年代の建築家は、そうした空間を無用と考えていたからだった。それは仕事には「かかわりのない」もので、仕事の一部ではないからということだった。結果として、以前のような個人的な接触の機会が、会議での他の重要な議題の合間に詰め込まれた。情報やアイデアの流れが重要な社会的側面を失い、わずか数カ月前には成功をきわめたユニットはまるで魔法が解けたように失速した。

画期的なアイデアが生まれるかどうかは、協調、近接度、人々の集まり、多様な視点……そして思わぬ発見《セレンディピティ》や幸運にかかっている。これらの条件はどれも単純に義務化したり押しつけたりすることはできない。それでも、相互のつながりのための空間と互いのための空間を用意すれば整えることができる。

こうした空間がどれほど重要であるかは、伝説となっているケンブリッジ大学のイギリス医学研究局の分子生物学研究所によって実証されている。この研究所の創立については、今一度語られるべきだろう。１９５０年代に研究所の建設計画に携わった設計者たちは、平等の精神が重んじられる戦後の世界では共同レストランはもはや時代遅れだと考えた。しかし、研究所を創立した生化学者のマックス・ペルーツの考えは違った。彼は共同レストランの設置を主張したばかりでなく、そこでは（タダでなくとも）上質で安価な食事を提供すべきだと要求した。この条件のどちらが欠けても、研究者たちはサンドウィッチを自分の机の上で食べて、互いに話すことがないだろうというのだった。

　彼の見解の正しさはある明確な統計によって確認された。最新のデータによれば、この研究所は27人のノーベル賞受賞者を輩出している。[9] 言い換えれば、イギリス医学研究局の分子生物学研究所は大学ほどの研究者を抱えていないにもかかわらず、ノーベル賞受賞者の数において世界でトップ25の大学と肩を並べているのだ。

　そのレストランでの幸運な出会いがあったために、非常に効果の高い新型コロナウイルス感染症のワクチンが、それまでのmRNA研究のおかげであれほどのスピードで開発されたのだ。ワクチンの一種を共同で開発したカタリン・カリコとドリュー・ワイスマン〔訳注　両者は２０２３年のノーベル生理学・医学賞を受賞した〕は、職場のコピー機の順番を待っていてたまたま出会ったという。[10]

共有空間で起きる何気ない会話の重要性は、ハーバード大学医学部の研究シンポジウムで参加者を対象に行われた実験によって証明された。[11] 実験の開始直後、研究者たちは異なる部屋に無作為に分けられ、他の参加者と90分の非構造化ブレインストーミング〔訳注 制約や規則のないブレインストーミング〕に参加するよう求められた。実験の前に研究者どうしが協力する確率は低かったが、同じ部屋でこれほど短い時間を一緒に過ごしただけで、偶然出会った2人がのちに共同研究の補助金申請を提出する確率が70％近く増えた。共有空間は生産性の高い空間なのだ。

この予期せぬ幸運は、イノベーションの混沌とした社会的側面から生まれる。ふとしたきっかけで始まった会話が議論や協力関係に発展し、大きな問題を解決することがあるのだ。ランチを食べながらくつろいだ会話をしていて、飛躍的なアイデアにつながる千載一遇のチャンスが訪れるかもしれない。一般に、イノベーションとは1人の天才による孤独な活動の成果だと考えられがちだ。だが、科学や工学における歴史上の偉大で画期的な発見の多くは、象牙の塔にこもって熱心に働く一個人によって成し遂げられたわけではなく、別分野の誰かによる偶然の洞察から生まれたものだ。

一例として近代原子論がよく知られる。会計というおよそ化学に縁のない分野に携わっていたアントワーヌ・ラボアジエ[12]が、化学界の誰も気づかなかったある事実に気づいた。当時の燃焼理論〔訳注　フロギストン説を指す〕では反応の前後で帳尻が合わないのだ。何かが足りなかった。それに気づいたことが酸素の発見へとつながり、のちに近代原子論につながった。

飛躍的なアイデアにつながる会話を誰かに無理強いすることはできない。それは自然に生じるものだ。ただし、そのような会話が生じるように工夫することはできる。つまりリーダーは、自社の「クリック」が「ワトソン」〔訳注　クリックとワトソンはＤＮＡの分子構造の共同発見者〕を探し当てられる空間を提供し、２人で彼らのＤＮＡモデルを発見できるように仕向けるべきなのだ。

博学者にして画家のレオナルド・ダ・ヴィンチにかんする世界的権威のマーティン・ケンプ教授は、次のように述べた。「知識を別々のサイロに貯蔵したら、その知識によって成せることには限りがある」。イアン・ゴールディンとクリス・クターナが著書『新たなルネサンス時代をどう生きるか――開花する天才と増大する危険』で同様の指摘をしている。「天才になるには、自分がどのような環境を選ぶかがますます大切になる。理由は２つある。技巧と集中である[13]」。どのような空間を選ぶかによって、未来をつくるために必要となる人に出会えるかどうかが決まるのだ。

変化に対応しつつもくつろいで交流できる場所を設計する

ビルは融通が利かなくてはならない。建築家のノーマン・フォスターは、外部環境の改善によって課題を解決するアウトサイド・インの考え方により、人間どうしのつながりをより容易に実践できるデザインを日頃から志してきた。このため、ビルに適応性を持たせる努力をしている。

彼が最初期の1970年代にデザインしたビルは、保険ブローカーのウィリス・ファーバーのもので、「人間の価値に対する共鳴や共感」をコンセプトにしていた。建設後に用途を変えられるオープン・プランの空間（当初CEOは自分用の個室を欲しがっていたが、実際に入ってみて個室の壁を取り払わせた）、屋上レストラン、社員用の地下プール、職場に飾られた芸術作品、つねに最新テクノロジーに対応するため配線などを収納するOAフロア（二重床）があった。それは未来の技術革新に柔軟に対応できるビルだった。

このような将来を見据えたデザインの採用は難しいように思われるかもしれないが、誰でも空間を適応可能にすることはできる。著書『ビルはどのようにして学ぶか（*How*

Buildings Learn)』でスチュアート・ブランドは、ビルを構成する6つの層について述べている。[14]変更の容易な「モノ」（家具、カーペット、照明等）、空間設計、設備、「外装」（漆喰、外壁材などの表層）、構造、土地である。おそらく、私たちはすべてを変更する必要はないことを忘れがちなのだろう。変更が非常にやさしく、安上がりなものもある。照明、空間の階層的構造、反響音などである。私たちが学習できるのと同じように、ビルも学習できるのだ。

しかし適応のために学習するとき、人は一般に変化を難しいと感じることも知っておこう。社会の劇的な変化――ビクトリア時代における都市部の急激な拡大から現代の先進国における脱工業化社会の現状まで――は混乱と脅威の元だ。

組織の面で言えば、テレワークとオフィスワークを併用するハイブリッド勤務の導入により、人々は柔軟性と適応能力を試されている。未知のものや日常業務の変化に対する恐れ、自分の能力を超えた仕事を要求される不安により、人々はストレスを溜め込んでいる。急性のストレスは生産性を高めるが、毎日の慢性的なストレスは健康のみならず脳の可塑性や学習し変化する能力にも大きなネガティブ効果を与える。ストレスホルモンのコルチゾール濃度がつねに高いと老化が早まり、免疫系に悪影響を及ぼす。そうなれば、必然的に病欠や常習的な欠勤につながる。[15]日常生活においても、私たちは一貫性となじみのあるものを好む。それには、それなりの理由があるように思われる。だから、どことい って問題のない環境を頻繁に変えたいという衝動には負けないようにもするべきだ。

このことは、物理的な環境を正しくデザインすれば、創造性が刺激される一方で、気持ちが穏やかになってストレスが減ることを示唆する。サマンサとトレイシーは世界中でリーダーシップ・プログラムを開催していて、いつも心が落ち着く場所を探す。オフィスであれ野外であれ、グループが集える最適な場所を探すのだ。暖炉、酒場のカウンター、使い古したソファ、夏の日の明るいテラス、冬の日の本が並んだ部屋、庭、森の中の小屋。何でもいい。1日のうちにトーテムポールのような、人との結びつきを象徴する場所に行けるなら、グループはただの白い壁のクラスルームでも楽しく過ごすことができる。そこに行けば、くつろいで交流できるからだ。

第一子の誕生後にデンマークにあるレゴのオフィスを訪れたとき、建築デザイナーのクララ・ガゲーロ・ウェスタウウェイとエイドリアン・ウェスタウウェイ夫妻はまさにこのことに気づいた。レゴの本社ビルは同社の精神を体現していた。本当にレゴでできているのではないかと思うほどだった。屋上には楽しそうなスカイボックス〔訳注　球場や競技場にある特別観覧席〕がある。大きな窓から自然光が差し込み、ずっと遠くの風景まで見渡せた。従業員は会議室の名称と内装を決め、働く場所の「ご近所」を思い通りに変えていいと伝えられた。この空間でいろいろ議論し、互いに協力し合えればいいというのだ。内装は鮮やかな色彩の洪水だった。

クララとエイドリアンが参加したある重要な会議でのこと。夫妻が会った上級役員は赤ちゃんを乗せた乳母車を一方の手でやさしく揺らしながら、もう一方の手で提案の骨子を指し示した。くつろいだ様子と実務的な受け答えが完璧に融合していた。2人は多くのハイテク企業のオフィスを訪問したが、このオフィスが業績一辺倒の考えからいちばん遠い場所だと感じた。自然で生き生きした精神にあふれ、子どもが大切にされている環境だった。それは両親が子どもにおもちゃを買い与えたからではなかった。フランスの哲学者ガストン・バシュラールが次のように書いている。「真の暮らしが営まれている空間には、家という概念の本質が表れている」[16]。2人の建築デザイナーは、レゴのビルがまさにそんな空間を提供していると感じたのだ。

職場をコミュニティにする

人生にかんする真実に、私たちは少なくとも平日には、目覚めている時間の大部分を自宅より職場で過ごしているということがある。したがって、職場は必然的にさまざまな出来事が同時に起きる社会的コミュニティになる。このことは、従業員にとっても組織にとっても利点がある。職場は、各人にとって重要な社会的安息の場所であり、銘々の踊り《バリアシオン》を踊る場所となる。一部の人にとっては、子どもと家庭のプレッシャーからの避難所になる。それは家庭に対する不満から隔絶された場所であり、同じような問題を抱えた他の人と憐れみ合ったり、一緒に勝利を祝ったりする場所なのだ。別の人々にとっては、職場は孤独から逃れる場所になる。

職場の良好な社会的環境が望ましい重要な理由は、第3章で見たように、友人の数とその友情の質が、人の幸福《ウェルビーイング》、地元のコミュニティへの関与と信頼、そして心身の健康を決めるもっとも重要な要因であるからのようだ（113〜115ページ参照）。つまり、もし職場で本当にわかり合える友人がいるのであれば、充足した家庭生活を営んでいるかどうかは問題ではないのかもしれない。いずれにしても、そういう友人のいる人は同じような健康の恩恵を受けて優秀な従業員になる。

カリフォルニアのテック企業の多くは、ただの似たような専門家の集合体というより、コミュニティであることを目指している。そこで、鍼療法、ドッグラン、旅行手当、屋内のツリーハウス、仮眠ポッド、有償ボランティアの日、ウーバーイーツのアカウントなどの福利厚生を充実させている。同様に、カリフォルニア以外でも、一歩先を行く企業は無償のコーヒーや駐輪場程度とは比べ物にならないサービスを従業員に提供しはじめている。これらの企業では長時間働く従業員が多く、週末までに必要なサービスを受けられないことがままある。だから、机とコンピュータだけでなく他にもサポートが必要であると認識しているのだ。

この点において、これらの企業は19世紀の偉大な実業家が目指したコミュニティモデルに似通っている。そうした実業家には、クエーカーのキャドバリー一族、ラウントリー・チョコレート王、リーバーヒューム石鹸・マーガリン一族（現ユニリーバ）などが知られる。従業員の住居を提供するモデルを構築したとき、彼らを動機づけたのはただの博愛主義ではなかった。満足した健康な労働者は生産性が高いことを認識していたのだ。

そこで学校やコミュニティセンターも提供した。それらの場所では社会的交流が盛んで、知的好奇心を満足させるためにクラブをつくることもできた。職場での交流イベントやテニスクラブは現在では1930年代ほどの魅力はないかもしれないが、創造的な思考によって組織の中心に村のような環境を用意できれば、低コストで業績改善を図れるかもしれない。

だがジムをつくって、1人でウエイトトレーニングしてもらうのではだめだ。効果的な活動は、社会的なものでなくてはならない。第4章では、絆づくりや包摂《インクルージョン》を達成するために、合唱（より広くは歌うこと）が果たす効能について述べ、そうした活動が現代における多くの状況で非常に効果的であることがわかっていると指摘した。もちろん、都市の状況、通勤距離、家族などに対する責任《コミットメント》、あるいはその土地固有の文化的な環境も大きな影響を与える。それでも、努力すれば、従業員の愛社精神、充足感、健康、そしてこれらが生み出す経済的な恩恵につながるだろう。

一緒に外を歩くことでもたらされた成功物語

オックスフォードのカレッジにおける回廊や庭園の例からわかるように、屋外の環境から得るインスピレーションも忘れてはならない。現在では、多くの人がワークショップに代えてウォークショップ（歩きながらする会議）を行う。オフィスを飛び出して新鮮な空気を体いっぱいに吸い込めば、自然の中を歩くと得られるインスピレーションも手伝って、斬新で意外な答えが出るかもしれない。

ウォークショップがどれほど生産性を上げるかを示すエビデンスが欲しいなら、エマニュエル・シャルパンティエとジェニファー・ダウドナの成功物語を見るといい。両者はクリスパー・キャス9と呼ばれるゲノム編集技術につながった研究によって、2020年にノーベル化学賞を授与されている。

2011年当時、2人ともすでに有能な科学者だったが、その年にプエルトリコで開催された会議で言葉を交わし、その後一緒にサンファアンの街路をそぞろ歩いた。サンファアンは新しくもあり古くもある町で、海と山の両方に育まれた豊かな文化がある。この出会いによって両者は、わずか4年で偉大な成功につながるインスピレーションを得たのだった。「石畳の上を歩きながら、2人はそれぞれの研究について話しはじめた。シャルパンティエはダウドナが共同研究に興味があるかどうか考えた――彼女は化膿レンサ球菌（*Streptococcus pyogenes*）由来の単一タンパク質、クラス2クリスパー・キャス系の研究に参加したいと思うだろうか？」[17]。

シャルパンティエとダウドナが昔ながらのやり方で共同研究をしようと考えたとしたら、あれほどのスピードであれほど大きな成功を収めたとはとても思えない。議題の定まった会議。堅苦しくて面白みのない会議室。その部屋は次に別のグループが使用する予定になっていて、決められた時間の5分前には何らかの決定を下さなくてはならない。これらのことも創造的な議論や独創的な思考の妨げとなる。

ウォークショップの効果を裏づける確かな科学はまだ他にもある。第4章で見たように、一緒に歩く行為は互いに同調する活動であり、これによってエンドルフィン系が活性化されて絆が深まる。このプロセスが、計画も議題もない対面での相互作用のプラットフォームになる。こうした相互作用は会議室でもオンラインでも再現できない。重要なのは、こうした偶然の出会いから何が生まれるかだけではない。このような相互作用をリモート会議や形式的な会議で行うと何が失われるかも重要なのだ。

在宅勤務やハイブリッド勤務の利点と弊害

ここまで、私たちは自宅とオフィスをまったく別物と考えてきた。ところが、自宅とオフィスはどんどん互いに近づいてきている。このプロセスは、2020年から21年の地球規模のパンデミックのあいだに大きく加速した。今日では、多くの人が在宅勤務をするか、自宅とオフィスの両方で仕事をするハイブリッド勤務をしている。

これらの労働形態にはもちろん利点がある。通勤しなくていいので、午前中のスケジュールをゆったりと組める。しかも、ズームのボタンを押すだけで、建物の反対側にある会議室まで長く歩かなくても会議をすることができる。さらに、自宅と職場の生活のバランスを取ることができる。祖父母、友人、学童保育などに頼ることなく子どもたちを学校に迎えに行くこともできる。インプロビゼーション（即興。予期せぬ状況にも瞬時に対応する能力）の教師で、ファシリテーター（目標達成のための計画立案を支援する専門家）でもあるロブ・ポイントンによれば、人に会って過ごす時間が貴重になったため、人々は仕事のために誰かと一緒に過ごす時間を無駄にしなくなったと指摘する。

ハイブリッドな労働形態のおかげで、多くの雇用者がきめ細かなバランス調整を行う必要があることを認識したと示唆する人々がいる。ある金融系企業の会長が次のように述べている。「パンデミック以前なら、一部の人は疲労やプレッシャーがたまっても、自宅ではかならずしも気にしていないことがわかっていた。理由はわからないが、ズームを使う生活が始まってから2年後、私たちは自宅にいても疲労やプレッシャーに悩むようになってきている。この傾向は、オフィスに戻ってきても変わらないだろう。だから、私たちは互いに寛容になるべきだ」。

テレワークやハイブリッドな労働形態にも問題が潜んでいる。1990年代にはじめて在宅勤務が試されたとき、始業と終業の時間がはっきりしないので、人によっては暇があれば仕事する生活になり、燃え尽き症候群になるリスクを負った。あるいは、日々助けてくれた「チーム」がいなくなって、モチベーションや参画意識《コミットメント》を見失う人もいた。自宅に仕事場を移すことによって、オフィスが提供してくれていた社会的な生態系も失われた。

最近の2例の研究（一方はマイクロソフトが自社の従業員を対象に行ったもので、他方はマサチューセッツ州ケンブリッジにあるマサチューセッツ工科大学［MIT］の研究者コミュニティを対象に行われた）によれば、グローバルなパンデミックの最中でも親しい同僚とのコミュニケーションは以前と同じレベルに維持されたが、給湯室や会議におけるちょっとした接触――この種の接触が斬新なアイデアやイノベーションをもたらすことがよくあるのは先に指摘した通り――は減少した（図7-1参照）[18]。同時に、会議によって無駄に費やされる時間が増加したようだ。

ソーシャルメディアによって友人が増えたわけではない

社会的相互作用の機会はインターネットの出現によって大幅に増えた、と多くの人は考えている。だが、この考えは誤っている。もちろん理論的には、インターネットによってより多様な人々と友人になることができるようになった。しかし実際には、ソーシャルメディアのページに500人とか1000人の友人がいると書く人がいても、デジタルメディアを使う数千万人で平均すると友人の数は約170人ともっと少ない（表7-1参照）。この数字は、私たちの多くがオフラインの社会的ネットワークに持つ友人と家族の数に十

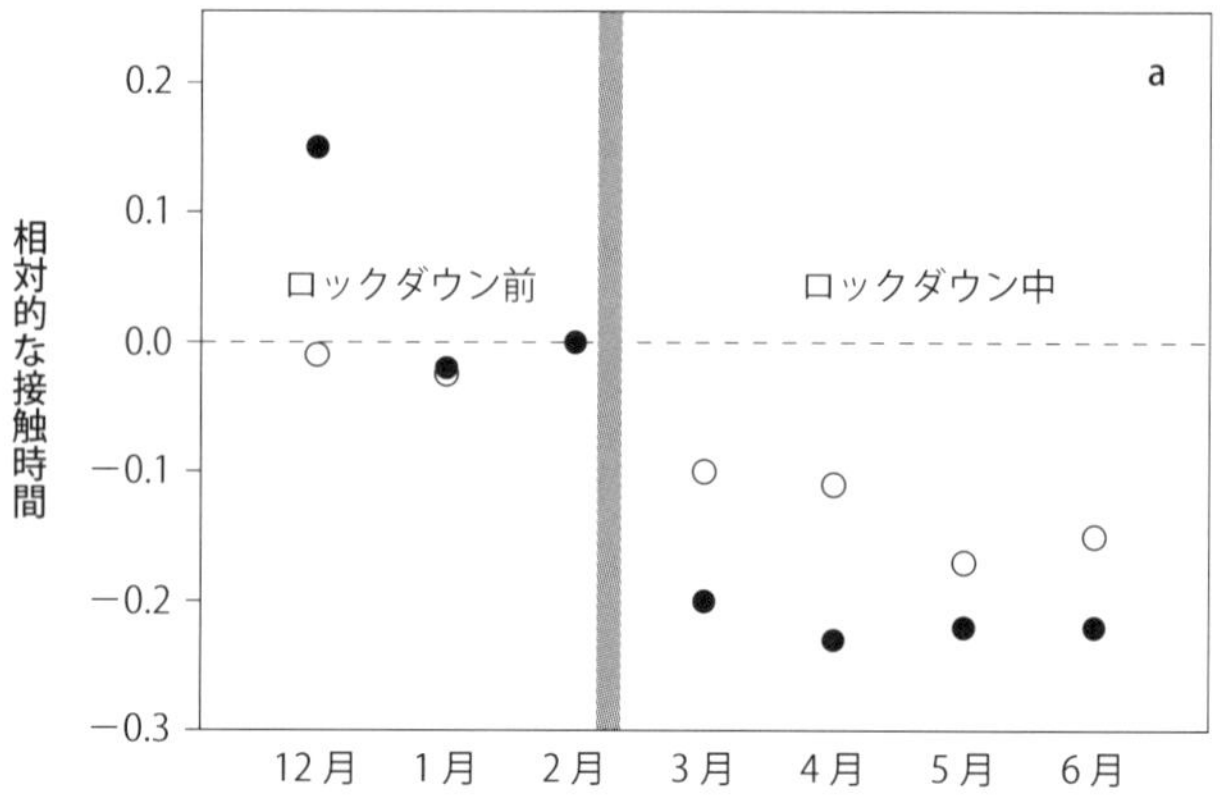

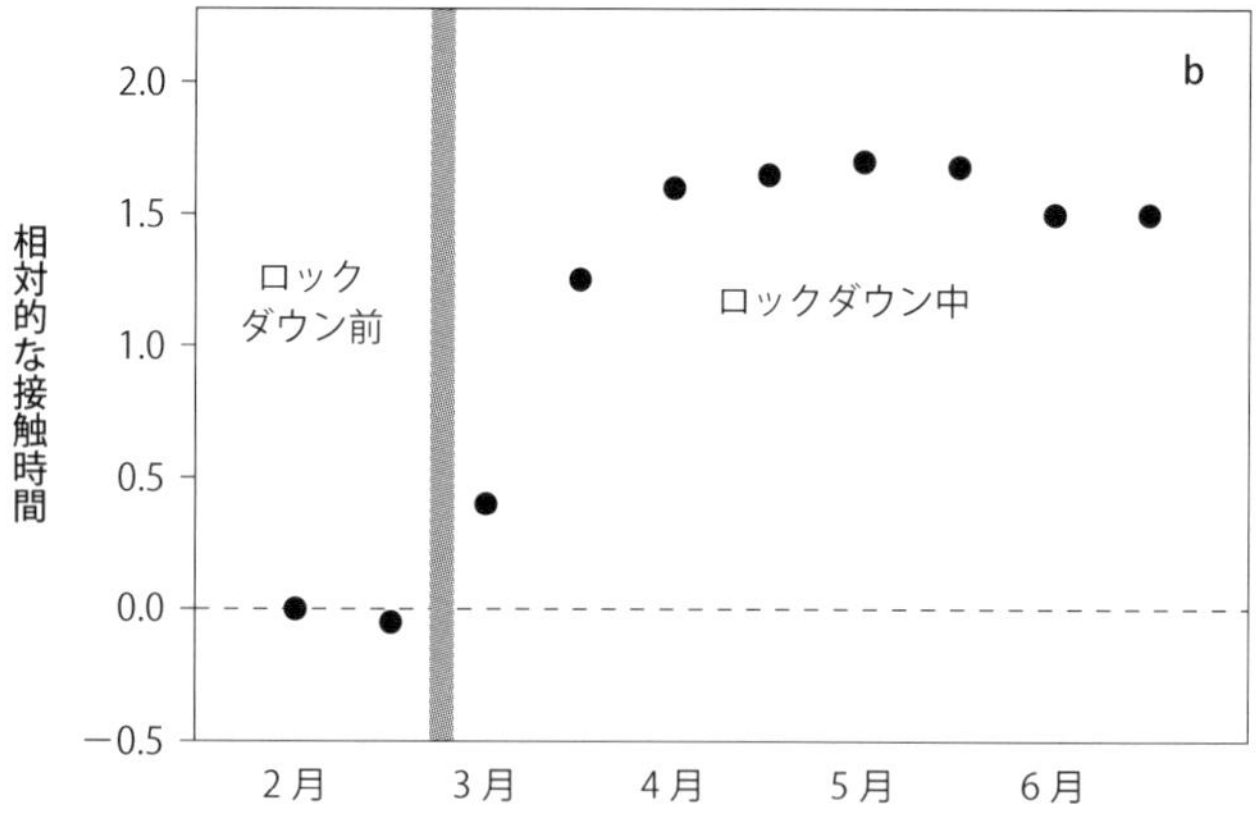

テレワークには代償がある

図7-1 マイクロソフトの研究によれば、新型コロナウイルス感染症の蔓延を防ぐためのロックダウンの結果、(a) 社内の他のグループのメンバー（白丸）と、外部のリンク（弱いリンク）（黒丸）とのコミュニケーションが激減し、(b) オンライン会議や電話会議に費やされる時間が激増した。接触時間は平均的なロックダウン以前のレベルをゼロとして標準化した。Yang et al. (2021)[19]より転載

サンプル	サンプルサイズ	友人の平均数
携帯電話のネットワーク（ヨーロッパ）	26,680	134
携帯電話のネットワーク（中国）	15,209	141
大学の電子メールネットワーク	35,600	250
フェイスブックの友人（世界）	1,000,000	150–250
フェイスブックの友人（イギリスの学生サンプル）	339	175
フェイスブックの友人（イギリスの2つの成人サンプル）	3,375	169
フェイスブックの友人（アメリカのサンプル）	61,000,000	149
平均：全体		174
フェイスブックのみ		173

個人がオンライン環境で持つ友人の平均数[21]
表7-1

分近い（図2-1参照）。6100万件のフェイスブックアカウントを解析したところ、リストアップされた友人の数は平均でぴったり149人だった。[20]

私たちの友人はソーシャルメディアの登場によって増えたわけではなさそうだ。ソーシャルメディアのアカウントに数百人を超える「友人」がいる人は、日常のオフラインの世界で自然にそうしているように、オンラインの友人の範囲を知り合いやトライブの層（図2-3に示すダンバー・グラフの500人と1500人の層）に拡張しているだけだ。だが、そうしたところで、これらの友人はとうてい真の意味での友人とは言えない。むしろそれは、ツイッター（現X）の匿名のフォロワーと同じようなものだろう。

私たちが持つ友人の数を制限するのはデジタルコミュニケーションの技術的な限界というよりは、むしろ私たちが維持できる人間関係の数の上限のようだ。

このことが示唆するのは、インターネットは不注意な人にとって落とし穴に満ちているということである。私たちは行動を抑制することが苦手なので、「行動してから考える」ことになりかねないのだ。（294～295ページ参照）

デジタル世界の落とし穴

テキスト（文字）のみのデジタル世界（電子メール、フェイスブック、携帯メール、SMSなどのテキストメディア）がはらむ最大の危険性と言えば、自分が書いた文章をチェックしないで「送信」ボタンを押してしまうことだろう。実際に話していれば問題なさそうな文章でも、そのまま書くと意味不明になることがある。

いずれにしても、より重要なのは、ある考えを思いついたとき、まだ輪郭のはっきりしないその考えは一時的な感情を表現していて、うっかりしていると意図とは異なる印象を相手に与えるかもしれない点だ。乱暴、攻撃的、不親切、馴れ馴れしさ、悪趣味、支離滅裂など、あまり好ましくない印象を相手に与えかねない。実際に対面で話しているときには、私たちは聞き手の反応を見て言葉を変えることも多い。

たいていの会話では、発した言葉は一瞬で消えてしまう。運がよければ、聞き手はその前に発言を十分に理解する。一方でテキストメディアでは、いったん送った文字を取り消すことはできない。受信者には、何度でも好きなだけ読み返す時間がある。それは半永久的に残るのだ。多くの人は不幸にも事後にそのことに気づく。

ホロコースト・メモリアル・デー・トラストの協力を得て行われた調査では、私たちが行ったある研究[22]によって、対象となった人のじつに50%が過去に自分が電子メールに書いた内容を後悔したことが一度はあることがわかった。それらの人の半分は、電子メールを送ってしまったあとで、相手が気分を害したかもしれないと気づいたのだという。55歳以上の人と比べて、若い人（18歳から25歳）は電子メールに書いた内容を読み返さないで「送信」ボタンを押しがちだという。年齢にかかわらず、女性より男性がそうした傾向にある。40%の女性が電子メールを送信する前に読み返すが、そうするのは男性ではわずかに25%だ。

より重要なのは、私たちは友情を築いて維持するのにデジタル世界が対面の世界よりよいとはかならずしも思わないという証拠がある点だろう（図7-2参照）。動画メディア（スカイプ、ズーム、チームズ）では、テキストメディアや電話より満足感が大きいとはいえ、ズームを使った最近の経験では、これらのオンライン環境はすでに確立された人間関係ではうまく機能するが、どの環境も見知らぬ人と新たな人間関係を結ぶにはあまり向いていてい

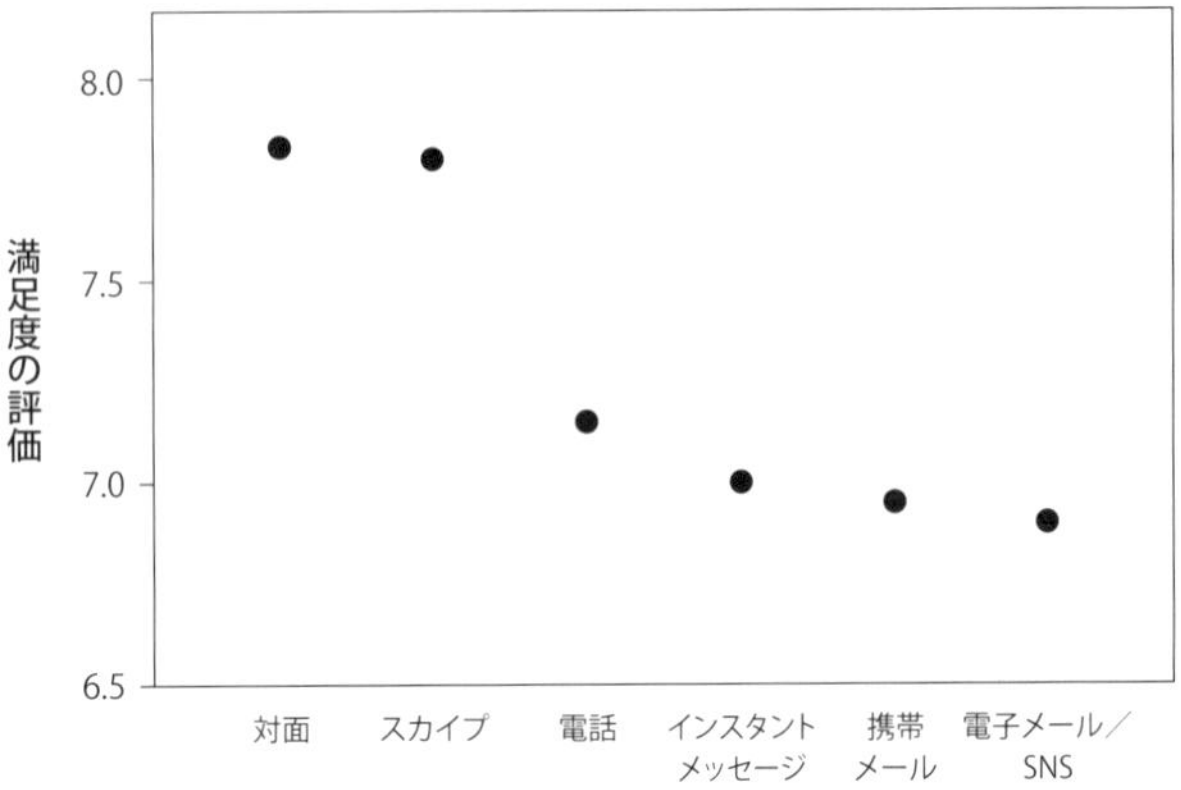

メディアは重要

図7-2　5人の親友に対する日常の自然な相互作用に異なるメディアを使ったときの満足度。Vlahovic et al. (2012)[23]

ないことがわかっている。オンラインの世界、とくにテキストメディアでは、個々の人の行動の詳細——相手の正直さや性格の判断材料となる微妙だが隠し切れない非言語信号（215〜217ページ参照）——までは把握できないのだ。

テレワークで大切にすべきこと

人の創造性や幸福《ウェルビーイング》にとって仕事上の広い人脈は非常に大切だが、そうした人間関係がオンラインのオフィスで生き残れると考えるのは大きな誤りだ。リーダーの中にはこのことをよく心得ていて、実際のオフィスと同じような自然な社会的つながりをオンラインで形成できるように尽力している人がいる。
ニュージーランドの保健省地方公共サービス局長エズラ・シュスターが、サモア人の*teu le va*（空間を育てる）という概念にならって次のような試みをしたと語っている。パンデミックの期間、彼は「誰よりも熱心にズームで人とつながることを試みました。人間関係の形成と維持に全力を尽くし」、オンライン上のフォーラムを安全に保って、「人と人がつながって、本当に大切なことについて、自由で率直に話せるようにしました」。自宅と職場間におけるソーシャルチャンネルの維持は、正式なビジネスチャンネルの維持と同等に重要なのだ。

ブルー・ベア・システムズ・リサーチのCEOヨゲ・パテルによれば、同社の人事部長は「活発な個性の持ち主で、ストーリーの裏にあるヒューマンストーリーを読み取る鋭さを持っている」という。2020年にイギリスでロックダウンがあったとき、この人事部長は毎週すべての従業員に連絡を入れることを自らに課した。各人と人間らしいつながりを保ち、つらいことがあれば話を聞き、彼らの幸福《ウェルビーイング》のために自分にできることをして、彼らの自宅をオンラインで訪問した。こうした定期的な連絡が必要とされるのは、たとえ問題のない時期であっても、友情や仕事上の関係は社会関係にかかわる投資が継続されなければ急速に衰退するからだ（図2-5参照）。

これとは別に、テレワークの経験から、実際のオフィス環境に何ができて、何がまだ達成されていないかもわかってきた。実際のオフィスは人と人が真の会話をすることのできる場所であり、ただ情報を共有するだけの場所ではない。パテルはテレワークをする従業員は多くの機会に恵まれると言う。「彼らがまだ幼い子どもとランチを食べて、休憩時間には年老いた親と一緒に時間を過ごせるのはすばらしいことだと思います」。それでも彼女は、テレワークとオフィスワークのどちらを選ぶかについては従業員の判断に任せている。なぜなら、一部の人はテレワークによって「孤独と満たされない思いを抱えるようになる」ことを知っているからだ。

テレワークがもたらす孤独

1990年代にテレワークがはじめて試みられたとき、ある大手多国籍企業が新たに専用の複合居住区を設計した。居住区には3棟の居住施設があり、これらの施設は同社の歴史と偶然から互いに数マイル離れていた。居住区にはブティック、高級レストラン、カフェ、ジム、リラクセーション用の空間など、仕事が捗るように考えられたものがすべてそろっていた。アイデアはこうだった。従業員にそれぞれオフィスを与えるのではなく、全員にノートパソコンを支給して自宅で仕事してもらう。出社が必要になると、施設内の各所に散らばっているワークステーションで空いた机を見つけてノートパソコンを会社のネットワークにつなげる。

設計者たちは従業員全員に新たな施設について説明した。彼らは新しい施設のコンセプトに抵抗を感じるのは年長の従業員だろうと予測していた。年長者は個別に与えられたオフィス、迅速な支援、昔ながらの習慣に慣れ切っているからだった。ところが、年長者が新しい体制を嬉々として受け入れたのに驚かされた。むしろ猛烈に反対したのは若年世代だった。彼らは友人に会うために出社すると言うのだ。職場は彼らの友だちづきあいの場でもあったのだ。当時、この反応を予測した人は誰1人いなかった。だがポストパンデミックの今日にあって、この基本的な事実は以前にも増して明白だ。

職場はとりわけ若者にとって友情を育む大切な場所なのだから、2020年のパンデミック以前でも、新しい町ではじめての職につく若者世代は孤独のパンデミックに悩んでいたことを知るべきだろう。彼らは自分と似た境遇の人に会うためにどこへ行けばいいのかわからず、友だちづきあいのできる場所はオフィスしかない。ところが、オフィスの同僚の大半にはすでに友人や家族がいて、新人と仲良くする時間も心の余裕もない。その結果、多くの新人は孤独の闇に吸い込まれ、うつ病、疾病、欠勤などが始まる（113）

115ページ参照)。

転勤などで家族と一緒に引っ越しする人は孤独のパンデミックからいくらか守られるが、独身の若者はそうはいかず、年齢と経験によってのみ培われる順応性は若さゆえにまだ身についていない。現代のグローバルな職場環境においては、この問題は文化の異なる土地からやって来た人の場合はさらに深刻だ。彼らには二重の負荷がのしかかる。新しいコミュニティと新しい文化に同時に慣れなくてはならないからだ。

新人が特定のオフィスだけでなく組織全体の人と広く交流できる機会を設ければ、「友情の7本柱」を共有できる人と出会う機会も増えるだろう。そうすれば、これがさらに広い社会的世界への入り口になってくれるかもしれない。ズームの会議は組織や地元のコミュニティで友だちを見つけるのに適した環境とは言えないことを知っておこう。

テレワークが当たり前の未来では、先進的な企業はどうすれば従業員が社会的つながりを形成し維持できるかについて慎重に検討するだろう。一部の企業では「個別作業」――これはどこでもできる――を「共同作業」と区別する。後者の作業では、オフィスに出社することが望まれ、1年のうち数回にわたって節目ごとにオフィスの全員が出社することが義務づけられる。また別の企業では、職場を「楽しい場所」に変える。ランチの時間に面白いトークショーを催したり、1日の終わりにアルコール飲料を提供したりする。

職場に対する新たな認識と従業員の分断

パンデミック以前には、学習するにはオフィスを飛び出さねばならないと多くの人が感じていた。オフィスという日常的な場所を離れて研修会などに行く必要があると考えていたのだ。オフィスから離れた「別の場所」で意図的に仕事のリズムを変えることで、変化や驚き（学習という目的にはもっとも有効な感情）をもたらし、あるいは日常の習慣を破ることで「鮮烈な印象」を与える（私たちは「時間」より「場所」を覚えやすい）。ポストパンデミックの現在、人々は職場でも仕事以外のものを求めているという新たな認識が生まれた。

ハイブリッドな働き方について見過ごされがちな点がもう1つある。すべての人の仕事が自宅で行えるわけではないということだ。実際にその場にいなければできない仕事、カフェやレストランの給仕、工場の働き手、病院で患者を診る医師、学校の教師、飛行機のパイロットなどは、自宅で仕事をすることはできない。おもにオンラインで仕事をする職種では、これは問題にならない。だが多くの職種では両種の作業があり、従業員が2つのグループ――自宅で仕事できる人と、自分の意思とかかわりなく毎日オフィスに出なくてはならない人（低賃金の場合が多い）に分断される可能性がある。そうなれば管理者と工場の現場との昔ながらの不平等が増し、富者に対して貧者が過去に抱いていた憤慨や憤懣が再燃する恐れがある。

時間を尊重し、最大限に活用する

場所は私たちに強力な心理的影響を与えるが、時間もまた然りだ。時間をどう経験するか、どう割り振るか、どう使うかが、私たちの幸福《ウェルビーイング》と生産性のカギを握る。残念ながら、時間は組織ではあまりにしばしば見過ごされる。現代の典型的な企業は時間が無限だと考えているらしく、最新のアイデアや人の目を引く構想を採用してどんどん仕事を増やす。

日本には過酷な労働条件によって死亡することを指す「過労死」という言葉まであるほどだ。この現象をこう呼ぶのは日本人だけかもしれないが、それを経験しているのはもちろん日本人だけではない。組織には進行中のプロジェクトをいったん中止し、いわば戸棚を空っぽにして新しいプロジェクトのために時間と空間をつくるという考えがないかのようだ。その結果、現代のリーダーには大きな負荷がかかり、慢性ストレスの影響で能力を十分に発揮できない。「常時オン」の状態になって、倒れないように走りつづけるような塩梅だ。

「自分の世話も焼けないなら他人の世話など焼けない」という古いことわざがある。ことわざは概して正しいものだ。リーダーの仕事は時間の主人になることにある。つまり、「努力」と「ストレス」の違いを知るべきなのだ。従業員が時間を仕切り、とりわけ休日には時間を止め、時間について考え、時間を使うための手伝いをするのがリーダーとしての務めなのだ。

あまりに多くの場合、従業員はせっかくの休みに会社は大丈夫だろうかと思い悩む。けれども休日が終わって出社すれば、会社はまだそこにある。ベアリングス銀行が1990年代に破綻したのは、役員がみな休暇で不在だったためではない。この銀行が破綻したのは、役員はみなオフィスにいたが、ただの1人として組織の片隅で起きていることに気づかなかったからだった。

あらゆる他の限られた資源と同じく、時間を最大限に活用し、それについて深く考え、貴重な資源として扱わなくてはならない。仕事時間を効果的に使うためには、たとえ体調が悪かろうがいついかなるときでも出社すべきであるという考えを捨てるべきだ。プロセスではなく影響に焦点を合わせるならば、あなたは時間の使い方をこれまでとは大きく変えるだろう。

あなたがイノベーションに責任があり、ランニングの最中によいアイデアを思いついたなら、ランニングはあなたの仕事の一部となる。顧客満足度に責任があるのなら、時間の大半を社内会議に費やすのではなく、顧客の言葉に耳を傾けるために使うべきだ。戦略に責任があるのなら、スケジュール帳を真っ白にしたままで長い内省の時間を持つこと、他産業から学び、協力し、実験し、未来の原案をつくる機会を持つことがぜひとも必要だ。これらの活動のすべては、「仕事」であり「小休止」ではない。

時間を尊重することが重要であるのは、組織レベルでも個人レベルでも同じだ。アメリカでは決められた休日を設定しないことによって、従業員が「なるべく多くの休暇を取る」ことを目指してきた。だが、このやり方は一般に意図とは反対の効果を生んでいる。もしかするとそれは意図的なものなのかもしれない。そのような政策は、休暇を取ることが重要であるという明確な信条が伝えられていることが前提となる。休暇を取ることに眉をひそめる風潮が続き、上司がめったに休暇を取らないのであれば、従業員は企業の風土に逆行するので短い休暇でも取るのが怖くなる。仮にその企業を辞職することになれば、正式な休暇の権利が契約解消に伴って消滅してしまうこともある。休暇を取るのを阻止するのは生産性の向上に逆行すると知ろう。人間は生きていくためには回復する時間を必要とするのだ。同じように、日中もくつろぐ時間を必要とする。計画のための時間もいる。短期目標、締め切り、重要業績評価指標（ＫＰＩ）のために、リーダーは現在の経営管理に忙しい。ところが、これがその企業の未来にとって赤信号になる。

長く存続する企業の条件

短期の業績に焦点を合わせる傾向は、私たちのもっとも強力な心理的特性の1つだ。それは未来を軽視するきわめて強力な傾向である。少し待てばホールケーキを食べられるのに、いちばん大きなカットケーキを食べようとする自分をコントロールできないのである（305〜307ページ参照）。短期的な個人の欲望は、かならずと言っていいほど長期の公共の利益に勝つ。交渉している人に支払われる短期の支払金が高い場合にはとりわけそうなる。

未来の軽視

スタンフォード大学で行われた有名なマシュマロ・テストにおいて、心理学者のウォルター・ミシェルが満足感を先に延ばす子どもの能力を調べた。彼は「これから僕は部屋を出るが、もしテーブルの上に置いたマシュマロを食べないで待っていてくれたら、もっといいものをあげるよ」と約束した。幼い子どもにとって誘惑に負けないのは難しいが、成長するにつれて我慢できるようになる。[24]

追跡実験で研究者らは、誘惑に負けてしまう子どもは学校の成績が振るわず、肥満体になりがちであることを突き止めた。その後、この憂えるべき知見の正しさはより大規模な研究で確認された。ニュージーランドで行われたある研究では、1000人の子どもを出生時から成人まで追跡した。その結果、幼いときに誘惑に負けない子は、10代や成人後に法律に違反する行動が少なかった。[25]

長期的な利益のために本能的な反応を抑制する能力は、人間関係とコミュニティ双方の管理に決定的な役割を果たす。抑制できない場合にはコミュニティが分断され、本来の目的だった利益を得られなくなる。長期的な戦略がいかに望ましくとも、それは未来を軽視する私たちの傾向によって台無しになる。今がよければ、あとは何とかなるだろうとつい期待するのだ。

この傾向が「コモンズの悲劇」を生み出した。村の公共財産である土地で、1人が1頭の余分な牛に草を喰ませるとする。仮に全員が同じことをしたとすると、その土地は丸裸になってしまい、村人の生活が立ち行かなくなる。それでも、一人ひとりはかならずと言っていいほどそうしたいと願う。短期的には家族のために余分な収入が得られるからだ。だが、私たちは自分以外の人は村の規則にしたがうだろうと期待し、自分が規則を破っていることに気づかない。この誘惑が地球規模で起きたことから、世界の海洋における漁業資源は乱獲され、森林伐採によってアマゾン、中央アフリカ、東南アジアにおける熱帯雨林が破壊に追い込まれようとしている。

ロンドン・キングストン大学で業務管理学の教授を務めるアレックス・ヒルによる研究結果を見れば、私たちの短期的な世界観が組織の長期的な成功にとってどれほど有害かがわかる[26]。彼は、ロンドン証券取引所上場の上位100社のうち、4分の3以上がこの30年で姿を消したと指摘する。1世紀以上続いた企業とそうでない企業を比較したところ、彼はある重要な点に気づいた。企業の規模である。存続した企業は小規模で、フルタイムの社員は例外なく300人未満だった（非常に多くの臨時パートタイマーを雇っていたにしても）。

これらの老舗企業は、長期にわたってずっと社員でありつづけ、自社の理念を知り尽くしている、安定したスタッフを中心的存在として抱えていた。CEOは10年以上その地位にいた人だった（これらの企業の方針として、後継者は前任者と就任期間が一部重複している。このことから、CEOたちは辞職を迫られたというより、円満退職したことがうかがわれる)。長期間存続した企業は、さらに、家族的な社風、長期的展望、社会への貢献に特徴づけられる。

組織が大きくなればなるほど、その終焉の種をまいてしまうものだということを思わせる研究結果だ。また、社会脳のさまざまな側面が複雑に絡み合っていることも教えてくれる。グループの規模、メンバーの相互作用の性質、彼らがどこで、どのように出会うか、どれほど長く相互作用を維持するか、それらすべてが最終的な成功に影響するのだ。

空間と時間にかんするまとめ

- 組織はその成員が満ち足りて熱心に仕事に取り組んでいればより効果的に機能する。この目的のためには、コミュニティの感覚が不可欠である。
- 空間は他人の存在と同じくらい、私たちの気分と生産性を左右する。ビジネスにとって、適切な環境をつくることは、適切な「社是」を持つより重要である。

・肩の凝らない会議は、イノベーションのもっとも重要な源泉である。そのような会議ができる機会（コーヒーブレーク、ランチ、終業後のビール）をつくることがわけても必要だ。

・新人、とくに海外から赴任してきた人は、仕事以外の場所で友人を見つけることが難しい。より大きなコミュニティで自立できるよう支援すれば、彼らも新しい職場に円滑になじむことができ、うつ病や疾病などの望ましくない結果を最小限度にとどめることができる。

・ハイブリッドな働き方は慎重に管理する必要がある。そのような働き方によって組織のコミュニティ感覚と目的意識が見失われるリスクがあるからだ。在宅勤務も、のちにそれが躍進のきっかけであったと判明するような、気軽な接触の機会に欠ける。

・オンライン会議では、新しく有意義な人間関係が容易に生まれるような社会的環境が提供されることはめったにない。

第8章 理想的な職場をつくる

「星は私たちに与えられた。だが、星座をつくるのは私たちだ」

——レベッカ・ソルニット[1]

組織を機械のように見なす誤った考え

ヒトに特有の才能や能力と言えば、絆の力と社会的能力である。だとすれば、21世紀の今、組織がいまだに機械のようなものと考えられているとは驚くべきことだ。リーダーは「people-focused（人に焦点を当てる）こと」について語るかもしれないが、彼らが公表する年次報告書や戦略文書を読めば、機械の隠喩のオンパレードだ。「leverage（てこ）」「top-down（トップダウン）」「bottom-up（ボトムアップ）」「centralised（集中型の）」「decentralised（分散された）」「reporting lines（指揮命令系統）」「well-oiled（十分に油を差した、つまりすべて順調な）」「nuts and bolts（ナットとボルト、つまり仕組み）」「throw a spanner in the works（機械にスパナを投げ入れる、つまり妨害する）」。これらの表現は、有限で制御可能なシステムを意味し、そのようなシステムは込み入ってはいても扱いが困難なほど複雑ではない。これらの言葉は不安の表れとも言える。世界経済フォーラムが現代のデジタル時代を指して使い、頻繁に引用される言葉「第4次産業革命」にしても同様だ。

機械にはたしかに優れた一面がある。しかし、どのリーダーに聞いても、彼らは自分の仕事の中でいちばん難しいのは人間の管理だと答えるだろう。人は非論理的で、創造的で、感情的で、一人ひとりが他と異なる側面を持つ。人の社会的パワーを解き放つことに比べれば、技術的な問題は簡単なものだ。

本書の共著者である私たちが考える組織は、より自然であるとはいえ、よく用いられる単純な機械論的モデルでは記述し切れない複雑さを秘めている。何しろ、人間の才能は碁盤の目にしたがうようなものではなく、有機的で変幻自在だ。同様に、従業員とその直属の上司を結ぶ線が真っ直ぐであることはめったにない。私たちが組織にかんして抱く想像上の構成概念は、私たちがそこでどう行動し、どのようにつながるべきと考えているかを知るカギとなる。

機械のように予測できる動きで機能する組織は存在しない。多様な人々のグループに、ある問題とそれに対する答えの締め切りを与えると、組織の計画や指示を与えなくても人々は奇跡を起こす。まるで魔法にでもかかったように協力し合って答えにたどりつく。人々にそれを強要する必要はない。つまり、機械論的な組織の捉え方は正しくないのみならず有害でもあるのだ。

ロボットのように働く予測可能な世界という概念には、人間の仕事は不完全であるという前提がある。何か問題が起きたなら、人間に落ち度があるはずで、システムのせいではないというのだ。実際には人は四角い穴に詰め込まれた丸い杭《ペグ》だ。問題は四角い穴のほうにある。組織の構造と設計にあるのだ。

新しい力が社会を形づくるにつれて、この基本的な真実はますます明白になった。ギグエコノミー〔訳注　フリーランスなど単発仕事を請け負う人の働き方〕の組織化されていない労働条件によって、人々は自分たちをつないでくれていた縄がほどけてしまったように感じた。地球規模のパンデミックは大勢の人に孤立感を与えた。気候変動のような複雑でスケールの大きな問題や、家屋不足のような局地的な問題を前にして、若者は不安と無力感に押しつぶされそうになった。

今こそ組織の総力を結集し、巨大な機械ではなく小さな人間のスケールで考えるべきときではないだろうか。そうすれば、この星に住むそれぞれに唯一無二の存在である70億人の潜在能力を引き出し、人間にできること——よりよい未来を築くこと——を現実のものにできる。

残念ながら、時間の制限とオフィスの間取りのせいもあり、あまりに多くのリーダーシップチームが幹部のオフィスエリアに引きこもる。そこにいると、リーダーは実際の仕事が進行する「1階や周縁」とのかかわりが希薄になる。中国にこんなことわざがあるのをご存知だろうか。「天は高く、皇帝は遠い」。日常の人間関係の力学や、それを教えてくれるヒトの生物学にほとんど注意を向けることのない人には、リーダーシップの理解はとても難しいだろう。

リーダーシップは、「綱引き」のような状況に陥ることがある。この状況は、北極探検隊が「ネガティブ・ドリフト」と呼ぶ現象に近い。探検隊の犬ぞりはある方向（たいてい北極に到達する方向）に進もうとするが、犬ぞりを載せた浮氷が海流や風の影響で別方向（たいてい北極から離れる方向）に動いてそりを押し戻すのだ。あなたはうまくすれば同じ場所にとどまっていられるが、すっかり疲れ切ってしまっている。長年にわたる組織との仕事や組織内の仕事で私たちにわかったことは、このような力学の変化を理解し、この力学が高い生産性と見返りにつながるように管理するのがリーダーの務めであるということだ。

最終章では、まず、グループとそのサイズにかんするロビンの研究が組織にとって何を意味するのかをまとめる。次に、社会脳を考慮した上で管理業務や日常の仕事にあたるために、リーダーが採用すべき手法について述べる。最後に、これまでの章で解説した社会脳の諸側面をひとまとめにすれば、私たちが「スライブ・モデル（Thrive Model™）」と呼ぶものができることを示そう。スライブ・モデルは、つながり、帰属意識、目的、価値観、学習、文化の6要素から成る。

社会脳を考慮した職場

「3倍の法則」にもとづいて組織を構成し、管理する

組織のサイズと広がりは人間が生み出したどんな組織にとっても大きな問題だ。それがとくに問題となるのは、組織は成功を成長と拡大によって測定するので、私たちが大きいことはいいことだと想定するからだ。

すでに見てきたように、ダンバー数の150人は、ある時点において1人が維持できる有意義な人間関係の数の上限である。ダンバー・グラフは、ダンバー数を構成する下位集団と、ダンバー数を超えた上位集団のサイズと特徴を示す。階層構造を持つ伝統的な組織において、リーダーが大勢の従業員に対処する唯一の現実的な方法は、これらの従業員を類別化・単純化することだ。真の意味での個人的な人間関係を結ぶにはそもそも人数が多すぎる。こうして従業員のグループは、「マーケティング」「アメリカオフィス」「幹部候補」などのラベルをつけられ、個性を奪われる。文字通り「人的資源」となり、工場の入り口に搬入された原材料のように扱われる。

リーダーも一緒に働く人々と遠く離れてしまい、やはり個性を奪われる。従業員は自分が考えるリーダー像を彼らに投影し、リーダーに対する先入観を抱く。そのリーダー像は組織を率いる人の真の姿ではなく、従業員の希望や恐れを反映しがちだ。このような状況は、信頼や社会資本を生み出すための理想的な条件にはほど遠い。むろん、多くの組織の規模は150人を超えるため、問題は悪化する一方だ。

ヒトは、各自がすべてのメンバーを知っている小さなグループを形成して生きるように進化してきた。こうした小グループでは信頼にもとづく絆が生まれる。この普遍的な生物学的欲求を大きなグループで再現するには、同心円――5人、15人、50人、150人など、三脚の椅子のように奇妙に安定する「3倍の法則」に支配される数——で考える必要がある。

グループが大きくなるにつれて、これらの数の1つから次の数へとすぐに移行する。これらの数字は特別に安定しているからである。速やかに移行できないと、困難や分断が起きがちだ。リーダーは大きな組織の中で信頼を築くのに何が必要であるかに気づかなくてはいけない。さらに組織を構成するユニットの成長を管理する戦略を立案し、これらのユニットがダンバー・グラフの隣接する層のあいだに落ちてしまわないように留意すべきでもある。

大きな組織の構成概念については、ピラミッドのイメージではなく、ロマネスコの花蕾《からい》、雪の結晶、オオオニバスの葉の裏側を走る葉脈など、自然からインスピレーションを得るべきだ（図8-1参照）。たとえば、水面に浮いて激しい気候変動にも十分耐えられるフローティング・ビルディングは、オオオニバスの構造が持つ独特な強さとしなやかさからヒントを得ている。[2]

タスクにグループサイズを合わせる

水面に石を投げ入れたときにできるような同心円の波状の構造を持つダンバー・グラフは、目の前のタスクにふさわしいグループサイズを教えてくれる。早急な決断や頻繁な会

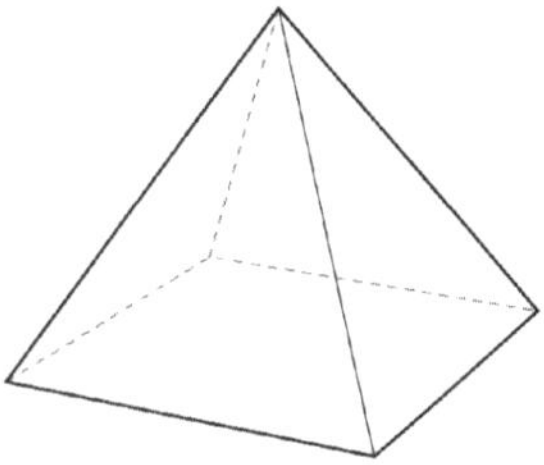

組織を見る新しい方法

図8-1　左図：オオオニバスの葉[3]の裏側に延びる葉脈はフラクタル・パターンを描く。葉脈は巨大な葉に強度を与え、葉の重量を分散することで浮力も与える。右図：伝統的な管理構造のピラミッド型。変化の速い未来に生き残れるような適応性を持つ組織は、脆くて柔軟性のない昔のピラミッド型ではなく、自然の中で見かけるハチの巣、フラクタル、同心円状の波、格子に触発された形になるだろう[4]。

議が必要なら、4人か5人が最適だ。外部の情報が必要か有益である自由なブレインストーミング〔訳注　非構造化ブレインストーミングに同じ〕には、12人から15人がいい。この人数を超えると多くの人のスケジュール調整が必要になり、その規模のグループはそう頻繁に会議を開かないからだ。組織内で特定の機能を果たすグループ（一般に「部署」と呼ばれる）なら、50人か150人が向いている。

情報の流れが最適化するのは、グループが15人、50人、150人、500人のときだ。これらのグループの中間のサイズでは、どうしてもグループが安定しないようだ。これについては、

第2章でフッター派の事例を挙げた。何も対処せずに放置すると、このサイズのグループはすぐに次の人数に達する。そうでなければ、早い時点で2つに分裂しがちである。

これらの人数にかんする原則を理解し、個々のグループに何を達成させたいかについて慎重に考えれば、効果的にタスクをグループに合わせ、グループをタスクに合わせることができる。なお、危機管理のグループと創造的な仕事に携わるチームは小さいほうがいい。人数が少なければ互いに説明する手間が省けるので、スピード感のある仕事ができる。また、これらの人々は何度も「では、Xさんの言うYとは何を意味するのか?」と聞く必要がなく、目の前のタスクを一瞬で理解し、心理学者のミハイ・チクセントミハイの言う創造的な「フロー」の状態に入ることができる。

これとは反対に、ブレインストーミングや複雑な意思決定には大きなグループが適していて、とりわけ多様な意見から決定を下したい場合にはよい結果が得られる。しかし、意見の一致を見るまでの時間は長くなる。いずれにしても、あるグループがその機能が要求するより大きなサイズになるのを放置してはならない。大人数の委員会はどこまでも収拾のつかない意見の応酬になるか、どんな提案もかまわず通す名ばかりの委員会になる。関係する人々にとって、そのような委員会は不毛だし、時間の無駄遣いに終わる。

グループや委員会のサイズを大きくしたいという気持ちの根底には、誰も除外しないという包摂《インクルージョン》を実現したいという思いや、いつか自分が除外されるかもしれないという無理からぬ恐れがある。だが、人を喜ばせるためにグループに参加させるのはよくある組織の罠だ。それをしてしまうと、組織の効率は一気に下がり、本来そこにいるべきでない人々の時間をも無駄にする。また多すぎる人数と限られた時間という条件がそろえば、いちばん強引な人の意見が通りがちになる。こうなると、組織の生産性は損なわれてしまう。

集団力学を学ぶ

組織が成長するにつれて、ダンバー・グラフの各円は異なるニーズとその結果としての力学を生み出すため、それに応じた柔軟なリーダーシップが求められる（図8-2参照）。5人までのグループはリーダーを必要としない。ポピュラー音楽のグループが代表的な例だ。人数が少ないので、メンバーは相手の心を読むメンタライジングをすることができる。つまり、各メンバーは他のメンバーが何を考えているのかを知ることができるのだ。それは即興に最適な構造だ。一部のポピュラー音楽のグループは結成後まもなく消えてしまうが、この規模のグループはたいてい長く持続する。メンバーどうしが頻繁に話し合うので、固い絆が形成されて深い親しみも湧くからだ。

小さなグループがとてもうまくいくと、その協力関係の強さのおかげで他の大きなグ

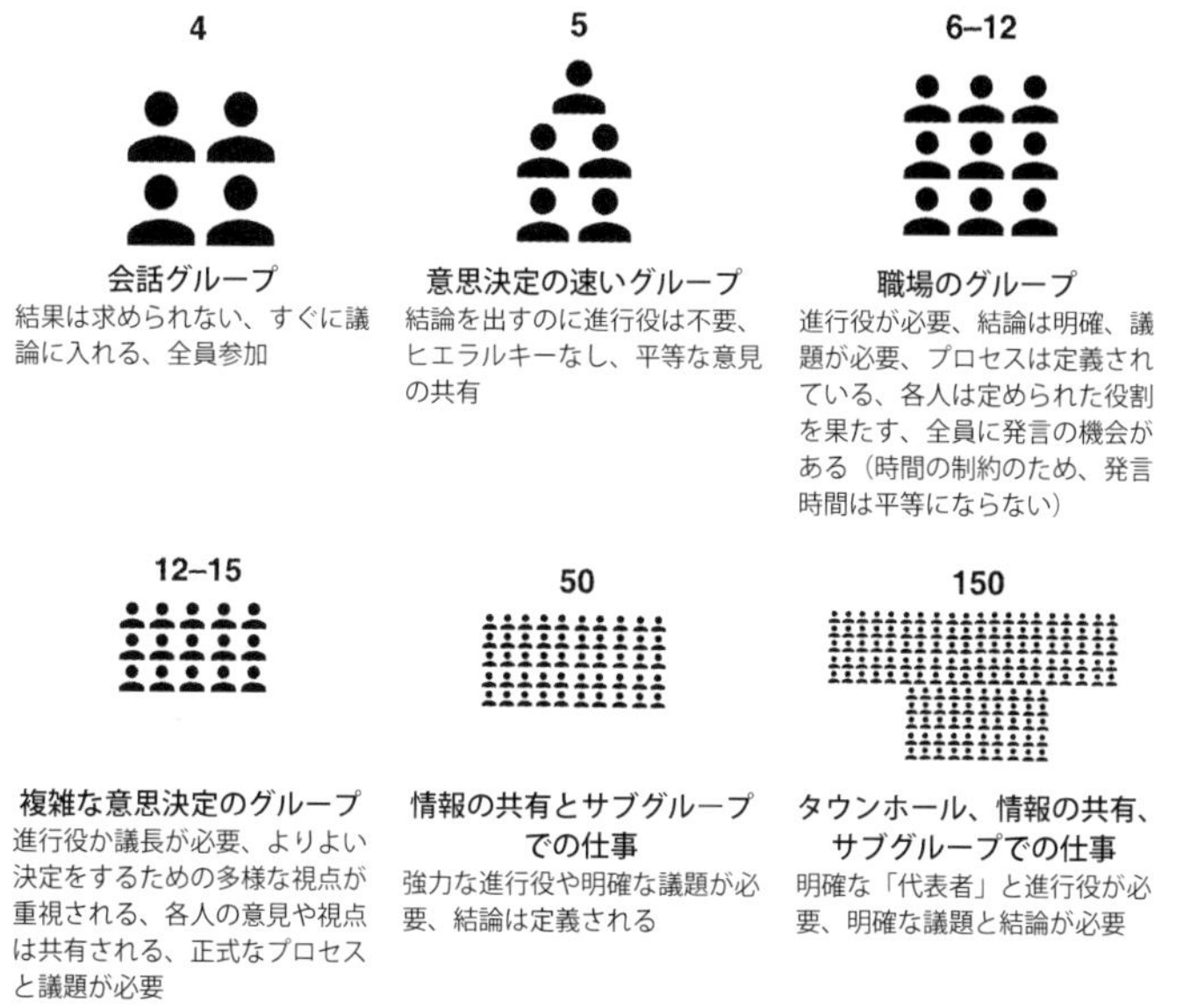
4
会話グループ
結果は求められない、すぐに議論に入れる、全員参加
5
意思決定の速いグループ
結論を出すのに進行役は不要、ヒエラルキーなし、平等な意見の共有
6–12
職場のグループ
進行役が必要、結論は明確、議題が必要、プロセスは定義されている、各人は定められた役割を果たす、全員に発言の機会がある（時間の制約のため、発言時間は平等にならない）
12–15
複雑な意思決定のグループ
進行役か議長が必要、よりよい決定をするための多様な視点が重視される、各人の意見や視点は共有される、正式なプロセスと議題が必要
50
情報の共有とサブグループでの仕事
強力な進行役や明確な議題が必要、結論は定義される
150
タウンホール、情報の共有、サブグループでの仕事
明確な「代表者」と進行役が必要、明確な議題と結論が必要

チームサイズをタスクに合わせる

図8-2　異なる種類のタスクは注意深くグループサイズに合わせるべきだ。さもなければ、その非効率ゆえにグループの意思決定プロセスが効果的でなくなるのは避けられない。

ループに見られる規範や仕事の進め方にとらわれずに、新たな構想や新鮮なアイデアを生み出すことができる。パフォーマンスの高い５人のグループは何をするにも取り立てて話し合う必要がなく、通常のプロセスを無視することも多々ある。そうしたプロセスは自分たちにとって邪魔になるだけなのだ。

　これらの非常に生産性の高い創造的なグループが活躍するためには、他のグループと同じように扱われるよりも、他と異なる活動の仕方をするための保護や許可を必要とすることが多い。彼らはフットワークが軽く、時間の無駄がなく、創造的だ。うまくいくときには、本当にうまくいく。余計な口出しをしたいなら、自己責任でどうぞ。

15人ほどのグループは、議長か進行役を必要とする。構造を決めて、平等な参加と発言の機会を与える役目を果たしてもらうためだ。5人のグループは構成が固定されているが、15人のグループはメンバーの出入りが自由であるときによく機能する。世の中の変化や進化するビジネス環境に応じて、メンバーが交代するとよい結果になるのだ。

リーダーは自分の時間の約60％をこのグループのメンバーと過ごす必要があり、そのリーダーは機会や問題に敏感でなくてはならない。機会は異質のメンバーや新しい見方によって生まれる。

問題はグループ構成があまりに過激だったり、新メンバーを加えたいが古いメンバーを外すのが気まずかったりする場合だ。後者のシナリオはピラミッド型の組織で起きがちである。この種の組織では、メンバーの異動は昇格か降格の二択なので、ある人を特定のグループから外すことは降格と見なされる。

これに対して、プロジェクトベースのフラットな構造（階層のない構造）ならば、リーダーはもっと自由に行動できる。将来の可能性やビジネスのニーズの変化に応じてチームの人寄せパンダとなることもできるのだ。フットワークが軽く、適応性の高いリーダーシップチームをつくるのは、このようなフラットな構造である。

これらの中央にある親密な人々を含む2つの円――5人のグループとそれより少し大きい15人のグループ(5人のグループを含む)――は、強い義務感と忠誠心に特徴づけられる。それが彼らをきわめて強くするが、同時に構成の変更を難しくもする。

メディチ弦楽四重奏団の第一バイオリニストで創設者でもある故ポール・ロバートソンが、メンバーの1人が四重奏団を去ったときのトラウマについて話してくれたことがある。残された者たちが立ち直るまでにとても長くかかった。この衝撃を乗り越えるために、家族と過ごす時間が必要となったほどだったという。チームとしてのパフォーマンスを最大限にするため、四重奏団は入団と退団の管理については直接の介入を避けることが多い。何と言っても、私たちは知っている人、知っていることに執着するものなのだ。

組織が経営コンサルタントを雇う理由の1つに、外部の専門家に必要な措置――ときには過激な措置――を講じてもらうことができる点がある。役員は責めを負わずにすむのだ。もちろん、同時に――おそらくもっと重要な理由は――経営コンサルタントを雇えば組織のトップを替えなくてもいいことだ。だが、これは誤った考えであり、危険きわまる。この考えは組織の活気と各人の成長を尊重する文化ではなく、自己満足と依存の文化を容認することにつながる。

50人のグループは、明確なリーダー、そして既述の2つの小規模なグループより強力な構造を必要とする。自己組織化するには非常に多くのことが起きていて、大勢の人の思惑が絡んでいるからだ。このグループサイズはスタートアップにとって転換点になることが多い。それは創業者が自分1人では組織を管理できなくなる瞬間かもしれない。あるいは、勢いを盛り返さなければならないというプレッシャーと、創業時に大きな成功をもたらした人間関係を維持する必要性とのバランスを取る瞬間だろうか。いずれにしても、認知負荷が高すぎる。

規模が150人に達するまでに、ある程度の階層化が必要だ。サブリーダーやサブセクションを置けば、リーダーの職責を一部なりとも肩代わりさせられる（既述のオーケストラの事例のように）。つまり、リーダーは他者を**通して**会社を率いなくてはならない。より明確な共有された目的や価値観がさらにその重要性を増し、定期的な双方向の連絡も必要になる。独裁者やマイクロマネジャーはこの手法を採用しない。だが、彼らはもともと他人の成功や幸福など気にも留めない。

150人を超すと、どんなリーダーでも認知力もトライブのメンバーに割く時間も限界に来ている。ここまで来れば、彼らの役柄に必然的に象徴的要素が加わる。従業員や出資者が自分たちの希望や恐れを投影するスクリーンあるいはアバターになるのだ。

　ウィルバート・ゴアの言葉を借りれば、これが、「私たち」が「我ら」と「彼ら」になり、新たな、これまでとはまったく異なる組織の概念が生まれる転換点だ。リーダーは形式的にはこれまでと同様の人間関係を持ちうるが、15人ほどのグループを通してのみそれが可能で、必要に応じてズームイン（クローズアップした視点を持つ）とズームアウト（俯瞰的な視点を持つ）を巧みに使い分けなければならない。

　組織のサイズが150人をかなり超えても、同じ原則が当てはまる。ダンバー・グラフ（図2-3参照）の同心円の波の線に沿って内的構造を導入すれば、結束力と情報の流れを確保できる。3倍の法則は150人を超えて500人、1500人、5000人と同心円の波を支配しつづける。これらの大きなグループでは、組織に対する忠誠心や行為の焦点として「村の中央にあるトーテムポール」のようなものを持つことが以前にも増して必要になる。「トーテムポール」は組織を家族として束ね、何らかの社会的目的や価値観、さらには人を鼓舞するような創業譚を提供できれば最高の機能を果たす。

リーダーシップと社会脳

リーダーの果たすべき役割

組織は同心円の波状の構造によって最高に機能するということは、それはリーダーシップが柔軟で融通の利くものでなければならないことを意味する。つまり、リーダーシップは効果的に配分されていなくてはならず、リーダーシップをあらゆるレベルで深化させることが必要になるのだ。

個人や組織が成長する環境を実現するためには、リーダーを――しかも大勢のリーダーを――在職権や地位にかかわらず育成する能力が最重要課題となる。たとえば、オーケストラのサブセクションをまとめる人、目的と価値観を共有する15人のチームを率いる人などの育成である。効果的な経営は、あらゆるレベルに信頼できる人がいてこそ可能になる。これらのリーダーは自身のネットワークにつながってそのネットワークを活性化させ、未来を築いていく。彼らには仕事が円滑に進むように支援する能力が求められる。他者に共感しつつ、状況を判断して適切な決定を下す能力である。

あまりに多くの企業に、特定分野の知識を持つ人を昇格させる文化がある。言い換えれば、好奇心を持ち、新しい問いを発し、組織外のものを組織内に取り入れる人より、技術的な答えを出す人が重用されるのだ。一般にリーダーシップは、本来そうあるべき意味合い（よい未来へと導く役割）ではなく、地位の問題として捉えられる。だが、明確な目的と共通の価値観があれば、分散型のリーダーシップ構造によって広範囲に及ぶ関連組織の経営を支援し、その結果に責任を持つことができる。しかも、昔日の帝国のように供給路が絶たれたり、遠隔地の支部が孤立したりする恐れもない。

私たち（サマンサとトレイシー）は、2人合わせて50年ほどにわたって世界各地のリーダーとともに仕事をしてきた。そうした経験から、リーダーシップを地位というより職責や関係性と捉えている。リーダーの職責は、共有された文化の下で、広く理解された目的と価値観を育むことにある。また、変化するニーズと利害関係者《ステークホルダー》のアイデアに根気よく応えることでもある。相手の話に耳を傾け、評価し、つながり、勇気づけ、必要なら足を止めて困難に立ち向かうのだ。それは、大変な労力を必要とする仕事であり、完全に習得することは永遠にできない。

人との関係性という観点から言えば、リーダーシップで用いるべき代名詞は「私」ではなく「私たち」である。つまり、成功は集団による努力の賜物であり、リーダーのみがその栄誉に与《あずか》るべきでないのだ。「社会脳リーダー」とは、インスピレーションを与え、信頼を獲得し、人との距離を調整し、人と企業の成長を維持する人物のことである。とりわけ人が対象の場合には、この仕事は柔軟な頭脳と精神、大局を見る目と必要に応じて詳細を見定める能力を必要とする。技術的な問題の多くは他の人や組織にアウトソーシングできるのだ。

組織が成長するにつれて、より多くのリーダーが必要になる。だから時間と注意をリーダーの育成に向けよう。ナイジェリア・カドゥナ州公共サービスのサプライチェーンを率いるラマツ・アブデュルカディルが、この点について次のように述べている。「一般にサプライチェーン・マネジメントで問題とされるのは、おもにテクノロジー、プラットフォーム、ソフトウェアなどです。人にかかわることはあまり重要視されません。しかし、私の責務は人にかかわることです。社員が仕事に熱意を示さなかったり、仲間に対して思いやりに欠けていたりするなら、せっかくのテクノロジーも何の役にも立ちません。つまりは、リーダーの育成が先決問題なのです。私たちはシステムを構築する人を育てるべきで、システムの構築が本分ではありません」。

理想的なチームのつくり方

各部が力を合わせ、全体として大きな力を発揮する、順調に機能するチームは、ビジネス界の聖杯だ。しかし、この基本的な真実も変革の時代にあってはともすると忘れ去られる。人事部やリーダーは、ある特定のグループを成功に導いた力学を正しく認識できず、従業員の昇格や配置を個人単位で決めてしまう。

あるグループから1人引き抜いて組織内の別の場所に異動させることが、残されたグループメンバーにどんな影響を与えるだろうかと考えることもない。また、それが本人に与える影響についてもやはり考慮しない。実際に、あるグループで大成功を収めた人物が、そのグループを離れると失敗することはままある。

たとえば、元サッカー選手のアシュリー・コールは現代におけるもっとも優れたフルバックの1人だった。ところが、2014年にソーシャルメディアで散々に叩かれた。移籍先のローマでの一コマをとらえた写真の中で彼は、チームを引っ張るどころか、「身を隠すように」他の選手から離れて突っ立っていたからだった。[5] 彼の実力は誰もが認めるものだったので、ピッチでの精彩を欠くパフォーマンスは新しいチームのメンバーと絆を形成できないためだと指摘された。約15カ月後、彼はさらなる移籍に踏み切った。

この移籍の顛末は、人がその能力を超える地位に昇格されたときによく見られる現象（いわゆる「ピーターの法則」）とは異なる。とはいえ、ピーターの法則がこの移籍のケースと同様の原因を見えづらくするのも事実だ。支援チームと離れて昇格されると、物事がうまく運ばないことはよくある。どんなリーダーでもみな不完全だ。だから、その人の強みを生かし、弱みを補ってくれる他者を必要とする。

市場には効果的なチーム開発を可能にするツールがごまんとある。たとえば現在、マイヤーズ・ブリッグスタイプ指標がフォーチュン100企業のうち89社で使われていて、これは1940年代から存在する。しかし、これらのツールの多くは個人がグループをどう支援できるかに焦点を合わせている。反対の方向からものを見て、グループがどう個人を支援するかに的を絞ったツールはあまりない。

ある種の産業では、有能な個人の雇用や企業買収とは別の効果的な早道があることが知られている。いわゆる「リフトアウト」である。すでに形成されて機能しているチームを企業がそのまま買収するのだ。この手法は、とりわけ投資銀行、コンサルタント会社、専門医療機関、広告代理業、その他の専門的なサービス関連企業でよく見られる。競争相手を無力化する強力な方法でもある。投資銀行の香港上海銀行（HSBC）は、競合するABNアムロ銀行（ABN AMRO）にアナリストチームをそっくり買収され、メディアの純資産額を分析できるのは大卒の研修生1人のみという苦しい状況に追い込まれた。[6]

多様な意見を取り入れる柔軟な組織のリーダーになる

場所の「感覚」、その精神、構造、儀式、物語、習慣、共有された手法——すなわち、文化——は、どのような組織にとっても社会的健康の指標となる。受付まで歩いていくと、その場所の感覚に触れられる。周りを見渡してみれば、何が大切にされ、されていないかが即座にわかる。

私たちは階層や地位に自然に引かれるが、ホモフィリーの傾向がときには排除すべきであるように、地位によって組織の安全な位置を占めたいという願望もときには捨て去るべきだ。複雑系では（自然に振る舞おうとするグループはすべて複雑系であると言える）、すばらしいアイデアは中央ではなく周縁で生まれる。周縁あるいは末端にいる人は、未来がどう変わろうとしているかを肌で感じ取っているからだ。銀行の窓口で働く職員は顧客の行動変化に最初に気づくし、靴の販売員はどんなスタイルの靴が売れるかを誰より早く感じ取る。顧客と話すことで、その理由も知る。組織のあらゆるレベルで起きている人的交流は、その組織の活力の源泉なのだ。

活気のある組織はつねに自己組織化のプロセスにあり、新しいパターンが出現するとこれに適応する。固定された組織図は明確でよいと思うかもしれないが、けっきょくは静的な檻《おり》になりかねない。これに対して、ダンバー・グラフの考え方にもとづく組織文化は本質的に動的である。人々は組織内を自由に移動する。今とは別の友だちが欲しいとき、つながりを変えたいときには、別の層に移動できる。

少なくともこの点において、ダンバー・グラフは柔軟な組織をつくるための効果的な基本モデルになる。グラフの同心円の波状の構造を使って時間と人間関係のあいだにある基本的なつながりを理解すれば、リーダーは賢明な介入によって組織に空気と生命を吹き込める。ときには、これは進行中のプロセスの中断、あるいは既存構造の破壊を必要とするかもしれない。あるいは、新たな考えに耳を傾け、これを実践することが求められるかもしれない。

私たちが行ったあるインタビューで、さきごろある大手の組織を退職した最高経営責任者（CEO）が、現在の自分が持っている知識を当時の自分が身につけていたなら、在職中に変えただろうと思うことについて教えてくれた。「引退してから時間が経つにつれて、私は助言が欲しいときにわずか数名の人のみの意見を聞いていたことに気づいたのです。自分がつくり上げた心地いい反響室《エコーチェンバー》にいたんですね。今にしてみれば、この習慣を止めてもっと多様な意見を聞きたかったと思います」。シェイクスピアは多様な意見の必要性を理解していた。たとえば、『リア王』や『十二夜』に登場する「賢い道化」は、外の世界の考えを持ち出し、権力に対して恐れを抱くことも媚びることもなく真実を語る。

刺激的な意見を組織の中枢に導入し、自分に与えられた60%の時間と注意を、メンバーの入れ替わる中央の15人ほどに費やす21世紀のリーダーは、成功する可能性が高いだろう。もし、目的を共有する小さな関連グループも組織内を自然に移動することを可能にすれば、その可能性はとくに高い。

直感に反するように思えるかもしれないが、いちばん時間効率がよいのは、意思決定の重要な段階で（とくにプロジェクトが始まるときに）代替案（あるいは反対意見）を挙げてもらって検討するシステムを構築することだ。いったんプロジェクトが始まれば、再検討のコストはどんどん高くなる。また、批判的な意見を聞く、あるいは聞きたいと思うことが日増しに難しくなる。

ピラミッドの頂点で全員を統括する地位にいるリーダーに代わり、他の人を通してあるいは他の人とともに働くリーダーは、チームの正当な一員でありながら組織の方向性を決める。他の人とは異なる仕事をしているが、その仕事はかならずしもより重要ではない。ここで問題となるのは、リーダーの地位にいる人が（もう一度言うがこれらの人はかならずトップにいるわけではない）時間と注意という限られた資源をどう使うかである。

ハーバード大学の学者ロナルド・ハイフェッツによれば、マクロとミクロ、あるいは水平線と地面を同時に見ることは、ダンスフロアにいて、ときには「バルコニーに出る」ことだという。[7] これらの基本的な15人のグループ——50人、150人、さらに大きな層に分散している——は人的交流の基本的な構成単位だ。クラスターは各メンバーの信頼と人間関係の恩恵を受け、その影響を別のクラスターにつなげる。こうして周りの人々が信頼と関係性に感染していく。

著述家にして社会運動の活動家であるジェレミー・ハイマンズとヘンリー・ティムズは、共著『NEW POWER——これからの世界の「新しい力」を手に入れろ』で、リーダーが持つ力を水あるいは電気の比喩を使って次のように説明する。リーダーは力をある方向に導くが、お金のように貯めたり人に渡したりしない。[8] つまり、力はけっして個人の所有物ではないのだ。力をそのようなものと考えると、リーダーシップはリーダーとフォロワーの関係性に負うもので、地位、個人、その資質に負うものではないことがわかる。命令を出すがそれにしたがう者のいない独裁者はリーダーではなく、サッカーの試合で「人間の波」を始めても誰にも両腕を上げてもらえない人もリーダーではない。

「優秀なリーダーは優秀なフォロワーを生む」と言ったのは、有名な精神科医ウィルフレッド・ビオンである。[9]「社会脳」に恵まれた組織は、その構成概念に人間関係を尊重する精神を組み入れている。そのような組織は、各人に居場所を提供し、小さなユニットを増やしながら小規模のまま大きく成長する。これらの組織は人々のあいだの空間に着目する。

時間と注意を管理する

共有された強力な目的を持てば、あなた——と組織の他の人々——がどこに時間と注意を集中させるべきかが決まる。ポストパンデミックに私たちがインタビューしたあるCEOが、次のように語った。「近年、リーダーシップに期待される役割は拡大しています。けれども、私たちの1日の時間と能力は以前のままです」。もっともよく耳にする嘆きは、未来について考え、困難な問題に集中して取り組み、人に会うための時間がないというものだ。毎日はいつものように緊急事態、定期的な会議、そしてもちろん会議にかんする会議に満ちている。リーダーは、自分が時間の主人どころか奴隷であるかのように感じる。だが、それは見当違いのことに注目して時間を無駄に使っているためではないだろうか。

社会脳リーダーは自分の時間を取り戻す方法を見つける。そのために、まず、時間と注意は自分——ことによるとその組織——が持つもっとも貴重な資源だと認める。8時間の会議を16時間に延ばす代わりに、これ以上多忙になることはかならずしも好ましくないと気づく。組織にかんする逆説は小規模のまま大きく成長するというものだが、時間管理にかんする逆説は目的達成のためになすべきことを減らして多くの成果を出すというものだ。

私たちが一緒に仕事をしたリーダーたちは以前とは異なる戦略を試みた。大手のモビリティ・カンパニーのある上級役員が、水曜の朝を「会議なし」の朝にすると決めた。1週間の中日にこの時間をつくったことで、彼女はもっと重要な問題に取り組むことができた。この実験的な試みがとても功を奏したので、チーム全体にこの習慣を取り入れるよう勧めた。

　別の企業の最高情報責任者（CIO）は、自分がランチのすぐあとに仕事が捗らないことに気づいた。重要な会議のスケジュールを決めるとき、私たちの自然な体内時計はほとんど注目されない。また、人には朝型人間と夜型人間がいて[10]、異なる時間帯に仕事の効率が上がることも考慮されない。そこで彼は、週3回ランチの時間にジムに行くことにした。そこでの時間を運動し、英気を養い、じっくり考えて過ごした。すると、この新しい習慣によって体内にエンドルフィンが放出された。思考力が上がり、集中力が増し、緊張がほぐれて、午後を高揚した気分で過ごすことができた。当初、彼は自分勝手な真似をしたことに罪悪感を覚えた。だが、しばらくして、ランチタイムにジムに通うようになって午後に仕事が捗ることに気づくと、この実験が長年の習慣になった。

　もう1つの簡単な戦略は、会議の長さを50分、できれば25分にする規則だ。イギリスのある大手銀行が、懸案事項がある場合に会議の長さを25分とし、会議の途中にコーヒーブレークかティーブレークを設定した。会議の時間内の10分あるいは5分でも有効に使おうと思えば使えるのだ。たとえば、議論で誰かが触れた何かを試したり（それ自体をミニ会議にしないように！）、ただコーヒーを飲んで考えをまとめたりできる。こうした実験が習慣になるにはしばらくかかるかもしれないが、続けていれば未来について考える時間が持てるようになるだろう。

あるグローバルな組織の経営陣が、重大なことに気づいた。毎週月曜の朝、彼らはまず担当地区から報告を受け、その数字をセントラル・ハブに報告することに数時間費やしていたのだった。一緒に未来について検討するのではなく、ただ情報をやり取りするのにつぎ込まれる自分たちの合計時間を計算したとき、リーダーたちは衝撃を受けた。それだけの時間があれば、どれほど有益な別の活動に使えただろうか。

スライブ・モデル（The Thrive Model™）

たいていのリーダーは最新モデル、テクノロジー、フレームワークに触手を伸ばし、この不確実な時代にあって堅固に思える環境を構築しようとする。理解はできる。だがそうすることで、表面下で人の基本的な部分に働きかけている、太古から受け継いだ生物学的な力をややもすると見落としてしまう。表面で起きている現象や測定可能な現象（目標、

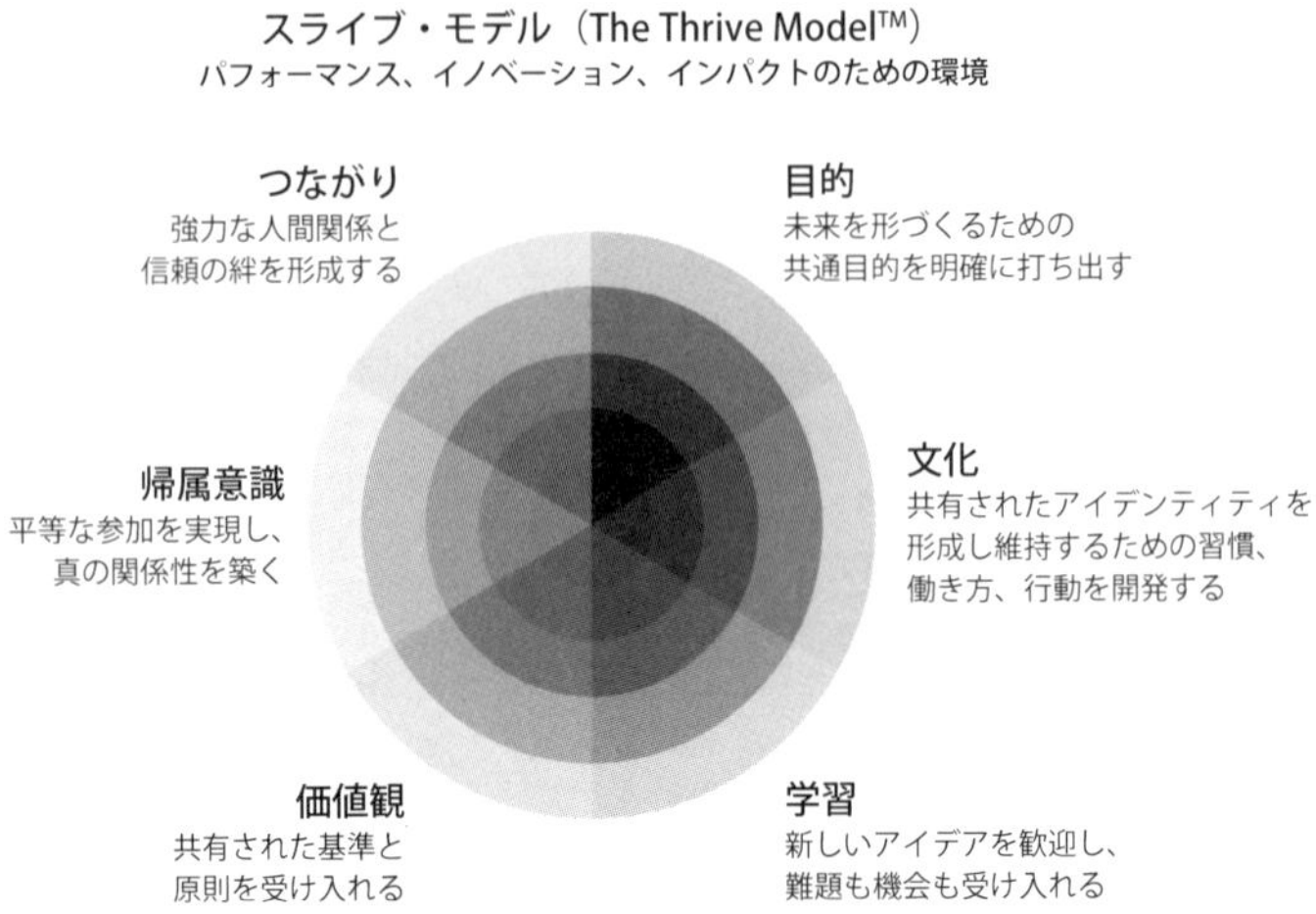
スライブ・モデル（The Thrive Model™）
パフォーマンス、イノベーション、インパクトのための環境
つながり
強力な人間関係と
信頼の絆を形成する
目的
未来を形づくるための
共通目的を明確に打ち出す
帰属意識
平等な参加を実現し、
真の関係性を築く
文化
共有されたアイデンティティを
形成し維持するための習慣、
働き方、行動を開発する
価値観
共有された基準と
原則を受け入れる
学習
新しいアイデアを歓迎し、
難題も機会も受け入れる
スライブ・モデル™

図8-3　組織は人が成功してこそ繁栄する。繁栄を可能にする環境には6つの要素がある。これらの要素は人間関係がもっとも実り多いものであるとき、すなわち円の中心でいちばん強力になる。外側の円に行くにつれて、効果は薄くなる。

コスト、物的生産性）に注目するのはいつの時代でもたやすい。しかし、はるかに測定しづらいものでありながら、これらの測定可能な業績を左右する重要な要因となるのは、グループ内や個人間における相互作用、そしてこれらの相互作用を起こす力である。あらゆる場所で作用するこうした力は、人の目に触れることなくたえず働いていて、組織の存続を可能にしたり、不可能にしたり、狂わせたりする。これらの力が本書の焦点であった。

　私たちの研究では、規模の大小にかかわらず組織を率いる多くの方々に話を聞かせてもらった。こうした会話から見えてきたのが、現代の組織において人が成功《スライブ》する理想的な条件だった。これらの条件を図8-3のスライブ・モデルに示した。

この理想的な環境は、共有された明確な価値観と目的、そして仕事に意味を見出し、学んで進歩する機会のある場所である。それは、人のつながりと友情、共有された帰属意識、そしてこれらを称える文化のある場所だ。ここで、従業員が人間らしく働くためにリーダーが職場環境を最適化する方法を見ていこう。戦略には、容易に行動に移すことができるシンプルなものもあれば、複雑で難しいものもある。いずれもリーダーの時間と注意を必要とする。

それでは、個々の戦略を見ていこう。

つながり——友情と信頼を培う

職場で友人をつくる時間と場所は、つながりをつくる重要な要素だ。第3章で述べたように、「友情の7本柱」（共有された興味、世界観、ユーモアのセンス、音楽の好み、言語、教育、10代を過ごした土地）は、人間関係の基礎になってくれる。とりわけ不安定な時代や変革の時代においてはそうだ。また、信頼も生まれる。しかし、職場で互いを見つけて共通点を知る時間がないのであれば、この基礎を固めることができない。

かつてトレイシーは、グローバルなコンサルタント会社で働いた経験がある。ある晩、顧客を訪ねた帰りに3人の同僚（長くトレイシーと一緒のチームにいた）と夜更けのタクシーに相乗りした。そのとき、3人が以前は博士号を持つ美術史家、軍隊の将校、原子力潜水艦の乗組員だったと話してくれた。その夜まで何カ月にもわたって一緒に仕事をしたが、どのメンバーも他のメンバーが非常に異なる経歴の持ち主であることを知らなかったし、彼らの以前の経験が現在の自分たちにとって刺激になるとも考えなかった。互いを知ろうとしなかったし、まして友人になろうとは考えてもみなかったのだ。

だが、職場で友人をつくる利点はとても大きい。職場に友人のいる人は離職率が低く、満ち足りて幸せであることが多い。「友情の7本柱」はテレワークとオフィスワークを併用するハイブリッドな職場環境ではとくに重要になる。この環境では、コーヒーマシンの周辺にたむろしたり、会議室に誰かと連れ立って行ったりするような機会がない。

しかし、社内に自分以外に4人のロッククライマーがいることを知ったり、自分と同じ町の学校に通った3人に会ったりすれば、安心感と信頼が瞬時に生まれる。問題はこの絆を発見するのに運がよくても数カ月、ときには数年かかることだ。ハイブリッドな環境ではさらに長くかかる。

社会的時間をデザインすることは、デジタル会議の最中であっても、互いのつながりや信頼を育てるためにきわめて重要だ。CEOで著述家のマーガレット・ヘファーナンが、世界各地からオックスフォード・ストラテジック・リーダーシップ・プログラム（OSLP）に参加していた上級リーダーのグループとの会話を、次のような短い言葉で締めくくった。「リーダーにできるいちばん大事なことは、家族や友人とのつながりを絶やさないことです。それが人生でいちばん大切なことなのです」。

友人の数と質は、医師が通常気にかける要素（体重、運動量、食事内容、処方薬、住んでいる地域の大気の質）のどれよりも健康に大きな影響を与える。友人は健康にかかわる選択にも大きな影響を与える。[11] 体重を減らす最良の方法は痩せた友人といることだ。タバコを止めたい？　ニコチンパッチは忘れよう。喫煙しない友人と一緒にいるのがいちばんだ。入院中に医療従事者と友だちになったり会話したりする時間も機会もない？　天才ならずとも結果の予測はつく。現在、職場における心の健康の危機が叫ばれていて、ジム、マインドフルネス、瞑想、社内心理学者などに多額のお金と労力がつぎ込まれている。こうした努力はいずれも望ましいことかもしれないが、友人がいなければその場しのぎで終わるかもしれない。

もちろん、「友情の7本柱」を過度に強調するのは不健康なサイロ・エフェクトにつながる。リーダーの仕事は、職場で友情が生まれるのを可能にすることであり、ときには自然な絆の快さを忘れて人々が新しい有益なつながりを築くように仕向けることにある。もっとも実りの多い人間関係は互いの相違点から生まれることが多いものだ。この種の関係は生産性も効率も高く、イノベーションや新しい方向性の幸運な源泉となる。人々をつないで活発に問題解決に挑み、意見の不一致を財産（少なくとも短期的には）と考える技量は、社会脳リーダーの基本的な能力である。

帰属意識——血縁関係の感覚をつくる

成功《スライブ》するには、人は自分の意見を述べることのできるトライブまたはグループに属していると感じる必要がある。トライブやグループの存在によって、自分の意見を聞いてもらえたと感じ、人生の意味を見出すのだ。この帰属意識は、従業員の幸福《ウェルビーイング》と定着率を決める大きな要因である。のけ者にされている、ないがしろにされている、無視されていると感じれば不安やストレスが生じ、パフォーマンスが低下する。

オーウェン・イーストウッドが、目覚ましい成績を挙げたあるサッカーチームの監督が若い選手にフィードバック（苦言）を上手に与えた事例を教えてくれた。監督はフィードバックの前に、かならずなぜ彼を採用したか、何が彼のよさか、どんな選手に大成すると思えるか、なぜ彼がこのチームに不可欠かについて話す。この話をすると、チームに認めてもらえたと感じて体内でポジティブなホルモンが放出されて活性化し、若者は才能を開花させるための助言をすんなりと受け入れる。

帰属意識は双方向である。ただ組織に雇用されたか採用されたかだけでは十分でなく、この感覚を持つにはその組織に認められ、家族の一員として歓迎されたと感じる必要がある。組織文化が最適なときには、組織は人に属し、人もまた組織に属す。家族間の絆のように、グループの強力な文化は、共有された言語、儀式、建物などの人工物、物語、記憶、経験、そして価値観に依存する。殺風景な環境でくつろぐのは難しく、あなたがどういう人か調べることもない組織の一員だと感じるのもやはり難しい。とりわけ重要なのは、帰属意識が目的と意味の共有、すべての人が経験できる有意義な方向性と焦点からも生まれる点にある。ただ組織の使命や理念を記した文書を読んだだけでは十分ではないのだ。

帰属意識は、組織の文化、組織が希求するもの《アスピレーション》、慣行、儀式によって形成される。これらの要素は、組織の過去、現在、未来のメンバーと彼らの人格に負うところが大きい。全員が一丸となってある目的のために努力する感覚は文章にしづらい。だが、誰かに出会った最初の数分で相手の人格を見定められるように、オフィスや店舗のスタイルや雰囲気からその組織の目的や精神は感じられる。あなたが建物内を歩くときにたまたま出会った人がどんな挨拶をするか（しないか）に見て取れるのだ。つまり、その場所と人々の雰囲気から伝わってくる。

文化にかんしては、感覚はデータである。社会正義活動家のラブリン・ヌワディが、この点について次のように話している。「ある文化の受動的な受け手であるだけでは十分ではありません。むしろ力というものは、帰属と親しみやすさの感覚を育むために組織で使う言語をみなでつくり上げてこそ生まれるのです」。

帰属意識の概念はなぜこれほど強力なのだろう。「多様性」は標準からの逸脱を、「包摂《インクルージョン》」は強いグループから弱い部外者に対する誘いを暗示する。ところが帰属意識の概念は、力のありかを暗示することはない。現在のメンバーも新人も力の関係なくその組織の一員なのだ。

ダンバー・グラフは、ヒトが持つ認知と時間にかんする制約を明確にする。これによって、帰属意識より多様性と包摂《インクルージョン》に焦点を合わせ、階層構造を採用する組織の問題を浮き彫りにする。もし私が自分に近い15人のグループに誰か新しい人を加えたら、現在のメンバーが1人このグループを去らなくてはならない（人には時間と脳のサイズの限界があるため）。当然、このことはその人に排除されたという気持ち（ときには憤り）と地位を失ったという感覚を抱かせる。こうした感覚は反発を招き、結果として深く凝り固まった「我ら」と「彼ら」の感覚につながる。反面、もしすべての人——もっとも古株の人からまったく異なる背景を持ついちばん新しい人まで――が受け入れられたと感じることが大切にされていれば、「我ら」と「彼ら」の対立は起きない。

帰属意識は、新人がドアを入った瞬間に始まり、以降その人がつねに感じられるものでなくてはならない。ところが、新人を迎え入れるプロセスは、採用プロセスの延長と見なされ、見過ごされがちだ。しかし、そこがいちばん大切な部分なのだ。適切な歓迎は記憶に残る。うまく事が運べば、新人はこれらの歓迎の儀式によって早い段階で仕事に慣れることができる。また、自分をただの従業員ではなく個人として認めてくれるコミュニティの一員になりたいと願うようにもなる。

これについては、国連女性機関の2022年オランダ代表エナム・アーメド・アリの話が示唆を与えてくれる。彼女がある銀行に就職して数週間経ったころのこと。イスラム教徒が断食をするラマダーンの初日に、上司が彼女をチームから離れた場所に呼んでこう問いかけた。「あなたが気持ちよく過ごすために、私やチームにできること、すべきことはありませんか?」。この問いの重要な部分は、国連女性機関のほうが新人のために変わる用意があり、その逆でない点にある。また、同機関における彼女の最初の経験が、かならず快いものになるように配慮している点だ。

考慮すべきなのは物事の始まりだけではない。終わりもそうだ。人は職を辞すると長きにわたって蓄積してきた知識、物語、豊かな経験とともに組織を去っていく。一方の組織は、ともすると彼らが何を成し遂げたかに十分な敬意を払わず、また彼らが学んだことを他の従業員と共有してもらうことなく別れを告げる。

私たちの顧客だったある会社は、定年退職あるいは辞職する人にかんして柔軟な方針を採用していた。彼らは元従業員との連絡を絶やさず、「生涯のかかわりを持つ」ことに誇りを抱いていた。またこの会社はキャリアの途中で離職した人に対して「再雇用のドア」を開いている。例外的な企業と言えよう。多くの企業では、雇用の期間が終わるとドアはぴたりと閉じられる。それで終わりだ。豊かな知識も経験も失われてしまう。

目的——集合的な意味の創造

上記の組織による慣行は、いずれも仕事に共有された意味と目的がなければそれだけで十分とは言えない。人は働くとき、仕事の完了だけを目指しているわけではない。仕事はただ生きていくためだけの手段ではないのだ。何人かのグループをそのままにしておくと、彼らは一緒に意味と目的を創出する。自分が果たす役割がどれほど小さかろうと、従業員にとって組織（理想的には、より広い社会）のために自分がどのような寄与をしているかを理解することが大切なのだ。組織全体が行き着こうとしている目的は、従業員にとっては言うなればロイヤルゼリーだ。仕事に個人的な意味を見出すのは、それが組織の目的につながっているとたやすくなる。

人は学習し実験する高度な能力を有する。組織の目的が個人の表現の自由を促進するとき、この学習と実験が組織の業績やイノベーションとなって返ってくる。数年前、歴史家のセオドア・ゼルディンがイケアとの研究プロジェクトに着手し、店舗において学習を促す方法を探った。彼はリバプールにあるイケアの店舗を文化学習のハブに変えた。顧客は互いや店員と一緒に夕食をとりながら話す機会を与えられた。メニューは会話だった。こうして、金銭的な取引がより人間的で発展的なつながりに変わった。

アムステルダムのメイカーズ・ユナイトのCEOで社会起業家のタミ・シュバイヒラーは、難民や難民としての背景を持つ移民がオランダで社会とつながるのに手を貸している。彼は、難民や移民が社会に溶け込むためには、誰かと一緒に何かをつくり上げることが重要だと考えている。そのため、地元の人と新しく町にやってきた人がプロジェクトを一緒に進めることで、つながりのプロセスを始められるようにしている。この経験は有意義なつながりの形成を早めるだけでなく、安全で生産性の高い空間で互いについて学ぶ重要なプロセスを提供してくれる。

この野心的な試みは思うほどたやすくはなく、とりわけ新たな取り組みや手法が導入された場合には難しい。たとえば、私たちが一緒に仕事をしたある企業のＣＥＯは、自社の製品におけるプラスチック材料の使用を減らしたいと考えていた。実験とイノベーションを繰り返してこの目的を達成しようとしたものの、計画の進捗が遅いことに不満を感じていた。

理由を探る中でようやくわかったのは、自社の方針を変える上でプロセスとそれに関連する人間の生態系を無視したためということだった。彼の取り組みによって先行投資がなされ、当分のあいだ売れ行きが伸びないことも承認されていた。だが、会社のボーナスは成長を前提とする。彼の会社の場合、業績が報酬に直結しないように再調整してはじめて、プログラムが動き出した。表面上、プログラムはその進展にブレーキをかける障害物とは何のかかわりもなかった。このような、既存の枠組みや前提を見直して軌道修正をするダブルループ学習（システムもその中にいる人も学習する）は大規模な組織ではますますその重要性を増している。そのような組織では、ＩＴシステム、世界共通で策定された手続き、「配管をすませた」状態、つまり固定された仕事のやり方が目につかないところで足かせとなって、変化の波を妨げる。

したがって、惰性や抵抗を避けるには、企業と個人の目的をつねに一致させることに留意しなくてはならない。人間の自然な傾向は現状維持にあるからだ。私たちは銀行のサービスに満足できなくても同じ銀行を使いつづける。その場所の天候がひどいことを知っていても、過去5年間と同じ場所で休暇を過ごす。同じブランドの紅茶を飲みつづけるが、もっとおいしい紅茶がありはしないかと考えたりしない。同じように、仕事の環境においても、ずっと継続してきたプロジェクト、時代遅れの働き方、結果の出ていない契約、もはや誰にも見向きもされない期待感にしがみつく。それがいちばん楽だからだ。

人を解雇するのはとくに難しい。既存の絆を維持したいという自然な願望が、その人はすでに組織に合わなくなってきているという気づきをなかったことにしてしまう。リーダーはつねに好成績を挙げてきた社員が組織を離れるのがつらい。たとえ、その社員の行動（多くは測定されない）がもはや組織の価値観にそぐわなくとも。とはいえ、その社員がどれだけ会社に対して忠誠心を感じていようと、組織の価値観や目的と一致しなくなったら決断が必要だ。望ましくない行動が目立つ社員が容認され、引き立てられる組織は内側から腐っていくものだ。

優秀なリーダーなら決断すべきときを知るだろう。そして、どのように対処すべきかもわきまえていることだろう。思慮の足りない対策を講じるなら、組織の内外から批判が出るのは必至だ。最近、イギリスのあるフェリー会社がビデオ動画で従業員を解雇し、今後は派遣労働者を雇用すると発表した件がそうだった。優れたリーダーは過去を尊び、何が達成されたかを思い起こし、適切と思われる場合には、最後のときをふさわしい儀式で締めくくるだろう。新たな目的を掲げる際には慎重な上にも慎重であることが求められる。

価値観——タイトな原則、ルーズな規則

会社の価値観をウェブサイトに掲載するが、上層部の関与がうかがえず、従業員にも気づいてもらえない例があまりに多い。価値観の説明文があまりに抽象的で、覚え切れないほど多岐にわたりがちでもある。しかし、ダンバーの同心円の波状の構造が示すように、グループは特定の価値観を共有するときに最高の結果を出す。共有された価値観があれば、組織の誠実さを損ねるような選択がなされることはない。首尾一貫した意思決定が行われるはずだ。また、意思決定が組織内の同じような考えの人々に継承されるので、行き詰まりや遅延が生じず、個々人が必要な権能を得ていると感じる。ゴアのデブラ・フランスが「タイトな原則とルーズな規則」を信じるにはそれ相応の理由があるのだ。彼女は次のように考えている。

「共有された価値観は、その原則を信じる各人の熱意と責任《コミットメント》によって支えられた、一種のガバナンスとしても機能します。何がタイトでなくてはならず、何がルーズでいいかについて議論するとき、ゴアのアソシエイト（社員）は自由、公平性、責任《コミットメント》、ウォー

ターライン・ディシジョン（124ページ参照）の共有された4原則についてはタイトでありたいと考えますが、これらの原則をどう活用するかについてはルーズでいいと考えるのです。これによって世界中のさまざまな文化のチームは、次のような問いについて慎重に考えることができます。

『アソシエイトにとって「公平性」は何を意味するのだろう？』。『「自由」は職種やキャリアが異なるアソシエイトにとってどんな意味を持つのか』。『アソシエイトが全力で仕事に取り組んでいるとき、私たちは本当に彼らを支援しているか』。『アソシエイトは自分が知り尽くしている事柄にかんして意思決定をし、その決定をコミュニティ全体にとって最善なものにするため、他のアソシエイトの助言を求めることを私たちは期待しているだろうか』」。

フォレスト・マース・シニアが打ち立てた原則は60年以上経った今もマースで生きている。同様に、ゴアの原則も「私たちの意思決定、私たちの仕事、そして社員どうし、パートナー、顧客に対する私たちの行動に指針を与えつづけてくれる」[12]という。

組織による意思決定はその価値観から生まれるので、実際に下された決断はいずれも価値観にフィードバックされる。オックスフォード大学ブラバトニック公共政策大学院学長のナイリー・ウッズにとって、このループは機会を意味する。彼女によれば、あらゆる意思決定は、非常に細かな事柄にかんするものでも、価値観を伝える機会となる。

彼女は、大学職員に無償のコーヒーを提供すべきか否かという問いを一例として挙げる。「イエス」の答えは、学者たちが連れ立ってやってきて、アイデアを互いに交換したり、一緒に教授法や研究手法を改善したりすることの価値観を際立たせる機会を提供するかもしれない。「ノー」の答えは、奨学金の財源は貴重なので、オックスフォード大学に入学するお金のない人の教育に1ペニーといえども無駄なく使う必要があることを強調するかもしれない。

オックスフォード大学法学部長のルース・チャン教授が、難しい意思決定をしなくてはならないとき、私たちが一般にどのような行動をするかを教えてくれた。たとえば、正誤あるいは善悪がはっきりとはわからない意思決定の場合、私たちは明確な答えが出てくるか、自然な成り行きでいずれかの道を選択するようになるまで待つことを望みがちだという。しかし、私たちの価値観が強力な場合には、異なる選択肢があっても自分の価値観にいちばん近い道を迷うことなく選ぶ。意思決定のためのデータは自分の内側から得られるのだ。その後に直面する障害や挫折は、自分が誤った選択をしたためというより、克服すべき問題と見なされる。つまり、未来が私たちを形づくるのではなく、私たちが未来を形づくるのである。

学習——聞くこと、人に聞いてもらうこと

講演会などで他者とコミュニケーションするとき、私たちはパワーポイントのスライドを選んだり、プレゼンテーションの内容を吟味したりする。誰にでも開かれた講演会にしたいときや、大勢の聴衆が詰めかけると予想されるときなどには「タウンホール」を会場に選ぶ。だが、発表内容を聴衆が理解しているかどうかわからないなら、こうした努力もただの自己満足に終わる。実際に、発せられたメッセージが受け取られたメッセージより大事であることはまずないのだ。

いずれにしても、相手にメッセージを届けるには十分な配慮と注意が肝心だ。人は他者の発言より自身の発言を覚えているものなのだ。相手が自分の言うことを聞いていると思っても、その人は自分の次の発言内容を考えている可能性が高い。返答するため（発表の休憩時間に言うべきことを考えるため）ではなく、学ぶために聞くように仕向けることは難しい。

しかし、こうした状況で使えるテクニックはたくさんある。まず、話の内容と同じぐらいマナーに気をつけるべきだ。心理学者のアルバート・メラビアンが明らかにしたように、声の調子や身ぶり手ぶり、音響効果やその場のセッティングへの配慮は、発表者の言葉よ

り重要なのだ[13]。
私たちは話すのと同じほど――それ以上でないとしても――聞かなくてはならない。リーダーシップの専門家ジェニファー・ガーベイ・バーガーによれば、リーダーが効果的であるか否かの基準は、人がどれだけそのリーダーの真価を認めるかではなく、そのリーダーがその場にいる場合に、人がどれだけ自身の真価を認めるようになるかだという。このような環境をつくるには、人々の意見を聞く時間と彼らが自分の考えを話す時間が必要だ。もともと聞く能力の大切さは広く知られていないので、たやすく見過ごされるし、その重要性は過小評価される。とかく私たちは注目を浴びて自分を深く印象づけなければと考える。だが中国のことわざにもあるように、「雄弁は銀、されど沈黙（聞くこと）は金」なのだ。

組織の上層部にあまり知られていないもう1つのコミュニケーションツールに、語りあるいはストーリーがある。有史以来、物語を語ること《ストーリーテリング》はコミュニティをつなげるため、そして物事を理解するために行われてきた。それは一種の広く伝える行為《ブロードキャスト》であり包摂《インクルージョン》の考え方に沿っている。物語を語ること《ストーリーテリング》は語る人を聞く人につなぐ。同時に、聞く人の感情を揺さぶり、語りの内容を解釈することを要求して、聞く人を受動的な傍観者から能動的な参加者へと変貌させる。言い換えれば、物語を語ること《ストーリーテリング》は人と人とを結びつけるコミュニケーションである。物語を語ることが私たちをつなげるのだ。事実と図表のみのプレゼンテーションはすぐに忘れ去られる。物語を含むプレゼンテーションはそうはならない。

同じように忘れがたいものに「遊び」がある。第3章で指摘したように、ユーモアは「友情の7本柱」のうちの1本であるが、西洋人の私たちはいまだに面白さを不真面目と見なすプロテスタントの仕事の倫理に縛られている。仕事は仕事で、他の何ものでもないというわけだ。もちろん、オフィスで頭を後ろにのけぞらせて大声で笑うのは不謹慎だ。それでも、第4章で示したように、ユーモアのセンス――より一般的には遊びのセンス――はいたって重要である。

笑い、音楽やダンス、一緒に飲食するときの同調性はグループをつなげるばかりか、人に好奇心を抱かせて探究に駆り立てる。記憶にも残る。心理学者のシャーロット・マーフィーらは、次のように述べている。「好奇心が高い状態は、たとえそれが好奇心を刺激したトピックとはまったく無関係な情報であっても、好奇心の対象以外の情報の記憶を向上させる」[14]。

私たちの取引先のある会社は、毎年4月1日に、とても嘘とは思えないようなエイプリルフールのジョークを欠かさず送ってくる。ただのジョークになぜ創造的な時間とエネルギーを費やすのだろうか。それは、このジョークがその会社の価値観、社風、自信について多くを語ってくれるからだ。それは人々を結びつけ、忘れがたい記憶にもなる。配慮の行き届いたユーモアは効果絶大だ。

一般に、私たちは自分と似たような考え方の人の話を聞いて学ぶときに、いちばん心地よく感じる。彼らは人生を楽にしてくれる。会話を中断して、ジョークのおかしさを説明し、略語の意味を伝え、グループ内の部外者に他の人はみな知っている背景を伝える必要がないからだ。また、たいていの場合は実際に有益でもある。自分と似た考えの持ち主とは奥深い問題について気楽に話せるし、結論に早く達することができる。同じ知識や判断基準によって誤解のリスクを最小限にできるからだ。似た者どうしのチームが必要になるときもある。高度な専門知識が必要とされるような仕事には、こうしたチームがよい結果をより早く出すからだ。

しかし、別の見方をすれば、反響室現象《エコーチェンバー》は仕事の進展を阻害し、それが誤った意思決定や判断につながる。反響室現象《エコーチェンバー》は学習を妨げる。当たり前になった前提や同じ考え方が支配的になると、組織はせわしなく変わる世の中に瞬く間に対応できなくなる。これは史上存在したあらゆる独裁者が直面した問題である。それが宮中であろうと、役員室であろうと変わりはない。もし同僚が好ましくない状況を伝えない、あるいは不興を買いそうな話をしないでいると、絶対権力者は崖っぷちに突進してしまう。2016年の研究で[15]、心理学者のデビッド・ロックとハイディ・グラントが、多様なチームは生産性が高くなり、イノベーションや意思決定も強化されることを明らかにしている。均質なチームに比べて、このようなチームは事実にもとづいた決断を下し、より客観的で、むやみに同調しない。多様な役員会は異なる知識や経験の源泉を持っている。当たり前になった知恵や古い習慣に疑いを差し挟み、新たなものの見方を提供することを厭わない人々を含むからだ。

多様なチームはよい結果を生む。経済学者のティム・ハーフォードがキャサリン・フィリップス、ケイティ・リルジェンクィスト、マーガレット・ニールの研究を引用している。彼らの研究では、友人どうしのグループに比べて、外部の人を含むグループはマーダーミステリーの謎解きに正解する率が高かった。[16] 興味深いことに、友人どうしの外部の人がいたグループは、自分たちのほうが好成績を収めたと考えた。これに対して外部の人がいたグループは、成績グループは、成績がよかったにもかかわらず不安に感じ、自分たちの能力を過小評価した。

マッキンゼーによる2020年の調査「多様性の勝利」は、1000社に上る大企業を調べ、多様なグループ（性別と民族双方において多様性を持つグループ）であるほど、好成績を収めると結論づけた。これは産業界の常識に反していた。[17] 目を引くのは、民族の多様性が性別の多様性より成績に与えるポジティブな影響が大きかったことだ。調査の背景を考えると、男女がともに同じ文化的背景を持ち、同じ考え方を共有していたのが理由と思われる。

ということは、多様性は単に平等と正義の問題ではなく、創造的な仕事と優れた意思決定の問題なのだ。性別について考えてみよう。共著『男性はやはり男性だ（*Boys Will Be Boys*）』で、財政学の教授であるブラッド・バーバーとテランス・オーディーンは、男性が女性より株式市場でお金を失う傾向が大きいのは、頻繁に取引しすぎるからだと述べる。[18]彼らはその理由として男性の自信過剰を挙げる。このケースでは、女性の慎重さがプラスに働くのだろう。

オーストリアの物理学者シュテファン・ターナーは、オンラインゲーム「パルデュス」において同様の性差を発見した。[19]女性はリスクの高い決断をしないため、ゲームで高得点を挙げる。さらに、女性の取引は男性より互恵的であり、ホモフィリーと安定性を求める傾向が強い。洞察に満ちた世界観を得るには、男女双方の観点が必要だと言えよう。

私たちは、男女が相互に異なることを受け入れるべきだ。しかしそれは知性の違いではなく、第5章で強調したように社会性のスタイルの違いである。端的に言えば、男性の社会的世界はクラブに近く、女性のそれは2人の個人的な関係になる。この性差は、態度、会話のスタイル、社会状況や脅威に対する反応に影響し、会話のグループが男女に分かれる著しい傾向につながる。[20]

男女はいずれも相手の社会性や会話のスタイルに合わせることを学べる。だが、大人になってから外国語を学ぶのと同じで、調整が完璧であることはなく、お互いに疲れてうんざりする。だから、一方のスタイルが他方よりいいわけではなく、どちらも同じ目的を果たすための異なる方法だと覚えておこう。両者とも、心理的および社会的支援のネットワークを維持しようとしているのだ。男女は同じ分布を持つ連続体の両端にいて、中央に一定の重複部分がある。双方が同時にバランスと相違点を加味しつつ、お互いを補い合うことで問題解決に当たるべきである。

多様性は異なる個性でもある。ヒューストン大学のクレシミール・ジョシックは、最高の意思決定ができるのは、衝動的な人と慎重な人が両方いる集団であることを発見した。[21] 一般に、物事を行うさまざまな方法を試みて新しいアイデアを見つけるには、あらゆる専門分野出身で、年齢、世界観、能力の異なる人々が必要なのだ。

レオナルド・ダ・ヴィンチは1つの課題に取り組むとき、ありとあらゆる異なる方法を方程式からスケッチ、逆書き、建築物のモデル、図形に至るまで紙に書いて思考を巡らせた。彼ほどの柔軟な思考力を持つ人はそういないだろうが、彼のような多様な思考と行動を個々に体現する人々を集めれば、彼のノートから取り出したような一枚の紙葉ができ上がるに違いない。

しかし、多様なグループが最高の結果を出すには賢明なリーダーシップが必要となる。多様なメンバーのいる委員会を開いたとしても、一部の見解が聞かれぬまま十分な発言時間を与えられないなら意味はない。また、私たちは一人ひとりが多様であることも理解する必要がある。ウォルト・ホイットマンの詩にあるように、どんな人でも多様な側面を持つのだ[22]。ある人がかならず決まった反応をすると決めてかかるリーダーは、人間の複雑さを理解していない。人間というものを十分に理解して適切な注意を払うなら、人間とは分類しがたい存在だと知るだろう。

文化——儀式と環境

新人にも現メンバーにも理解され、その存在を「感じて」もらえる組織文化は、プロンプト（刺激し促すもの）の集合でできている。これらの文化的プロンプトは異なる性質を持つ。明確なプロンプトもあれば（コーヒーショップの外の看板に書かれた「どなたでもどうぞ」という文句は帰属意識が尊重されていることを伝える）、ぼんやりしていてはっきりしないプロンプト（エドガー・シャイン[23]が「水面下で起きている」と評したもの）もある。氷山にも似て、文化には水面の上に見えている部分（建物などの人工物）と、無意識の「水面下」にある前提や行動がある。

組織の文化はたえず外部の状況とグループの変わりゆく構成にもとづいて変化するが、成功する文化（ここでの「成功」は組織の目的および戦略の支援における成功を意味する）とは、組織の内部に一本筋が通っているような状況のことだ。文化の一貫性は、物語、儀式、グループの集合的な象徴と習慣から生まれる。文化は共有された価値観に支えられ、広くすべてのメンバーに理解できる言語で書かれている。組織に組み込まれた仕事のプロセスは、文化を蝕むことがなくむしろ支援する。とくにリーダーは、その話し方のみならず行動においても組織の文化を体現する。

どこまでも均質性を目指す文化は、何としても避けたいものだ。内向きの同一性が幅を利かすカルト的な世界では、経営陣は隔絶された5階にいる秘密主義の一団で、自分たちの考えを無批判に盲信する。階下にいる一般男女の声は彼らには届かない。このような世界は極端になると危険だ。独立独歩の人、奇人変人、独創性に満ちた人——イノベーション文化の開花に欠かせない——は、そのようなグループからは拒絶される場合が多い。グループ側の自己防衛と効率のためである。創造的な文化では、帰属意識のネガティブな側面はできる限り排除し、何かに属したいという気持ちの、ポジティブで自然な傾向を大切にすべきだ。たとえば、内部告発者はものの見方が均質なグループでは意見をまともに聞いてもらえない。

CEOで著述家のマーガレット・ヘファーナンには、この問題にかんする数々の著作物がある。彼女は、有名なエンロンのシェロン・ワトキンスの事例を挙げる。[24] 同社の経理に不正を発見したとき、ワトキンスは当時エンロン会長だったケネス・レイに懸念を報告した。彼なら不正を糾せると期待してのことだった。ところが、彼はただちに彼女の解雇について法的な助言を求める挙に出た。けっきょく、ワトキンスが懸念を公表することはなかった。彼女が書いた書簡が表に出たのはエンロンの破綻後に当局による捜査が行われたときだった。ワトキンスは会社が破綻する前に問題を解決できればと考えただけだったが、文化(とリーダー)は聞く耳を持たなかった。

人が大成《スライブ》する物理的な環境について考えると、それはたまたま成立するものではなく、そうなるべくデザインされていなくてはならないと知るべきだ。エアビーアンドビーの自宅にいるかのような職場空間はまれな存在だ。人々は無味乾燥で退屈なオフィスでも文句を言わないことがあまりに多い。だが、環境はこの上なく重要である。

最高の環境が整えば、人が安全だと感じる文化、まったく安全というわけではなくとも安心していい文化ができる。それは意見を述べても安全な文化であり、一緒にリスクを負い新しいものを創造するのに十分なほどに安全な文化なのだ。この環境では幸運な出会いのある空間を楽しむことができるだろう。地球規模のパンデミックのおかげで、ズームやチームズがすばらしい情報共有の手段になるとわかったが、信頼を生み出して創造性を育むには物理的に近くにいることが大事だ。

チームをタスクに合わせるのと同様に、環境をチームに合わせることも必要だ。役員室にある長い固定されたテーブルが、真に平等な意見交換をいったい幾度にわたって阻んだことだろう。薄暗い地下からは外の世界を見ることができず、未来にかんする創造的な思考が妨げられた。会議室に集うチームの「会合」は温かみを欠いていた。海外のパートナーとの細心の注意を要するやり取りは、音響効果のひどいレストランで行われた。

人を大切にする組織では、環境の細部にかんする意思決定ですら大きな影響力を持つ。採光と健康のコンサルタント、シェリー・ジェームス博士なら、まずもっと自然光を採り入れましょうと言うだろう。自然光は、生産性、健康《ウェルビーイング》、鋭敏な注意力をもたらす、まだまだ理解の進んでいない資源だ。

出来事がどこでどのように起きるかは、出来事そのものと同じくらい結果を左右する。コロンビア人の同僚が、ほとんどあり得ないような場所で開催されたコロンビア革命軍（FARC）と政府のあいだの歴史的な講和会議について教えてくれた。それは暑くて蚊が群がるジャングルの真っ只中で開催され、強風で書類が吹き飛ばされた。当然ながら、講和の話し合いは決裂した。

おおかたのオフィス環境はこれほどまでに劣悪ではないだろうが、有益な結果につながらないものが多い。会議室は、自然に堅苦しいヒエラルキーができるようにデザインされているようだ。誰がテーブルの上座に座るかで否応なく上下関係が示される。小規模の会議でCEOの席をどこにするかを間違えると、全体の力学が乱されてしまう。

たとえば、ある政府のリーダーは、大きなチームとともに難しい問題を解決しなければならない立場に立たされたとき、朝食をとりながらの会議を小さな丸テーブルがいくつかある部屋で開催することにした。驚くほど美味しいコーヒーとクロワッサンが供され、小グループの会話が進められた。いつものセッティングを変えただけで日常の気分が変わり、ポジティブな結果が得られた。

重要な会議のあとではなく前に食事をともにすることは、いつでも予想もつかないよい結果を生み出すが、それがあらかじめ企図されていることはまれだ。一緒に楽しむ食事、その食事の構成と演出、そしてともに過ごした社会的時間によって、エンドルフィンが放出されて結果を変えるのだ。親近感が生まれる小さな部屋、あるいは公園での会話を交わしながらの散歩は、注意を要するトピックに必要なものなのかもしれない。文化と環境は離れがたく結びついているのだ。

終わりに……

本書に書かれていることの多くは常識の範囲内に思えるかもしれない。「私たちは大きな集団の中でうまく機能するのを苦手としている」「集団の中の孤独は惨めな経験だ」「気の合う同僚がいるのはいいことだ」などなど。しかし、こうした常識を裏づける研究成果は一般に組織では活用されていない。おそらくそれが、あまりに直感的で、主観的で、「なすべきこと」というより、「できればいいなと思える程度のこと」だからだ。私たちはこれまでに世界各地の何千人というリーダーと仕事をしてきた。その中でも最高のリーダーのみが自分の組織を人間らしい観点から眺め、いかにも人間らしい問題に取り組んでいる。

19世紀には水と空気はあって当然のもので、それらの物質の性質はほとんど理解されていなかった。どちらも脅威にさらされている今になってはじめて、私たちは水と空気がどれほど欠かすべからざる貴重な資源であるかに気づき、保護するために法の整備に乗り出した。

今日、私たちは組織の社会的性質を当たり前と考えて、そんなことに頭を悩まさない。しかし、ますます多くの人が、社会的組織が私たちの健康とパフォーマンスにどれほど重要であるかに気づかざるを得ない時代になった。ロビンはきわめて古い何か――私たちが進化によって継承してきたもの――を理解する新しい科学の最前線にいる。サマンサとトレイシーは、科学を実践に移す効用を理解しようと、チームと一緒に幅広く研究をしてきた。

私たちは楽観的だ。人としての自分に自信を深め、人間関係の力学、学習と適応の能力に焦点を合わせるなら、グループは部分の和より大きくなるだろう。この楽観的な展望を実現するには、賢明な、己を知るリーダーが組織のあらゆるレベルで必要となる。指導者には、遠い過去から未来へ続く長期的な展望を持つ人物、私たちの原始的な本能の力を利用しつつも、その力を抑制もするような成熟した人物が向いている。

本書の結論には実現が難しいものもある。とくに組織というものの根底にあるデザインを指摘する結論などである。だが、実現がやさしい上にコストがかからず、利用するのが簡単なヒントもある。食事をともにすること、散歩しながらのミーティング、より個人的な関係を築くためにひねり出した10分。これらの試みは自動的に私たちのホルモン状態を変え、仕事が遊びになったかのように感じられるようになるだろう。

私たちが提示したさまざまな洞察は、次世代が富み栄える《スライブする》組織の創造につながるかもしれない。仕事が適正で、有意義で、楽しむべきものであり、どの人もその人ならではの能力を存分に発揮するような組織だ。一般社員から会長まで誰もが成功《スライブ》する環境の整備は、リーダーの仕事である。そうした環境は、つながりと学習のための機会をつくる時間と注意を惜しまないリーダーを必要とする。リーダーは人々が帰属意識を心に抱き、仕事に意義と目的を見出すべく努める。そのような環境では、これらの人間らしいニーズと才能を強化する文化が開花することだろう。

オックスフォードにあるアシュモレアン博物館の地上階に、ガラスの箱に収められたストラディバリウスがある。このバイオリンはある条件を付けてこの博物館に寄贈された。その条件とは、「一度たりとも弾かないこと」というものだった。音楽にとって何という損失だろうか。ところが、ヒトの生物学が私たちに与えてくれたあまりに多くの才能もまた、窮屈な組織という箱の中に収められたままになっている。この箱の蓋を開ける勇気のある、賢明なリーダーたちがいなければ、私たちの想像力、社会的自己、高度なコミュニケーション能力、喜びを感じる能力は箱から出されることもなく「弾かれぬまま」になる。歴史家のセオドア・ゼルディンが次のように指摘している。「若者によりよいものを与えたいと思うなら、どんどん実験をしないでいられるだろうか。それこそが組織の究極の目的ではないのか」。

リーダーシップの分野はぬかるんでいる。進むべき道を見つけるには助力を求める勇気と能力が必要になる。足許の土が固いと思う人はおそらく現在を管理しているのであって、人々を未来へ導こうとはしていない。謙虚さと他者が必要だという認識は、成長するどのような組織にも必要不可欠であり、それはトップの人間に限らない。

あとがき

私たちの仕事には、どうしても仮説、実験、綿密な観察、行動のプロトタイプ分析、失敗からの学習がかかわってくる。思考を深めるにあたって、大勢の同僚や専門職の方々に「路上試験」を受けてもらって、貴重なフィードバックをいただいた。こんなコメントをくれた人もいる。「では、どのようにすればいいのでしょう。職場で成功《スライブ》するための最初の一歩は何ですか」。

そこで、最初の一歩の候補として試みる価値のある、現実的なアプローチや行動実験を提案しておきたい（これらの方法によって私たちはいい結果を得たので、あなたもそうなると思う）。とても簡単な提案もある。たとえば、注意を要する会議が終わってからそろって食事に出かけるのではなく、その会議を食事をしながら行う。小さな変更だが、得られるものは大きい。難しい提案もある。視点や心構えを変えようという提案だ。これは一朝一夕にできるものではなく、熟慮した上で長期にわたり努力することが必要になる。

組織の規模が変わるとき

・成長著しいビジネスを率いているなら、つねにダンバー・グラフを頭の中に入れておこう。各グループサイズ（5人、15人、50人）の力学と影響力を理解し、なかでもグループの人数が150人に達したときに起きる人間関係のトラブルに注意しよう。

・たいていの人は社会的時間の60％を内側の円内の15人のために割く。だから、これらの15人の人すべてが処理すべきタスクに適しているか否かを確認することが欠かせない。フリーライダーをこの層に入れないこと。新人をこの層に迎え入れたい場合には、その人と入れ替わる現在のメンバーを決めておく。

・どのチームサイズにもそれぞれの強みと力学がある。したがって、チームとタスクを対応させることが肝心だ。次のような点について自問してみよう。あなたの創造的なチームはすばやい対応をするには大きすぎないか。あなたの戦略チームは斬新なアイデアを提案するには小さすぎないか。

・組織内にストレスや争いがあると思ったら、各チームの人数を確認しよう。それは大きすぎるだろうか。人の処理能力を超えた数の部署との関係を維持するよう求められている人がいないだろうか。

・「社会脳」から集めた感情にかかわるデータを、伝統的な定量的データと同等に扱おう。

帰属意識

・組織内の部署やユニット間に緊張──「我ら」と「彼ら」の感覚──があると感じたときには、この分断を修復できる人を探し出し、グループどうしをつなげ直したり、橋渡し役になってもらったりする。

・最初と最後に特別な工夫を凝らす。新人と去る人のために歓迎とお別れの儀式をしよう。

・どんな組織にも創立物語もしくは創業物語がある。組織の創立物語が包摂《インクルージョン》の考え方に沿っていて、人々が歓迎されていると感じるように努めよう。創立物語をアップデートする必要があるだろうか。

・組織内の言語を略語も含めて再点検しよう。もっとも頻繁に使われる言葉は望ましい文化を反映しているか。集団への帰属を排除あるいは複雑にしていないか。

・組織周辺を含めた広い生態系——社員ではないものの、依存度の高い人々（契約社員、納入業者など）——について考えてみよう。これらの人々に帰属意識を与えられる方法について考えよう。

絆づくり

・組織のメンバーが集まる時間を意識的につくろう。食事する、お酒を飲む、一緒に散歩する、笑う、話題を共有するなど同調性のある活動の恩恵を得よう。

・定期的に開かれる会議について十分に再検討する。これらの会議は実際に明確な（実践的、戦略的、社会的）目的を果たすか、あるいはただカレンダーを埋めているだけだろうか。

・友情を形成する時間――と空間――をつくろう。社員に一緒に食事することを勧め、集まって話せる場所を彼らのためにつくればよい結果が得られるだろう。

・社会的にくつろげる環境をつくるのは重要だが、ある程度のストレスや驚きによって創造的なアイデアがひらめくことがある。たとえば、定期的な会議の場所を意外な環境に移すだけで、いつもの力学が崩れて、メンバーが新しい相互作用をするようになる。

・組織のメンバーがあなたのために働くことや、あなたと一緒に働くことを実際にどのように思っているのかを知ろう。尋ねてみるといい。

メディアとメッセージ

・共有したい重要なメッセージがあるなら、まず言葉にしてみて、そのメッセージがどんな影響を与えるかについて考える。思いやりに欠ける言葉や不適切な口調は途方もない悪影響を及ぼす。鏡の前でリハーサルしよう。あるいは、自分で動画を撮影するのもいい。ボディランゲージが自分の真意を反映しているかを確認しておく。

・自分がどれほど効果的な話者であるか他人からフィードバックをもらおう。何をやめるべきだろうか。何を始めるべきか。何を今のまま続けるべきだろうか。

・私たちには、自分の発言内容や、他者がそれにどう反応するかを気にかける傾向がある。次回の会議では、頭の中で少しその場から離れ、部屋の雰囲気、参加者のボディランゲージ、彼らが話すときの口調を観察してみよう。グループが全体としてうまく機能しているか、あるいはもっとまとまるには努力が必要かすぐにわかるはずだ。

信頼の深さ

・信頼し合える環境は、ギブ・アンド・テイクと弱みを見せる覚悟によって整う。助言を求めることは実際に役立つし、絆の形成にもつながる。

・集団の中にいる「フリーライダー」――他人の善意や信頼を利用する人――を発見する手段について学ぼう。また「ダークトライアド」（ナルシシズム、マキャベリズム、サイコパシー）の人格特性を持つ人を見分けることも重要だ。発見したなら、スピード感をもって対処すべきである。彼らの悪影響は破壊的だからだ。

・意思決定のときやストレスを感じているときに助言を求める相手が、あなたが聞きたい言葉しか言わない人物ではないことを確認しておこう。その人が信頼の置ける人物であることを確信していなければならない。両者は入れ替えが利かない。

社会的空間、社会的時間

・物理的環境（空間、採光、間取り、位置）が人の健康《ウェルビーイング》や幸福と創造性に与える影響力をけっして侮ってはいけない。

・創造性は多様性を必要とする。できる限り広く意見を聞くこと、すべての人が発言できるグループサイズであることを確認する。

・各グループに、独自の帰属意識とアイデンティティを確立する時間、予算、許可を与えよう。

謝辞

私たちの親友の層にいるすばらしい方々の支えや励ましに感謝したい。ジャック・バロン、リア・ロッキー、ハリー・カミレッリにはプロジェクト初期の編集に、キティ・カミレッリには図表、参考図書、各種許諾の取得に、インタビューさせていただいたすべての方々にはその時間、知恵、忍耐に、ギャビン・ウィークスには貴重な相談相手となってくれたことに、トンプソン・ハリソンのチームには終始変わらぬ支援に、ワトソン・リトルのドナルド・ウィンチェスターには助言と支持に、最後になったがペンギン・ランダムハウスのナイジェル・ウィルコクソンには構成と一貫性にかかわる貴重な指針に深謝する。

「組織と人数」の絶対法則
人間関係を支配する「ダンバー数」のすごい力

2024年10月22日発行

著　者――トレイシー・カミレッリ／サマンサ・ロッキー／ロビン・ダンバー
訳　者――鍛原多惠子
発行者――田北浩章
発行所――東洋経済新報社
〒103-8345　東京都中央区日本橋本石町 1-2-1
電話＝東洋経済コールセンター　03(6386)1040
https://toyokeizai.net/

装　丁…………小口翔平＋畑中　茜(tobufune)
D T P…………アイランドコレクション
印刷・製本……丸井工文社
編集担当………九法　崇
Printed in Japan　　ISBN 978-4-492-80098-0

本書のコピー、スキャン、デジタル化等の無断複製は、著作権法上での例外である私的利用を除き禁じられています。本書を代行業者等の第三者に依頼してコピー、スキャンやデジタル化することは、たとえ個人や家庭内での利用であっても一切認められておりません。

落丁・乱丁本はお取替えいたします。

著者・訳者紹介

トレイシー・カミレッリ（Tracey Camilleri）

オックスフォード大学サイード・ビジネススクールのアソシエイト・フェローであり、オックスフォード・ストラテジック・リーダーシップ・プログラム（OSLP）のディレクターでもあった。サマンサ・ロッキーとともにトンプソン・ハリソンを創業した。キャリアの初期にはコンサルタントや銀行員、教師や起業家などさまざまな仕事に携わった。

サマンサ・ロッキー（Samantha Rockey）

オックスフォード大学サイード・ビジネススクール・オープンプログラムのアソシエイト・フェロー。FTSEトップ10企業でABインベブに買収されたSABミラーでは、リーダーシップ開発部門のグローバル・ヘッドを務めていた。

ロビン・ダンバー（Robin Dunbar）

オックスフォード大学の進化心理学が専門の名誉教授。マグダレン・カレッジの名誉フェローであり、ブリティッシュ・アカデミーのフェローに選出された。社会脳仮説や言葉の進化のゴシップ理論、ダンバー数（管理できる人間関係の上限は150人である）でもっともよく知られている。著書に『友達の数は何人？：ダンバー数とつながりの進化心理学』（藤井留美訳、インターシフト、2011年）、『人類進化の謎を解き明かす』（鍛原多惠子訳、インターシフト、2016年）、『ことばの起源：猿の毛づくろい、人のゴシップ』（松浦俊輔／服部清美訳、青土社、2016年［新装版］）、『なぜ私たちは友だちをつくるのか：進化心理学から考える人類にとって一番重要な関係』（吉嶺英美訳、青土社、2021年）、『宗教の起源：私たちにはなぜ〈神〉が必要だったのか』（長谷川眞理子解説、小田哲訳、白揚社、2023年）がある。

鍛原多惠子（かじはら・たえこ）

翻訳家。米国フロリダ州ニューカレッジ卒業（哲学・人類学専攻）。主な訳書にマット・リドレー『繁栄：明日を切り拓くための人類10万年史』（共訳、ハヤカワ文庫、2013年）、エリザベス・コルバート『6度目の大絶滅』（NHK出版、2015年）、ロビン・ダンバー『人類進化の謎を解き明かす』（インターシフト、2016年）、マット・リドレー『進化は万能である：人類・テクノロジー・宇宙の未来』（共訳、ハヤカワ文庫、2018年）、デイビッド・クリスチャン『「未来」とは何か：1秒先から宇宙の終わりまでを見通すビッグ・クエスチョン』（共訳、NewsPicksパブリッシング、2022年）などがある。

原注

第1章　序——生物学を基盤としたリーダーシップ

1 Phelan, James, 'Rhetorical literary ethics and lyric narrative: Robert Frost's "Home Burial"', *Poetics Today*, 25.4, pp. 627–651, 2004.

2 Santayana, George, *The Life of Reason: Or, The Phases of Human Progress*, one-volume ed. (London: Constable & Co., 1954).

3 French, Robert B. & Simpson, Peter, 'The "work group": redressing the balance in Bion's Experiences in Groups', *Human Relations*, 63.12, pp. 1859–1878, 2010.

4 Flik, H., *Ameba Concept... Organizing around Opportunity within the GORE Culture* (Putzbrunn, West Germany: W. L. Gore & Associates GmbH, 1990).

5 Bion, W. R. et al., *Experiences in Groups: And Other Papers* (Abingdon: Taylor & Francis, 1991).（『集団の経験：ビオンの精神分析的集団論』ウィルフレッド・R・ビオン著、ハフシ・メッド監訳、黒崎優美／小畑千晴／田村早紀訳、金剛出版、2016年）

第2章　組織の規模が変わるとき

1 Schumacher, E. F., *Small Is Beautiful: A Study of Economics as if People Mattered* (London: Vintage, 1993), p. 58.（『スモール イズ ビューティフル：人間中心の経済学』E・F・シューマッハー著、小島慶三／酒井懋訳、講談社学術文庫、1986年）

2 Mandelbrot, B., *The Fractal Geometry of Nature* (New York: W. H. Freeman, 1983).（『フラクタル幾何学（上・下）』B・マンデルブロ著、広中平祐監訳、ちくま学芸文庫、2011年）

3 Dunbar, R. I. M., 'Coevolution of neocortex size, group size and language in humans', *Behavioral and Brain Sciences*, 16, pp. 681–735, 1993.

4 Dunbar, R. I. M., 'Coevolution of neocortex size, group size and language in humans', *Behavioral and Brain Sciences*, 16, pp. 681–735, 1993.

5 Dunbar, R. I. M., 'The social brain hypothesis', *Evolutionary Anthropology*, 6, pp. 178–190, 1998.

6 Dunbar, R. I. M., 'Structure and function in human and primate social networks: implications for diffusion, network stability and health', *Proceedings of the Royal Society, London*, 476A, 20200446, 2020.

7 Mandelbrot, B., *The Fractal Geometry of Nature* (New York: W. H. Freeman, 1983).（『フラクタル幾何学（上・下）』B・マンデルブロ著、広中平祐監訳、ちくま学芸文庫、2011年）

8 Dunbar, R. I. M., *Friends: Understanding the Power of Our Most Important Relationships* (London and New York: Little, Brown, 2021).（『なぜ私たちは友だちをつくるのか：進化心理学から考える人類にとって一番重要な関係』ロビン・ダンバー著、

吉嶺英美訳、青土社、2021年）
9 Dunbar, R. I. M., 'The anatomy of friendship', *Trends in Cognitive Sciences*, 22, pp. 32–51, 2018.
10 Tett, G., 'Silos and silences: why so few people spotted the problems in complex credit and what that implies for the future', *Financial Stability Review*, 14, pp. 121–129, 2010; Tett, G., *The Silo Effect: Why Putting Everything in Its Place Isn't Such a Bright Idea* (London: Hachette, 2016)（『サイロ・エフェクト：高度専門化社会の罠』ジリアン・テット著、土方奈美訳、文春文庫、2019年）; Johnson, G., 'Organizational structure and scalar stress', in *Theory and Explanation in Archaeology*, ed. C. Renfrew, M. Rowlands & B. A. Segraves (New York: Academic Press, 1982), pp. 389–421.
11 Dunbar, R. I. M. & Sosis, R., 'Optimising human community sizes', *Evolution and Human Behavior*, 39, pp. 106–111, 2017.
12 Dunbar, R. I. M. & Sosis, R., 'Optimising human community sizes', *Evolution and Human Behavior*, 39, pp. 106–111, 2017.
13 Bretherton, R. & Dunbar, R. I. M., 'Dunbar's number goes to church: The social brain hypothesis as a third strand in the study of church growth', *Archives of the Psychology of Religion*, 42, pp. 63–76, 2020; Dunbar, R. I. M., *How Religion Evolved and Why It Endures* (London: Pelican and New York: Oxford University Press, 2022).
14 West, B., Massari, G. F., Culbreth, G., Failla, R., Bologna, M., Dunbar, R. I. M. & Grigolini, P., 'Relating size and functionality in human social networks through complexity', *Proceedings of the National Academy of Sciences, USA*, 117, pp. 18355–18358, 2020.
15 West, B., Massari, G. F., Culbreth, G., Failla, R., Bologna, M., Dunbar, R. I. M. & Grigolini, P., 'Relating size and functionality in human social networks through complexity', *Proceedings of the National Academy of Sciences, USA*, 117, pp. 18355–18358, 2020.
16 Morgan, Gareth, *Imaginization: New Mindsets for Seeing, Organizing and Managing* (San Francisco: Berrett-Koehler, 1997).
17 Dunbar, R. I. M., 'Structure and function in human and primate social networks: implications for diffusion, network stability and health', *Proceedings of the Royal Society, London*, 476A, 20200446, 2020.
18 Sutcliffe, A. J., Dunbar, R. I. M., Binder, J. & Arrow, H., 'Relationships and the social brain: integrating psychological and evolutionary perspectives', *British Journal of Psychology*, 103, pp. 149–168, 2012.
19 Bretherton, R. & Dunbar, R. I. M., 'Dunbar's number goes to church: The social brain hypothesis as a third strand in the study of church growth', *Archives of the Psychology of Religion*, 42, pp. 63–76, 2020; Dunbar, R. I. M., *How Religion Evolved and Why It Endures* (London: Pelican and New York: Oxford University

Press, 2022).
20 Wang, P., Ma, J. C., Jiang, Z. Q., Zhou, W. X. & Sornette, D., 'Comparative analysis of layered structures in empirical investor networks and cellphone communication networks', *EPJ Data Science*, 9:11, 2020.
21 Webber, E. & Dunbar, R. I. M., 'The fractal structure of communities of practice: implications for business organization', *PLoS One*, 15: e0232204, 2020.
22 Mandelbaum, D. G., *The Plains Cree: An Ethnographic, Historical and Comparative Study* (Regina, SK: University of Regina Press, 1979) ; Crowshoe, R. & Manneschmidt, S., *Akak'stiman: A Blackfoot Framework for Decision-Making and Mediation Processes* (Calgary, AB: University of Calgary Press, 2002).
23 Dunbar, R. I. M., 'Constraints on the evolution of social institutions and their implications for information flow', *Journal of Institutional Economics*, 7, pp. 345-371, 2011.
24 Tamarit, I., Cuesta, J., Dunbar, R. I. M. & Sánchez, A., 'Cognitive resource allocation determines the organisation of personal networks', *Proceedings of the National Academy of Sciences, USA*, 115, 1719233115, 2018; Tamarit, I., Sánchez, A. & Cuesta, J. A., 'Beyond Dunbar circles: a continuous description of social relationships and resource allocation', *Scientific Reports*, 12, pp. 1-11, 2022.
25 Dunbar, R. I. M., 'Sexual segregation in human conversations', *Behaviour*, 153, pp. 1-14, 2016.
26 Buys, C. J. & Larson, K. L., 'Human sympathy groups', *Psychological Reports*, 45, pp. 547-553, 1979.
27 Sutcliffe, A. J., Dunbar, R. I. M., Binder, J. & Arrow, H., 'Relationships and the social brain: integrating psychological and evolutionary perspectives', *British Journal of Psychology*, 103, pp. 149-168, 2012.
28 Microsoft Work Trend Index Annual Report 2021, www.microsoft.com/en-us/worklab/work-trend-index, 2021.
29 Webber, E. & Dunbar, R. I. M., 'The fractal structure of communities of practice: implications for business organization', *PLoS One*, 15: e0232204, 2020.
30 Dunbar, R. I. M., 'Virtual touch and the human social world', *Current Opinion in Behavioral Sciences*, 44, pp. 14-19, 2021; Dunbar, R. I. M., *Friends: Understanding the Power of Our Most Important Relationships* (London and New York: Little, Brown, 2021). (『なぜ私たちは友だちをつくるのか：進化心理学から考える人類にとって一番重要な関係』ロビン・ダンバー著、吉嶺英美訳、青土社、2021年)
31 Roberts, S. B. G., Dunbar, R. I. M., Pollet, T. V. & Kuppens, T., 'Exploring variations in active network size: constraints and ego characteristics', *Social Networks*, 31, pp. 138-146, 2009.
32 Granovetter, M. S., 'The strength of weak ties', *American Sociological Review*, 78, pp. 1360-1380, 1973.
33 Dunbar, R. I. M. & Sosis, R., 'Optimising human community sizes', *Evolution and*

Human Behavior, 39, pp. 106–111, 2017.
34 'Bill Gore on: Freedom Vs. Organisation', *The Electronic Engineering Times*, p. 86, 1984.
35 Bartleby, 'The number of the best', *The Economist*, 434, p. 53, 2020.
36 Sutcliffe, A. J., Dunbar, R. I. M., Binder, J. & Arrow, H., 'Relationships and the social brain: integrating psychological and evolutionary perspectives', *British Journal of Psychology*, 103, pp. 149–168, 2012.
37 Webber, E. & Dunbar, R. I. M., 'The fractal structure of communities of practice: implications for business organization', *PLoS One*, 15: e0232204, 2020.
38 Hall, J. A., 'How many hours does it take to make a friend?' *Journal of Social and Personal Relationships*, 36, pp. 1278–1296, 2019.
39 Sutcliffe, A. J., Dunbar, R. I. M., Binder, J. & Arrow, H., 'Relationships and the social brain: integrating psychological and evolutionary perspectives', *British Journal of Psychology*, 103, pp. 149–168, 2012.
40 Burt, R. S., 'Decay functions', *Social Networks*, 22, pp. 1–28, 2000.
41 Dunbar, R. I. M. & Sosis, R., 'Optimising human community sizes', *Evolution and Human Behavior*, 39, pp. 106–111, 2017.
42 Latané, B., Williams, K. & Harkins, S. 'Many hands make light the work: the causes and consequences of social loafing', *Journal of Personality and Social Psychology*, 37, pp. 822–832, 1979.
43 Erhart, S., Lehment, H. & Vasquez-Paz, J. L., 'Monetary policy committee size and inflation volatility', *Kiel Working Papers*, 1377 (Kiel Institute for the World Economy, 2007).
44 Hoegl, M., 'Smaller teams — better teamwork: how to keep project teams small', *Business Horizons*, 48, pp. 209–214, 2005.
45 Bartleby, 'The number of the best', *The Economist*, 434, p. 53, 2020.

第3章　帰属意識

1 Faulkner, W., *As I Lay Dying* (London: Vintage, 2004).（『死の床に横たわりて』フォークナー著、佐伯彰一訳、講談社文芸文庫、2000年）
2 World Happiness Report, https://worldhappiness.report/ed/2021/, 2021.
3 Heffernan, M., *Women on Top: How Women Entrepreneurs Are Rewriting the Rules of Business Success* (London: Penguin Books, 2008).
4 Madsen, E., Tunney, R. J., Fieldman, G., Plotkin, H. C., Dunbar, R. I. M., Richardson, J.-M. & McFarland, D. J., 'Kinship and altruism: a cross-cultural experimental study', *British Journal of Psychology*, 98, pp. 339–359, 2007.
5 Felin, T., 'When strategy walks out the door', *MIT Sloan Management Review*, 58:1, 2016.
6 Dunbar, R. I. M., *Friends: Understanding the Power of Our Most Important Relationships* (London and New York: Little, Brown, 2021).（『なぜ私たちは友だち

をつくるのか：進化心理学から考える人類にとって一番重要な関係』ロビン・ダンバー著、吉嶺英美訳、青土社、2021年）
7 Dunbar, R. I. M., 'The anatomy of friendship', *Trends in Cognitive Sciences*, 22, pp. 32–51, 2018.
8 Dunbar, R. I. M., *Friends: Understanding the Power of Our Most Important Relationships* (London: Little, Brown, 2021).（『なぜ私たちは友だちをつくるのか：進化心理学から考える人類にとって一番重要な関係』ロビン・ダンバー著、吉嶺英美訳、青土社、2021年）
9 Curry, O. & Dunbar, R. I. M., 'Do birds of a feather flock together? The relationship between similarity and altruism in social networks', *Human Nature*, 24, pp. 336–347, 2013.
10 Sorniotti, A. & Molva, R., 'A provably secure secret handshake with dynamic controlled matching', *Computers & Security*, 29, pp. 619–627, 2010.
11 Floccia, C., Butler, J., Girard, F. & Goslin, J., 'Categorization of regional and foreign accent in five-to-seven-year-old British children', *International Journal of Behavioral Development*, 33, pp. 366–375, 2009.
12 Launay, J. & Dunbar, R. I. M., 'Playing with strangers: which shared traits attract us most to new people?', *PLoS One*, 10: e0129688, 2016.
13 Mann, A., 'Why we need best friends at work', www.gallup.com/workplace/236213/why-need-best-friends-work.aspx, 15 January 2018.
14 Baym, N. et al., 'What a year of WFH has done to our relationships at work', *Harvard Business Review*, 22 March 2021.
15 Holt-Lunstad, J., Smith, T. & Bradley Layton, J., 'Social relationships and mortality risk: a meta-analytic review', *PLoS Medicine*, 7: e1000316, 2010.
16 Santini, Z., Jose, P., Koyanagi, A., Meilstrup, C., Nielsen, L., Madsen, K., Hinrichsen, C., Dunbar, R. I. M. & Koushede, V., 'The moderating role of social network size in the temporal association between formal social participation and mental health: a longitudinal analysis using two consecutive waves of the Survey of Health, Ageing and Retirement in Europe (SHARE)', *Social Psychiatry and Psychiatric Epidemiology*, 56, pp. 417–428, 2021.
17 https://www.night-club.org/
18 Coleman, J. S., *Foundations of Social Theory* (Cambridge, MA: Harvard University Press, 1994).
19 Pettinger, L., 'Friends, relations and colleagues: the blurred boundaries of the workplace', *Sociological Review*, 53, pp. 37–55, 2005.
20 Harrison, D. A., Price, K. H., Gavin, J. H. & Florey, A. T., 'Time, teams, and task performance: changing effects of surface- and deep-level diversity on group functioning', *Academy of Management Journal*, 45, pp. 1029–1045, 2005.
21 Baldwin, J. & Mead, M., *A Rap on Race* (London: Corgi, 1972).（『怒りと良心：人種問題を語る』J・ボールドウィン／M・ミード著、大庭みな子訳、平凡社、1973年）

第4章　絆づくり

1 Wang, P., 'Sky Earth Human: Five Poems', *Chinese Literature Today*, 7:1, pp. 70–75, 2018.

2 Loh, H. H., Tseng, L. F., Wei, E. & Li, C. H., 'Beta-endorphin is a potent analgesic agent', *Proceedings of the National Academy of Sciences, USA*, 73, pp. 2895–2898, 1976.

3 Mozzanica, N., Villa, M. L., Foppa, S., Vignati, G., Cattaneo, A., Diotti, R. & Finzi, A. F., 'Plasma α-melanocyte-stimulating hormone, β-endorphin, met-enkephalin, and natural killer cell activity in vitiligo', *Journal of the American Academy of Dermatology*, 26, pp. 693–700, 1992; Puente, J., Maturana, P., Miranda, D., Navarro, C., Wolf, M. E. & Mosnaim, A. D., 'Enhancement of human natural killer cell activity by opioid peptides: similar response to methionine-enkephalin and β-endorphin', *Brain, Behavior, and Immunity*, 6, pp. 32–39, 1992.

4 Dunbar, R. I. M., Frangou, A., Grainger, F. & Pearce, E., 'Laughter influences social bonding but not prosocial generosity to friends and strangers', *PLoS One*, 16, e0256229, 2021.

5 Cohen, E. E. A., Ejsmond-Frey, R., Knight, N. & Dunbar, R. I. M., 'Rowers' high: behavioural synchrony is correlated with elevated pain thresholds', *Biology Letters*, 6, pp. 106–108, 2010; Tarr, B., Launay, J., Cohen, E. & Dunbar, R. I. M., 'Synchrony and exertion during dance independently raise pain threshold and encourage social bonding', *Biology Letters*, 11, 20150767, 2015.

6 Cohen, E. E. A., Ejsmond-Frey, R., Knight, N. & Dunbar, R. I. M., 'Rowers' high: behavioural synchrony is correlated with elevated pain thresholds', *Biology Letters*, 6, pp. 106–108, 2010.

7 Cohen, E. E. A., Ejsmond-Frey, R., Knight, N. & Dunbar, R. I. M., 'Rowers' high: behavioural synchrony is correlated with elevated pain thresholds', *Biology Letters*, 6, pp. 106–108, 2010.

8 Dunbar, R. I. M., Teasdale, B., Thompson, J., Budelmann, F., Duncan, S., van Emde Boas, E. & Maguire, L. 'Emotional arousal when watching drama increases pain threshold and social bonding', *Royal Society Open Science*, 3, 160288, 2016.

9 Tuckman, B. W., 'Development sequence in small groups', *Psychological Bulletin*, 63, pp. 384–399, 1965.

10 Kristiansen, P. & Rasmussen, R., *Building a Better Business Using the Lego Serious Play Method* (Hoboken, NJ: John Wiley & Sons, 2014).

11 Kristiansen, P. & Rasmussen, R., *Building a Better Business Using the Lego Serious Play Method* (Hoboken, NJ: John Wiley & Sons, 2014).

12 Dunbar, R. I. M. et al., *Friends on Tap: The Role of Pubs at the Heart of the Community* (St Albans: CAMRA, 2016); Dunbar, R. I. M., Launay, J., Wlodarski, R., Robertson, C., Pearce, E., Carney, J. & MacCarron, P., 'Functional benefits of (modest) alcohol consumption', *Adaptive Human Behavior and Physiology*, 3, 118–

133, 2017.

13 Dunbar, R. I. M., *Eating Together*, Report for The Big Lunch Company, 2016; Dunbar, R. I. M., 'Breaking bread: the functions of social eating', *Adaptive Human Behavior and Physiology*, 3, pp. 198–211, 2017; 'Social eating helps connect communities', www.edenprojectcommunities.com/blog/social-eating-helps-connect-communities, 2017.

14 www.edenprojectcommunities.com/blog/the-big-lunch-is-good-for-business

15 Dunbar, R. I. M., 'Breaking bread: the functions of social eating', *Adaptive Human Behavior and Physiology*, 3, pp. 198–211, 2017.

16 https://en.wikipedia.org/wiki/Radio_calisthenics

17 Bannan, N., Bamford, J. & Dunbar, R. I. M., 'The evolution of gender dimorphism in the human voice: the role of *octave equivalence*', *Current Anthropology* (in press).

18 Weinstein, D., Launay, J., Pearce, E., Dunbar, R. I. M. & Stewart, L., 'Group music performance causes elevated pain thresholds and social bonding in small and large groups of singers', *Evolution and Human Behavior*, 37, pp. 152–158, 2016.

19 Pearce E., Launay, J., MacCarron, P. & Dunbar, R. I. M., 'Tuning in to others: exploring relational and collective bonding in singing and non-singing groups over time', *Psychology of Music*, 45, pp. 496–512, 2017.

20 www.beatingtime.org

21 Vaag, J., Saksvik, P. O., Theorell, T., Skillingstad, T., & Bjerkeset, O., 'Sound of well-being-choir singing as an intervention to improve well-being among employees in two Norwegian county hospitals', *Arts and Health*, 5, pp. 93–102, 2013.

第5章　メディアとメッセージ

1 Jalāl al-Dīn Rūmī, *Selected Poems*, trans. C. Banks; with J. Moyne, A. J. Arberry & R. Nicholson (London: Penguin, 1999).

2 Milmo, D., 'Better.com boss apologises for firing 900 staff on Zoom call', *Guardian*, 8 December 2021.

3 Stiller, J. & Dunbar, R. I. M., 'Perspective-taking and memory capacity predict social network size', *Social Networks*, 29, pp. 93–104, 2007; Powell, J., Lewis, P. A., Dunbar, R. I. M., García-Fiñana, M. & Roberts, N. 'Orbital prefrontal cortex volume correlates with social cognitive competence', *Neuropsychologia*, 48, pp. 3554–3562, 2010.

4 Lewis, P. A., Rezaie, R., Browne, R., Roberts, N. & Dunbar, R. I. M., 'Ventromedial prefrontal volume predicts understanding of others and social network size', *NeuroImage*, 57, pp. 1624–1629, 2011; Lewis, P. A., Birch, A., Hall, A. & Dunbar, R. I. M., 'Higher order intentionality tasks are cognitively more demanding', *Social, Cognitive and Affective Neuroscience*, 12, pp. 1063–1071, 2017.

5 Stiller, J. & Dunbar, R. I. M., 'Perspective-taking and memory capacity predict social network size', *Social Networks*, 29, pp. 93–104, 2007; Launay, J., Pearce, E., Wlodarski, R., van Duijn, M., Carney, J. & Dunbar, R. I. M., 'Higher order mentalising and executive functioning', *Personality and Individual Differences*, 86, pp. 6–14, 2015.
6 Dunbar, R. I. M., Duncan, N. & Marriot, A., 'Human conversational behavior', *Human Nature*, 8, pp. 231–246, 1997; Dahmardeh, M. & Dunbar, R. I. M., 'What shall we talk about in Farsi? Content of everyday conversations in Iran', *Human Nature*, 28, pp. 423–433, 2017.
7 Dunbar, R. I. M., Duncan, N. & Marriot, A., 'Human conversational behaviour', *Human Nature*, 8, pp. 231–246, 1997.
8 Dunbar, R. I. M., 'Sexual segregation in human conversations', *Behaviour*, 153, pp. 1–14, 2017.
9 Dunbar, R. I. M., Duncan, N. & Nettle, D., 'Size and structure of freely forming conversational groups', *Human Nature*, 6, pp. 67–78, 1995.
10 Krems, J., Neuberg, S. & Dunbar, R. I. M., 'Something to talk about: are conversation sizes constrained by mental modeling abilities?', *Evolution and Human Behavior*, 37, pp. 423–428, 2016.
11 Krems, J., Neuberg, S., & Dunbar, R. I. M., 'Something to talk about: are conversation sizes constrained by mental modeling abilities?', *Evolution and Human Behavior*, 37, pp. 423–428, 2016.
12 Nauta, S., 'How to ensure that the future of work is fair for all', *The Economist*, 8 November 2021.
13 Coates, J., *Women, Men and Language: A Sociolinguistic Account of Gender Differences in Language* (London: Routledge, 2015).
14 Grainger, S. & Dunbar, R. I. M., 'The structure of dyadic conversations and sex differences in social style', *Journal of Evolutionary Psychology*, 7, pp. 83–93, 2009.
15 Dunbar, R. I. M., 'Sexual segregation in human conversations', *Behaviour*, 153, pp. 1–14, 2016.
16 Stiller, J. & Dunbar, R. I. M., 'Perspective-taking and memory capacity predict social network size', *Social Networks*, 29, pp. 93–104, 2007; Powell, J., Lewis, P., Dunbar, R., García-Fiñana, M. & Roberts, N., 'Orbital prefrontal cortex volume correlates with social cognitive competence', *Neuropsychologia*, 48, pp. 3554–3562, 2010.
17 Machin, A. & Dunbar, R. I. M., 'Sex and gender in romantic partnerships and best friendships', *Journal of Relationship Research*, 4, e8, 2013.
18 David-Barrett, T., Rotkirch, A., Carney, J., Behncke Izquierdo, I., Krems, J., Townley, D., McDaniell, E., Byrne Smith, A. & Dunbar, R. I. M., 'Women favour dyadic relationships, but men prefer clubs', *PLoS One*, 10, e0118329, 2015; Dunbar, R. I. M., *Friends: Understanding the Power of Our Most Important*

Relationships (London: Little, Brown, 2021).（『なぜ私たちは友だちをつくるのか：進化心理学から考える人類にとって一番重要な関係』ロビン・ダンバー著、吉嶺英美訳、青土社、2021年）
19 Roberts, S. B. G. & Dunbar, R. I. M., 'Managing relationship decay: network, gender, and contextual effects', *Human Nature*, 26, pp. 426–450, 2015.
20 Roberts, S. B. G. & Dunbar, R. I. M., 'Managing relationship decay: network, gender, and contextual effects', *Human Nature*, 26, pp. 426–450, 2015.
21 Benenson, J. F. & Wrangham, R. W., 'Cross-cultural sex differences in post-conflict affiliation following sports matches', *Current Biology*, 26, pp. 2208–2212, 2016; Benenson, J. F., Markovits, H., Thompson, M. E. & Wrangham, R. W., 'Under threat of social exclusion, females exclude more than males', *Psychological Science*, 22, pp. 538–544, 2011; Benenson, J. F., Markovits, H., Fitzgerald, C., Geoffroy, D., Flemming, J., Kahlenberg, S. M. & Wrangham, R. W., 'Males' greater tolerance of same-sex peers', *Psychological Science*, 20, pp. 184–190, 2009; 概要は以下を参照。Dunbar, R. I. M., *Friends: Understanding the Power of Our Most Important Relationships*, Chapter 13 (London: Little, Brown, 2021).（『なぜ私たちは友だちをつくるのか：進化心理学から考える人類にとって一番重要な関係』ロビン・ダンバー著、吉嶺英美訳、青土社、2021年）
22 Pearce, E., Wlodarski, R., Machin, A. & Dunbar, R. I. M., 'Exploring the links between dispositions, romantic relationships, support networks and community inclusion in men and women', *PLoS One*, 14: e0216210, 2019.
23 Ballakrishnen, S., Fielding-Singh, P. & Magliozzi, D., 'Intentional invisibility: professional women and the navigation of workplace constraints', *Sociological Perspectives*, 62, pp. 23–41, 2019.
24 Heilman, M. E. & Okimoto, T. G., 'Why are women penalized for success at male tasks?: The implied communality deficit', *Journal of Applied Psychology*, 92, pp. 81–92, 2007; McGinn, K. L. & Tempest, N., 'Heidi Roizen', Harvard Business School Case, 800–228, 2000 (revised 2010)；Corell, S., 'Creating a level playing field', Stanford Michelle R. Clayman Institute for Gender Research, 2013.
25 Judge, T. A. & Cable, D. M., 'The effect of physical height on workplace success and income: preliminary test of a theoretical model', *Journal of Applied Psychology*, 89, pp. 428–441, 2004.
26 Schumacher, A., 'On the significance of stature in human society', *Journal of Human Evolution*, 11, pp. 697–701, 1982.
27 Pawlowski, B., Dunbar, R. I. M. & Lipowicz, A., 'Tall men have more reproductive success', *Nature*, 403, p. 156, 2000.
28 Schick, A. & Steckel, R. H. 'Height, human capital, and earnings: the contributions of cognitive and noncognitive ability', *Journal of Human Capital*, 9, pp. 94–115, 2015.
29 Jacobi, T. & Schweers, D., 'Justice, interrupted: the effect of gender, ideology, and

seniority at Supreme Court oral arguments', *Virginia Law Review*, 103, 1379, 2017.
30 Mehrabian, A., *Nonverbal Communication* (Chicago: Aldine-Atherton, 1972).
31 Galinsky, A. D., Magee, J. C., Inesi, M. E. & Gruenfeld, D. H., 'Power and perspectives not taken', *Psychological Science*, 17, pp. 1068–1074, 2006.
32 Galang, C. M. & Obhi, S. S., 'Social power and frontal alpha asymmetry', *Cognitive Neuroscience*, 10, pp. 44–56, 2019.
33 Dunbar, R. I. M., Robledo del Canto, J.-P., Tamarit, I., Cross, I. & Smith, E., 'Nonverbal auditory cues allow relationship quality to be inferred during conversations', *Journal of Nonverbal Behavior*, 46, pp. 1–18, 2022.
34 Dunbar, R. I. M., Robledo del Canto, J.-P., Tamarit, I., Cross, I. & Smith, E., 'Nonverbal auditory cues allow relationship quality to be inferred during conversations', *Journal of Nonverbal Behavior*, 46, pp. 1–18, 2022.
35 Johnson-Laird, P. N., 'Mental models and human reasoning', *Proceedings of the National Academy of Sciences, USA*, 107, pp. 18243–18250, 2010.

第6章　信頼の深さ

1 Shakespeare, W. & Fletcher, J., *Henry VIII.* (『ヘンリー八世』シェイクスピア著、松岡和子訳、ちくま文庫、2019年、ほか)
2 Gebbia, J., 'How Airbnb Designs for Trust', TED Talk, March 2016.
3 Kähkönen, T., Blomqvist, K., Gillespie, N. & Vanhala, M., 'Employee trust repair: a systematic review of twenty years of empirical research and future research directions', *Journal of Business Research*, 130, pp. 98–109, 2021.
4 Gilbert, P., *The Compassionate Mind* (London: Robinson, 2013).
5 Gray, D. J. P., Sidaway-Lee, K., White, E., Thorne, A. & Evans, P. H., 'Continuity of care with doctors — a matter of life and death? A systematic review of continuity of care and mortality', *BMJ Open*, 8, e021161, 2018.
6 Dunbar, R. I. M., *How Religion Evolved and Why It Endures* (London: Pelican and New York: Oxford University Press, 2022).
7 Hogan, R., *Personality and the Fate of Organizations* (London: Erlbaum, 2007).
8 Dunbar, R. I. M., *How Religion Evolved and Why It Endures* (London: Pelican and New York: Oxford University Press, 2022).
9 Bateson, M., Nettle, D. & Roberts, G., 'Cues of being watched enhance cooperation in a real-world setting', *Biology Letters*, 2, pp. 412–414, 2006.
10 Nettle, D. & Dunbar, R. I. M., 'Social markers and the evolution of reciprocal exchange', *Current Anthropology*, 38, pp. 93–99, 1997.
11 Iñiguez, G. et al., 'Effects of deception in social networks', *Proceedings of the Royal Society, London*, 281B, 20141195, 2014.
12 Serota, K. B., Levine, T. R. & Boster, F. J., 'The prevalence of lying in America: three studies of self-reported lies', *Human Communication Research*, 36, pp. 2–25,

2010.
13 Gai, P. & Kapadia, S. 'Contagion in financial networks', *Proceedings of the Royal Society, London*, 466A, pp. 2401–2423, 2010; Glasserman, P. & Young, H. P., 'Contagion in financial networks', *Journal of Economic Literature*, 54, pp. 779–831, 2016; Benoit, S., Colliard, J. E., Hurlin, C. & Pérignon, C., 'Where the risks lie: a survey on systemic risk', *Review of Finance*, 21, pp. 109–152, 2017.
14 Caballero, R. & Simsek, A., 'Fire sales in a model of complexity', *Journal of Finance*, 68, pp. 2549–2587, 2013.
15 McGregor, D., *The Human Side of Enterprise* (American Management Association, 1957)（『企業の人間的側面：統合と自己統制による経営』ダグラス・マグレガー著、高橋達男訳、産業能率短期大学出版部、1970年）; Schein, E., 'Douglas McGregor: theoretician, moral philosopher or behaviorist?', *Journal of Management History*, 17, pp. 156–164, 2011.
16 Cosmides, L., 'The logic of social exchange: has natural selection shaped how humans reason? Studies with the Wason selection task', *Cognition*, 31, pp. 187–276, 1989.
17 Pötsch, H. D., 'There was a tolerance for breaking the rules', news conference, 10 December 2015.
18 Losada, M. & Heaphy, E., 'The role of positivity and connectivity in the performance of business teams: a nonlinear dynamics model', *American Behavioral Scientist*, 47, pp. 740–765, 2004.
19 Alderwick, H., 'Is the NHS overwhelmed?', *BMJ*, 376, O51, 2022.
20 Heffernan, M., *Uncharted: How Uncertainty Can Power Change* (New York: Simon & Schuster, 2021).
21 Feynman, R. P., *Surely You're Joking, Mr. Feynman!* (London: Vintage, 1985).（『ご冗談でしょう、ファインマンさん（上・下）』R・P・ファインマン著、大貫昌子訳、岩波現代文庫、2000年）
22 Zak, P. J., 'The neuroscience of trust: management behaviors that foster employee engagement', *Harvard Business Review*, Jan/Feb 2017.
23 Wang, Y., Asaad, Y. & Filieri, R., 'What makes hosts trust Airbnb? Antecedents of hosts' trust toward Airbnb and its impact on continuance intention', *Journal of Travel Research*, 59, pp. 686–703, 2020.

第7章　社会的空間、社会的時間

1 Day, J. A., 'Vincent van Gogh painted with words: the letters to Emile Bernard', *Choice: Current Reviews for Academic Libraries*, 45, p. 1149, 2008.
2 www.architecture.com/awards-and-competitions-landing-page/awards/riba-regional-awards/riba-south-award-winners/blavatnik-school-of-government
3 Kern, L., *Feminist City: Claiming Space in a Man-Made World* (New York: Verso, 2020).（『フェミニスト・シティ』レスリー・カーン著、東辻賢治郎訳、晶文社、2022年）

4 Renau, V., 'Designing contemporary living spaces: a feminist perspective in urbanism coming from Col·lectiu Punt 6 in Barcelona', *Pad* 13.18, pp. 241–258, 2020.

5 Kingma, B. & Marken Lichtenbelt, W. van, 'Energy consumption in buildings and female thermal demand', *Nature Climate Change*, 5, pp. 1054–1056, 2015.

6 'Airspace', *The Digital Human*, BBC Sounds, 15 February 2019.

7 Simon, Herbert A., *The Sciences of the Artificial*, 3rd ed. (Cambridge, MA and London: MIT Press, 1996).（『システムの科学』ハーバート・A・サイモン著、稲葉元吉／吉原英樹訳、パーソナルメディア、1999年）

8 Dunbar, R. I. M., *Grooming, Gossip and the Evolution of Language* (London: Faber, 1996).（『ことばの起源：猿の毛づくろい、人のゴシップ』ロビン・ダンバー著、松浦俊輔／服部清美訳、青土社、2016年）

9 www2.mrc-lmb.cam.ac.uk/achievements/lmb-nobel-prizes/

10 Kolata, G. & Mueller, B., 'Decades of discoveries before "miraculous" sprint to a vaccine', *New York Times*, 16 January 2022.

11 Boudreau, K., Ganguli, I., Gaule, P., Guinan, E. & Lakhani, K., 'Colocation and scientific collaboration: evidence from a field experiment', Harvard Business School Working Paper, No. 13-023, 2012.

12 ラボアジエは、燃焼にかかわる気体を特定し、酸素と命名した。数々の実験によって近代の原子論の礎を築いてもいる。ところが、フランス革命が勃発すると、不幸にも王党派の嫌疑をかけられて断頭台の露と消えた。当時、ある人物が「科学は偉大な天才を失った。彼の頭の中には、まだ斬新な洞察が詰まっていただろうに」と嘆いたという。

13 Goldin, I. & Kutarna, C., *Age of Discovery: Navigating the Risks and Rewards of Our New Renaissance* (London: Bloomsbury, 2016).（『新たなルネサンス時代をどう生きるか：開花する天才と増大する危険』イアン・ゴールディン／クリス・クターナ著、桐谷知未訳、国書刊行会、2017年）

14 Brand, S., *How Buildings Learn: What Happens After They're Built* (London: Phoenix Illustrated, 1997).

15 Bauer, M. E., 'Stress, glucocorticoids and ageing of the immune system', *Stress*, 8, pp. 69–83, 2005; Aschbacher, K., O'Donovan, A., Wolkowitz, O. M., Dhabhar, F. S., Su, Y. & Epel, E., 'Good stress, bad stress and oxidative stress: insights from anticipatory cortisol reactivity', *Psychoneuroendocrinology*, 38, pp. 1698–1708, 2013.

16 Bachelard, G., *La Poétique de l'espace* (Paris: Presses Universitaires de France, 1967).

17 https://www.nobelprize.org/prizes/chemistry/2020/popular-information/

18 Yang, L., Holtz, D., Jaffe, S., Suri, S., Sinha, S., Weston, J. et al., 'The effects of remote work on collaboration among information workers', *Nature Human Behaviour* 6, pp. 43–54, 2022; Carmody, D., Mazzarello, M., Santi, P., Harris, T., Lehmann, S., Abbiasov, T., Dunbar, R. I. M. & Ratti, C., 'The effect of co-location

of human communication networks', *Nature Commuter Sciences*, 2, pp. 494–503, 2022.
19 Yang, L., Holtz, D., Jaffe, S., Suri, S., Sinha, S., Weston, J. et al., 'The effects of remote work on collaboration among information workers', *Nature Human Behaviour* 6, pp. 43–54, 2022.
20 Bond, R. M., Fariss, C. J., Jones, J. J., Kramer, A. D., Marlow, C., Settle, J. E. & Fowler, J. H., 'A 61-million-person experiment in social influence and political mobilization', *Nature* 489, pp. 295–298, 2012.
21 Dunbar, R. I. M., 'Structure and function in human and primate social networks: implications for diffusion, network stability and health', *Proceedings of the Royal Society, London*, 476A: 20200446, 2020.
22 Dunbar, R. I. M., *Speak Up, Speak Out*, Report for the Holocaust Memorial Day Trust, 2012.
23 Vlahovic, T., Roberts, S. B. G. & Dunbar, R. I. M., 'Effects of duration and laughter on subjective happiness within different modes of communication', *Journal of Computer-Mediated Communication*, 17, pp. 436–450, 2012.
24 Mischel, W., *The Marshmallow Test: Understanding Self-Control and How to Master It* (New York: Random House, 2014).（『マシュマロ・テスト：成功する子・しない子』ウォルター・ミシェル著、柴田裕之訳、ハヤカワ文庫、2017年）
25 Moffitt, T., Caspi, A., Rutter, M. & Silva, P., *Sex Differences in Antisocial Behaviour: Conduct Disorder, Delinquency, and Violence in the Dunedin Longitudinal Study* (Cambridge: Cambridge University Press, 2001); Moffitt, T. E., Arseneault, L., Belsky, D., Dickson, N., Hancox, R. J. et al., 'A gradient of childhood self-control predicts health, wealth, and public safety', *Proceedings of the National Academy of Sciences, USA*, 108, pp. 2693–2698, 2011.
26 Hill, A., Mellon, L. & Goddard, J., 'How winning organizations last 100 years', *Harvard Business Review*, 27 September 2018.

第8章　理想的な職場をつくる

1 Solnit, R., *Storming the Gates of Paradise: Landscapes for Politics* (Berkeley, CA: University of California Press, 2007).
2 Thorogood, C. J., 'The University of Oxford Botanic Garden: sharing the scientific wonder and importance of plants with the world', *Curtis's Botanical Magazine*, 38, pp. 438–450, 2021.
3 Photo taken by Chris Thorogood, Deputy Director and Head of Science at the University of Oxford Botanic Garden and Arboretum. 使用許可取得済み。
4 Adobe stock credit/ ONYXprj/ Image248671547
5 Sheen, T., 'Ashley Cole is mocked by Roma captain Francesco Totti during official team photo', *Independent*, 1 August 2014.
6 Groysberg, B. & Abrahams, R., 'Lift outs: how to acquire a high-functioning

team', *Harvard Business Review*, December 2006.
7 Heifetz, R. & Linsky, M., 'A survival guide for leaders', *Harvard Business Review*, June 2002.
8 Heimans, J. & Timms, H., *New Power: How Power Works in Our Hyperconnected World and How to Make It Work for You* (New York: Doubleday, 2019).（『NEW POWER：これからの世界の「新しい力」を手に入れろ』ジェレミー・ハイマンズ／ヘンリー・ティムズ著、神崎朗子訳、ダイヤモンド社、2018年）
9 Bion, W. R. et al., *Experiences in Groups: And Other Papers* (London: Taylor & Francis Group, 1991).（『集団の経験：ビオンの精神分析的集団論』ウィルフレッド・R・ビオン著、ハフシ・メッド監訳、黒崎優美／小畑千晴／田村早紀訳、金剛出版、2016年）
10 Roy, C., Monsivais, D., Bhattacharya, K., Dunbar, R. I. M. & Kaski, K., 'Morningness-eveningness assessment from mobile phone communication analysis', *Scientific Reports*, 11, 14606, 2021.
11 Christakis, N. A. & Fowler, J. H., *Connected: The Surprising Power of Our Social Networks and How They Shape Our Lives* (New York: Little, Brown Spark, 2009).
12 https://www.gore.com/about/our-beliefs-and-principles
13 Mehrabian, A., *Nonverbal Communication* (Abingdon: Routledge, 2017).
14 Murphy, C., Dehmelt, V., Yonelinas, A. P., Ranganath, C. & Gruber, M. J., 'Temporal proximity to the elicitation of curiosity is key for enhancing memory for incidental information', *Learning & Memory*, 28, pp. 34–39, 2021.
15 Rock, D. & Grant, H., 'Why diverse teams are smarter: diversity as a tool in enhancing profitability, efficiency and quality of decision-making', *Harvard Business Review*, 4 November 2016.
16 Harford, T., 'Diversity means looking for the knife in a drawerful of spoons', *Financial Times*, 7 September 2017.
17 Dixon-Fyle, S., Dolan, K., Hunt, V. & Prince, S., *Diversity Wins: How Inclusion Matters*, McKinsey Report, May 2020.
18 Barber, B. & Odean, T., *Boys Will Be Boys: Gender, Overconfidence and Common Stock Investment* (California: Graduate School of Management, University of California, 1998).
19 Szell, M. & Thurner, S., 'How women organize social networks different from men', *Scientific Reports*, 3, p. 1214, 2013.
20 Dunbar, R. I. M., 'Sexual segregation in human conversations', *Behaviour*, 153, pp. 1–14, 2016.
21 Karamched, B., Stickler, M., Ott, W., Lindner, B., Kilpatrick, Z. P. & Josić, K., 'Heterogeneity improves speed and accuracy in social networks', *Physical Review Letters*, 125, 21, p. 218302, 2020.
22 Whitman, W., *Song of Myself*. A Facsimile of the Original, 1855 Edition of the Poem (Philadelphia: Masterbooks, 1973).（『ぼく自身の歌』W・ホイットマン著、岩

城久哲訳注、大学書林、1992年)
23 Schein, E., *Organizational Culture and Leadership* (Hoboken, NJ: John Wiley & Sons, 2016).(『組織文化とリーダーシップ』エドガー・H・シャイン著、梅津祐良／横山哲夫訳、白桃書房、2012年)
24 Heffernan, M. *Willful Blindness: Why We Ignore the Obvious at Our Peril* (London: Simon & Schuster, 2012).(『見て見ぬふりをする社会』マーガレット・ヘファーナン著、仁木めぐみ訳、河出書房新社、2011年)

補遺——取材先のリスト

取材先、職業、
役職

Ramatu Abdulkadir, supply chain leader
Head of Pharmacy Department, National Ear Care Centre, Kaduna State, Nigeria

Enaam Ahmed Ali, the 2022 UN special representative for women and climate for the Netherlands
Sustainability Lead at Rabobank

Jane Byam Shaw OBE, NGO founder
Trustee of The Felix Project

Prof. Ruth Chang, Professor of Law
Chair of Jurisprudence at the University of Oxford

Lynda Chen, advisory board member
Senior China Advisor of the Economics of Mutuality Foundation

Prof. Justin Cobb, orthopaedic surgeon
Professor of Orthopaedic Surgery at Imperial College

Dr Oliver Cox, architectural historian
Head of Academic Partnerships at the Victoria and Albert Museum

Owen Eastwood, performance coach
Author of *Belonging: The Ancient Code of Togetherness*

Debra France, retired global leader of learning and development, W. L. Gore and Associates
Executive Coach and Learning Leader

Clara Gaggero Westaway and Adrian Westaway, award-winning inventors and designers
Co-founders at Special Projects

Dr Jennifer Garvey Berger, leadership expert and adult developmentalist
CEO of Cultivating Leadership

Prof. Paul Gilbert, author and Professor of Clinical Psychology
Author of *The Compassionate Mind*

Peter Hanke, conductor and musician
Associate Fellow at Oxford Saïd Business School

Dr Kirsten Harrison, city strategy and urban development expert
Urban Development Consultant

Prof. Margaret Heffernan, Chief Executive Officer and author
Professor of Practice at the University of Bath

Prof. Cecilia Heyes, Professor of Psychology
Fellow of All Souls, Oxford

Dr Kim Howard, psychologist and organisation development expert
Head of Human Capital at FirstRand Corporate Centre

Melanie Howard, innovator
Chair at Future Foundation

Piers Ibbotson, speaker, coach and facilitator
Associate Professor at the Warwick Business School

Prof. Claus Jacobs, Professor of Strategy
KPM Centre for Public Management, University of Bern

Atul Jaggi, company president
President and Deputy Managing Director at Gabriel India Limited

Dr Jay Jakub, author, public speaker and strategic advisor
Chief Advocacy Officer at the Economics of Mutuality Foundation and a former Senior Director at the Mars, Incorporated corporate think tank Catalyst

Dr Shelley James, light and health consultant
Founder of Age of Light Innovations

Prof. Martin Kemp, world expert on the polymath and artist Leonardo da Vinci
Professor Emeritus at Trinity College, Oxford

Paolo Lanzarotti, Chief Executive Officer
CEO of Asahi Europe and International

Alison McDowell, digital identity expert
Director, Beruku Advisory

Gareth Morgan, academic and author
Professor Emeritus of Organisation Studies at the Toronto Schulich School of Business

Lovelyn Nwadeyi, social justice activist
Inclusion Strategy Manager EMEA, Netflix

Dr Yoge Patel, Chief Executive Officer
CEO of Blue Bear Systems and CASSIMA

Sharon Peake, occupational psychologist and gender equality expert
Founder and CEO, Shape Talent

Robert Poynton, improvisation teacher and facilitator
Co-founder of Yellow

Nick Rust OBE, Chief Executive Officer
Chair of the Starting Price Regulatory Commission Ltd

Ezra Schuster, educator
Regional Public Service Commissioner at the Ministry of Health, New Zealand

Thami Schweichler, social entrepreneur
Managing Director of Makers Unite

Dr Reima Shakeir, author and lecturer
Adjunct Assistant Professor of Business and Society and Organisational Communication, NYU Stern School of Business

Dave Snowden, systems thinker, consultant and author
Founder of Cognitive Edge and Cynefin Company

David Storey, Senior Executive
Partner at EY

Graham 'Skroo' Turner, Chief Executive Officer
CEO of the public company Flight Centre Travel Group

Lieutenant General Sir Tyrone Urch KBE, retired three-star lieutenant general
Brigadier, British Army and Commander of the Home Command

Sue Wixley, community activist
Head of Communications at Clean Air Fund

Prof. Ngaire Woods, Professor of Global Economic Governance
Dean of the Blavatnik School of Government, University of Oxford

Prof. Theodore Zeldin CBE, professor, historian and author
President at Oxford Muse Foundation